人间正道 行胜于言

知行合一 方显良知

极简阳明心学

良知量
善的力量
你当善良且有力

周月亮 程林 著

江苏凤凰文艺出版社

图书在版编目（CIP）数据

极简阳明心学：你当善良且有力量 / 周月亮，程林著. -- 南京：江苏凤凰文艺出版社，2025.1. -- ISBN 978-7-5594-9115-2

Ⅰ．B248.2-49

中国国家版本馆CIP数据核字第2024MZ9666号

极简阳明心学：你当善良且有力量

周月亮　程林　著

责任编辑	项雷达
图书策划	马识程
装帧设计	东合社·安宁
出版发行	江苏凤凰文艺出版社
	南京市中央路165号，邮编：210009
网　　址	http://www.jswenyi.com
印　　刷	唐山富达印务有限公司
开　　本	690毫米×980毫米　1/16
印　　张	17
字　　数	224千字
版　　次	2025年1月第1版
印　　次	2025年1月第1次印刷
书　　号	ISBN 978-7-5594-9115-2
定　　价	68.00元

江苏凤凰文艺版图书凡印刷、装订错误，可向出版社调换，联系电话025-83280257

目录

引言：青年唯一的救济法门　/01
前言：讲透王阳明　/02

 上卷　王阳明小传
——以善变突围，以情深致良知

王阳明，他是个既能坚守"情操"又能用好"情绪"的人，他的一生是以"善变"突围，以"情深"致良知。

王阳明，他是个敢于改道超车走自己路的人；是个善做出能力的人；是个把本能变成良能的人；是个把领兵打仗的"杀人工作"变成普度众生的人；是个用良心建功立业诗意地栖居在这大地上的人；是个战胜了时间的人；是个让凡信他者皆能精神加速的人。

 第1讲

为何许多人喜欢阳明心学？

一、阳明心学能让你安心 /003

二、阳明心学让善良"出能量" /003

三、阳明心学是"打通学"
——"大道恒通，恒通就是大道" /004

四、阳明心学让我们变被动为主动——破除矜持 / 005

五、阳明心学——善良出能力 / 007

六、阳明心学中的"救世情怀" / 008

七、阳明心学是在办事中传道
　　——在生活中提高生命质量 / 009

八、阳明心学能让我们"即时解脱、即时担荷" / 010

九、阳明心学能救赎丢失、迷失的心，拒绝自我
　　"软埋" / 011

十、阳明心学是治愈现代知识通病的良方 / 012

十一、阳明心学能提升聊天、沟通水平以及语言能力 / 012

十二、阳明心学能让你用自身的力量走出
　　　"人生的悖论" / 014

十三、阳明心学能让我们通过任何生活来创造自己 / 015

第2讲

阳明立志成圣——"圣人必可学而至"

一、"何为第一等事？"——问题少年欲成圣 / 016

二、侠客梦——豪杰胆圣贤情 / 020

三、"格竹子"——阳明心学的起点处 / 022

四、"圣人必可学而至"——阳明立志成圣 / 024

第3讲 阳明参加科举考试——获得自己施展抱负的平台

一、阳明中举——痴迷研究兵法 / 026

二、仕途不如意——"我想当神仙" / 028

三、"以道事君"——拒绝当奴才 / 032

第4讲 "顺应本心"——坚持做自己内心认为正确的事

一、开门授徒——师友之道 / 035

二、舍生取义——为了心安不计身累 / 036

三、狱中学《易》
——"道术一体"才能有效地"行道" / 040

第5讲 龙场悟道——要走自己的路

一、龙场悟道——"圣人之道,吾性自足" / 042

二、龙场悟道的契机与要害——孤独与"临崖一跳" / 045

三、龙场悟道的成果——走自己的路 / 047

四、"脱胎换骨"——阳明心学诞生 / 048

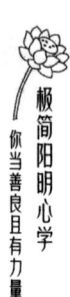

第6讲 知行合一——知者行之始，行者知之成

一、事上磨——化解"龙场打斗" / 053

二、龙场教化——寓教于乐 / 056

三、玩易窝——易道贯始终彻内外 / 058

四、知行合一——知是建立意义，行是实现意义 / 059

第7讲 "觉世行道"——不走寻常路

一、王阳明治理庐陵——不走寻常路 / 067

二、京师讲学——终身相与共学 / 070

三、《传习录》上卷由来——徐爱船上问道 / 072

四、滁州上任——若见得大道，横说竖说都能说通 / 075

五、南京讲学——可雅可俗，通而无碍 / 077

第8讲 文人用兵的意术

一、踏上征途 / 080

二、破山中贼易，破心中贼难 / 083

三、《传习录》与古本《大学》 / 088

目录

第9讲 平定宁王

一、平定宁王 / 090
二、威武大将军 / 096
三、忠而被谤最窝囊 / 098
四、为冀元亨申冤 / 103
五、为父守坟 / 104

第10讲 "岩中花树"与"天泉证道"

一、王阳明"岩中花树"典故的由来及含义 / 109
二、天泉证道 / 111

第11讲 广西戡乱——"此心光明，亦复何言"

一、王阳明客死他乡的经过 / 115
二、王阳明生命的最后时刻 / 117
三、此心光明，心学是自带光源的灯塔 / 118
四、王阳明向死而生的一生 / 119

第12讲 阳明：以"善变"突围，以"情深"致良知

中卷　心学的智慧
——知行合一，良知变良能

　　心学的起源不在《传习录》里，也不在《王阳明全集》里，而是在人心。心学教人学"活"，要保持心的虚灵不昧，在变易当中求得恰好，在应用中就是求变、求通，以建立与事物的价值意义通道。

　　心学是让人遵循内心的良知，知行合一，善良出能力，用自我的力量来生成自我，让生命去照亮生活，而不是用生活剥夺生命，是让人们"天天向上"，每天都能活出生命的新感觉，心安理得地活出当下的智慧。

第13讲

心学的思想源头——"十六字心法"

一、心学的起源——人心 / 126

二、心学的思想源头——"十六字心法" / 127

三、心学就是易学，易学就是心学 / 128

第14讲

极简入门——阳明心学核心直指

一、"良知""心即理" / 132

二、"意""诚意" / 135

三、"物""心外无物，心外无事" / 136

四、"格物""致知"与"致良知""知行合一" / 137

五、"不动心""事上磨" / 141

六、"良能""内圣外王" / 142

七、三观 / 144

八、"信入""理入" / 144

第15讲

通俗易懂——解码心学的奥秘

一、通才是道，不通就不是道 / 146

二、心学是心灵解缚学 / 148

三、心学"让人十字打开" / 149

四、心学简易直接 / 150

五、心学是善良出能力 / 151

六、阳明心学是办法学——兵法思维 / 152

七、阳明心学的奥秘——凡事从心里过 / 152

八、心学是性命之学 / 155

九、心学不是万能的 / 156

十、"知""行"是"合一"的为何总是被分开说 / 156

十一、人生的价值意义应该是怎样的？ / 158

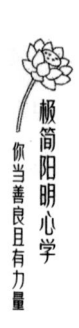

第16讲

心学进阶——真学心学要亲证和彻悟

一、良知亦有起处？／160

二、真学心学要亲证和彻悟／161

三、心学让你做自己的主人翁／162

四、学习心学志气要高，心的姿态要低／163

五、学习心学的窍门
　　——时刻保持心的"虚灵不昧"／164

六、学习心学着力处
　　——要在"根"上着力，"能"上下功夫／165

七、学习心学的心态
　　——真诚面对当下，自力更生／166

八、要有格竹子精神——勇于进入"痴狂"状态／167

九、如何提升感觉的质量
　　——"心地法门，念头功夫"／169

十、阳明心学转"他律"为"自律"／170

十一、面对具体事情要拿出自己的解决方案／171

第17讲

心学突破——终极参悟与功夫实修

一、立志突破自我——大人造命／173

二、如何立志？／174

三、王阳明的圣人之志 / 175

四、君子不器 / 176

五、切勿"意必固我" / 177

六、如何"克制"不正确的念头？ / 178

七、怎样处理好人际关系？ / 179

八、如何更好地沟通？ / 180

九、从心出发智慧、勇敢地拥抱不确定性 / 181

十、静坐时"念头纷飞"像演电影一样怎么办？ / 182

十一、不要想着"断念"要"正念" / 182

心学智慧——善良出能力

一、心学重在培养心之力 / 184

二、如何才能心物相通？ / 184

三、怎样培养心之力呢？ / 185

四、心学是善良出能力——快速解决"内耗" / 186

五、如何摆脱奴才的理性，发挥良知的智慧？ / 187

六、如何让自己的"良知"有力量？ / 188

下卷　内圣外王
——不动心，事上磨

"内圣外王"就是良知成良能。每个人凭着良知一打眼就能分辨正确和错误，如何把正确的坚持执行到底，这个最见心学功夫。

处理事情的时候，不要动摇良知的知觉，这就是"不动心"，这要求自己的内心必须达到"通达如空"的境界。万事万物在心内无碍，通行无碍就如空，"空可生明"，明就是圆通，事情来了在内心转一圈，"圆通了"，事情就有了出路，生活有了希望，生命就有了光。

第19讲

王阳明的成事心法：改道超车走自己的路

一、改道超车——走自己的路 / 192

二、不动心，事上磨 / 194

三、在办事中传道 / 196

第20讲

内圣外王的奥秘——"建体致用"

一、心学是内圣外王之学 / 198

二、闲则成圣，乱则成雄 / 199

三、内圣就要超越现实 / 200

四、内圣外王的奥秘——"建体致用" / 201

目录

第21讲 此心不动,随机而动

一、此心不动,随机而动 / 203
二、如何才能做到此心不动,随机而动? / 204
三、良知"坎陷",事上磨 / 205

第22讲 自肯担当常快乐活出生命的觉性

一、把每一天都当生命的最后一天,提起生命的觉性 / 209
二、每个人都做自己的主人翁 / 211
三、王阳明是一个在不确定性中活明白的人 / 212
四、常快乐是真功夫 / 213

第23讲 王阳明未能齐家

一、王阳明不搞大男子主义 / 214
二、王阳明未能齐家 / 215

附录 **月亮的答案** / 217

引　言
青年唯一的救济法门

梁启超

现代（尤其是中国的现在）学校式的教育，种种缺点，不能为讳。其最显著者，学校变成"智识贩卖所"。办得坏的不用说，就算顶好的吧，只是一间发行智识的"先施公司"。教师是掌柜的，学生是主顾客人。顶好的学生天天以"吃书"为职业。吃上几年，肚子里的书装得像蛊胀一般，便算毕业。毕业以后，对于社会上实际情形不知相去几万里。想要把所学见诸实用，恰与宋儒高谈"井田封建"无异，永远只管说不管做。再讲到修养身心磨炼人格那方面的学问，越发是等于零了。

学校固然不注意，即使注意到，也没有人去教。教的人也没有自己确信的方法来应用，只好把他搁在一边拉倒。青年们稍为有点志气对于自己前途切实打主意的，当然不满意于这种畸形教育。但无法自拔出来，只好自己安慰自己说道，"等我把知识的罐头装满了之后，再慢慢地修养身心以及讲求种种社会实务吧"。其实哪里有这回事？就修养方面论，把"可塑性"最强的青年时代白白过了。到毕业出校时，品格已经成型，极难改进。投身到万恶社会中，像洪炉燎毛一般，拢着边便化为灰烬。就实习方面论，在学校里养成空腹高心的习惯，与社会实情格格不入，到底成为一个书呆子，一个高等无业游民完事。

青年们啊，你感觉这种苦痛吗？你发现这种危险吗？我告诉你唯一的救济法门，就是依着王阳明知行合一之教去做。

前　言
讲透王阳明

心学的东西说起来简单，但是做起来却没有那么容易。很多人学了几年的心学还是不太明白，这是因为在心学整个体系里王阳明本身就是那个密码，所以不了解王阳明一生的经历，很难解开心学的"密码"。

当下我们能查阅到的有关王阳明的资料已经很全了，例如《王阳明全集》《王阳明年谱》以及王阳明的各种集子、书法等。这些资料之所以能流传至今，最主要的是王阳明的徒弟们把这些当作宝贝珍藏。但是我们今天拿到的这些资料还远不足以"织出"王阳明的全貌来。

中国的思想家有一个显著特点：这个思想家的个人风格、他的生活，就是他的思想发源地，也是他的一个"标牌"，一个特征性的东西。因此要想讲透阳明心学，一定要讲到王阳明的生活、行为、思维方式，才能把王阳明讲"活"了，才能让大家对王阳明以及阳明心学有一个比较形象具体的认知，才能够把其独具的那种能量呈现出来。

1. 王阳明的生活方式——率性而为

"率性之谓道。"王阳明的生活方式是"大隐隐于朝，中隐隐于市，小隐隐于林"，始终是一种逍遥诗人的生活方式，他一直就是以诗酒为朋，山水为侣。有空了，就带着学生们游山玩水、喝酒、作诗，完全一派名士和隐士的作风，这就是他率性而为的生活方式。

当然，官场中他也该干啥就干啥。他自己一旦闲散下来，他就要去过悠闲的生活。淡泊隐逸的情怀让他能够主动脱离那些所谓主流的活法，脱离那些僵化了的标准答案，摆脱那些"规训体系"。如果他就是按照那个"规训体系"去说，都按照那个规定去做，他可能在现实当中的功利上有所进步，但是在思想上，就绝对地死掉了，这个是屡试不爽的。如果王阳明整天穿着制服，刻板地按照规矩来，他的灵感、思想家的壮志等，也都被抹平了。

王阳明和他父亲王华的矛盾，主要就是类似与主流官场体制的矛盾。王阳明的父亲是一个优秀的官员，他要求王阳明要按照朝廷的规矩来。王阳明一生，用世不阿时[①]，不摧眉折腰事权贵，他不来这一套。他也不是只想做个清闲的自了汉，他明白的道理，让他在这个社会上应做一番公益。他做事不趋炎附势。他晚期讲良知学说时，说最恨阉然媚世[②]之徒。

王阳明的起点很高，按现在来说家境很好，因为他父亲是状元，还是编修，也给皇上讲课，皇帝挺满意，又让王华去教东宫太子。所以王华是教过正德皇帝（朱厚照）的，王阳明要是攀附，可以说他自己跟正德皇帝是"同学"。王华这么高的身份与地位，能带给王阳明的平台是很高的。

王华虽然是一个优秀的官员，但他不是一个糊涂人，他是一个很耿介的、很纯正的正派的人。宦官刘瑾侍奉太子朱厚照，那个时候他几次暗示王华，只要你给我低个头，结为同伙，你马上就会高升。这就到了选择时刻，良知在每个人做选择时起到很关键的作用，是背离良心还是守住自己的良心，往往只在一念之间。王华就傲然不以为礼，就不给刘

[①] 阿（ē）时：指迎合时好。
[②] 阉然媚世：比喻掩藏自己的本意，而博取别人的欢心。

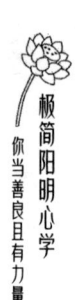

瑾点那个头。

当时的宰相叫李东阳，是有名的大诗人，他特别喜欢王阳明，王阳明小的时候跟他挺亲近，王阳明年少骑马摔了胳膊，李东阳还特地慰问他，还给他写长赋。待王阳明自己有了独立的见解以后，他就看不起这个宰相伯伯。因为李东阳之所以能够长期当宰相，就是他向宦官刘瑾妥协了，叫"伴食宰相"。当时朝中几个正直的官员都被刘瑾撵走了，而李东阳能够跟他们虚与委蛇，反而得以常处。王阳明同样可以靠着宰相李东阳这棵大树，迅速地往上升，但是王阳明内心觉得这个不好，所以他没有这样做，这就是一个良知的选择。

后来，王阳明抓住造反的宁王朱宸濠，这个要，那个要，他一直压着谁都不给。最后发觉宦官张永是真为这个国家好，就给张永了。后来张永把宦官刘瑾给扳倒了，他成了宦官老大之后，王阳明发现张永的表现等于又一个刘瑾出来了，所以王阳明离张永又远了。这个叫"义利之辨"，一定要选择正义，选择他心理上认可的、正确的，不跟着利的那个东西走。他要依附那条路，凭他的才华，他早就升上去了。也正是因此，当时的王阳明，官当得不爽，权力也不大。正是他隐逸的情怀和那种出离心，带给他的一种良心上的清爽，从而带来思想上的解放。他一生之戏剧性的沉浮变化，有一半是文官集团导演的。当然关键在于他反抗窝囊，不想与世妥协。他既生活在这里，又生活在别处。他因此而历尽颠蹶，也因此而光芒九千丈。他想给黑夜带来光明，黑夜想把他吞噬了。他终于冲破了黑暗，创建了给几代人带来光明的心学。

王阳明的高祖就是个隐士，他的曾祖也是个隐士，他们都是看透了官场那套勾心斗角、尔虞我诈的流氓的本质。他爷爷王伦就很清贫。他爹王华中状元以前也很清贫，就是教书匠，本地找不到岗位，就到外地、偏远点的地方教书，东家也不太富有，常住在庙里面。王阳明小时候也

常跟着父亲住寺庙,有了些佛学的启蒙,这些对王阳明来说都是一种积累。可以说学习佛老智慧,是修身养性,是生活方式的选择。

2. 王阳明的行为方式——良心之行

中国历史自古以来都是"成王败寇"。王阳明曾说,我本来是要在成圣道路上去努力的,朝廷让我来做这些不要紧的杀人的事情。所以,王阳明自己一生,他羞于谈他剿匪、平叛这些杀人的勾当。这对王阳明来说只是无奈之举。出于自己的职责所在以及为了使命,为了担当,他就去做这种军事工作。这部分军事工作就能体现出王阳明的一种行为方式。

比如我们想象不到,王阳明在领了军队、威势赫赫的时候,他坐八抬大轿,后面跟着雄赳赳气昂昂的"保镖队伍"。这跟我们平常所了解王阳明的形象不一样,这种生活方式是权力赋予他的。但是王阳明这个人特别讲礼数,他要去见一个比他年龄大、官大的人,他就在城外面换成四个人抬的轿,把后面的"保镖队伍"挡住,不让他们跟随,他就轻装简从地进去拜见。通过这么一种行为方式,我们就很具体地感受到王阳明的"礼"。

"龙场悟道"之前,王阳明老想着得君行道:得到皇上的信任,获得权力,他再出来为社会、为民众做更多的实事。龙场悟道把他打醒了,他觉得应该觉世行道。只有唤醒更多的民众,让他们觉悟起来,这样尧舜、孔孟、周公之道才能够成为地球上的一个事实。

王阳明非常反对把《传习录》刻印成册。王阳明为什么反对出书,他认为,跟学生点对点的、一对一的点拨,这样才合理。心学是活泼泼的生命之学,不是可以用PPT来展示的知识性的东西。王阳明不事著述。

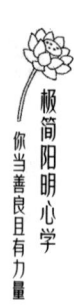

他怕学生们把他的思想变成教条，心学是跟着心思现量随机跳跃，它不是标准答案教育，它是一种一对一的，能够让你的生命状态、生命能量提高的一门学问。它能拉成一条体系，而不像心灵鸡汤似的，抖一个包袱，有个亮点，让你受启发一下。它不是那样的，它有一个严密的体系。

王阳明晚年说："为什么大伙都骂我？别人说这个说那个，我说都不是。""我才做到一个狂者的层次。"他是用狂来自况。孔子说："不得中行而与之，必也狂狷乎！"最好的状态是中庸、中行，达到中的状态。其次，就是狂狷，狂者进取，狷者有所不为。王阳明说他才修炼到一个狂者的状态。所以社会上还有不同层次、不同集团的人从不同的角度攻击他，就是因为他才做到一个狂者。王阳明是偏"狂"的，当然不狂不足以创派。

3. 王阳明的思维方式——本性直觉

王阳明的思维方式是什么？就是一个创作的方式。王阳明学什么东西，他都在"写自己的诗"。你看他干啥工作，就好像诗人去工厂，诗人下乡，诗人去边防，他都带着一双创作的眼。他带着一双创作的眼，他学到的东西就不一样。人类最主要的思维方式就两个：一个是形象思维，另一个是逻辑思维。王阳明的思维方式就属于形象思维或叫直觉思维。王阳明到最后，他悟透了良知就是直觉，良知是人之所以为人的自性，是人所固有的"根本慧"，是能接通自然能量的本源性直觉。每个人凭着良知一打眼就能分辨正确和错误。正确的就坚持，错误的你就改正，就完了，就那么点事。

他悟后，这都是活水。要不开悟呢，都是死的。你看朱熹，他注解《大学》《中庸》用的就是逻辑思维，就是那种学者的工作方法，批评家式的，他并不掌握那个内在的感觉通道。王阳明用直觉思维把朱熹的这个逻辑思维给"炸开",就是从重新注解《大学》开始。王阳明本人喜欢《中庸》,但是《大学》影响大,所以他就拿《大学》下手,针对的是朱熹注的《大学》。王阳明给《大学》加了旁释,形成他的一套解释。他这套解释就是用他的直觉,直觉确定以后,然后再过来从语言上进行组织。

王阳明是属于下功夫开了悟的,要开不了悟都是死学问,王阳明的活法是有张力的。朱熹也知道要想生生不息,必须找到源头活水,但是朱熹的那种思维方式,就使他找不到源头活水。朱熹晚年失明了,做不了那种注解工作了,然后就开始回光返照,看见自己内心了。这个时候,朱熹后悔了,后悔早年逐物,把自己丢了。王阳明个人是很佩服朱熹的,说朱熹能力强,他说改就改。但是呢,此时朱熹已经时不我待了,不久就谢世了。

王阳明之所以是王阳明,就是因为他有圣贤情,有豪杰胆。所以他是个侠儒,这个侠儒就是能在办事中传大道。当然他讲学、办书院,这个也是很有力量的,他能引起人们的重视,是因为他能办成多事。

4. 阳明到底是个什么样的人?

长得很瘦,面部表情谦和,晚年步履形态像鹤,气韵更像鹤。反应极快,说话却不急,常常在不经意的时候,先笑一笑,沉一沉,再说出自己要说的话。譬如,遇见多年不见的老朋友,过去常常辩论,朋友就赶紧翻本子找当年的话头。阳明就是笑一笑、沉了沉,不急不缓地说:"吾辈此时只说自家话罢,还翻那旧本子作甚!"

他像鹤而不是仙鹤,是一个一心经纶时务而朝圣的人,在朝圣的过程中发现"圣"不止一个,人人皆可成圣人,但谁自封圣人谁是小人。

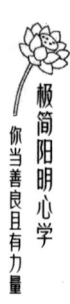

嘉靖下诏榜谕天下禁毁心学的目的就是打击这个"圣人不止一个",这太启蒙了,用不了几轮,就该冒出"圣上也可以不止一个"了,还有什么比这更像洪水猛兽呢。

因此,王阳明的一生是不见容于世又在俗世获得成功的一生,是官到封伯封侯却又负屈抱冤的一生,名满天下毁亦随之,他的性格也是飞扬与谦抑兼具,无日不忧亦无日不乐,一股豪气一派静气。

他是个有讲学强迫症的人,逢人便讲,有人劝他何苦这样,他说:"我如今譬如一个食馆相似,有客过此,吃与不吃,都让他一让,当有吃者。"

学生把他当成神,但是家里人不觉得他了不起。他的亲弟弟们、从兄弟们似乎不把他的话当回事,他过继的儿子逆反他那一套,他夫人与他脾气不和,他的夫人们之间是常规的那种不和,他活着没有协调好,死后家里立即乱成一锅粥了。他的良知万能论在皇帝、太监、阁臣、老婆、孩子那里都没有多少作为——千万不能因此否定良知学说,千万不能。而且他也不是一个不顾家、没有管家能力的人。他小时候过苦日子,一个塾师的孩子,跟着父亲蹭饭吃、蹭课听,受后娘的虐待,形成他一种穷苦孩子对家庭的重视感。事实上,他非常顾家,善经营治理家产,只是对家人不能用谋略、或者说什么谋略也不管用,他就别无长策了。从出征思田写的家书看,他对不服从的仆人也只有打与罚。

他肯定不是个"老好人",是望之厉即也温型的。他的气场很大很重,也在待人接物上做功夫。

王阳明,他是个既坚守"情操"又能用好"情绪"的人,他的一生是以"善变"突围,以"情深"致良知。

王阳明,他是个善良出能力的人;是个把本能变成良能的人;是个把领兵打仗的"杀人工作"变成普度众生的人;是个用良心建功立业诗意地栖居在这大地上的人；是个战胜了时间的人；是个让凡信他者皆能精神加速的人。

越是艰难处心学就越能帮上你的忙，顺风顺水的日子大家都会过，也都过得去，当你遇到难事了，过不去了，这个时候心学就显得弥足珍贵。人在困境中，更多需要的是精神力来支撑，精神力来自哪里？来自每个人的心里，心学就是让你"及时担荷"，快速补充你的心之力，给自己的精气神快速充能。

就拿王阳明自己的境况来说，当年他被贬到了龙场那种绝地，结果他不但没有死，反而"绝处重生"，像凤凰涅槃一样，一下子开了窍。在那种艰难境况下，靠爹靠不住，靠娘靠不住，靠皇帝老子更靠不住，只有靠自己，这就叫独立之意志。有了独立之意志，然后才有自由之思想，然后他才能推出这个心学来。而且推出心学还不是为了自己，是为了唤醒广大的民众，这个很是关键。

人在苦难时候的心境就和心学特别亲，很容易产生"共鸣"，这个时候也能很好地接上这个"机"。

我从南走到北，有一个观察，现在各行各业的人对精神上的需求，可以说是空前高涨，国家的方针是要提升大家的幸福感，幸福最核心的是精神需求的满足。古今中外这么多流派，这么多大家，我认为王阳明的心学是很适合当今社会的。心学，既反对那种表层的"衣服哲学"，也反对那些走量的哲学。心学要求必须走到内心里面。孟子说过一句话叫作"体其大者为大人，体其小者为小人"。这个"体"是什么意思呢？就是体证、体验。你跟着大的走，你就会成为大人，去体验大的境界、高的境界。你要去体验、体证小的东西，你就会成为一个小人。

我们学习要有感触，有些人走遍四大洋，也走不出内心的单调，为什么？因为他的精神格局没有打开。现在好多人去国外旅游，转了一圈，

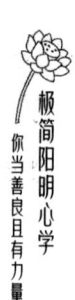

站在异国他乡还是说关于他们村的话,他走不出自身的单调。

王阳明的心学,能不能走进你的内心,不取决于王阳明,也不取决于我或者任何一个老师,而取决于你自身有没有感触。有感触,你就用了心了,你就敏感了。可能我说了一句中等的话,在你那里就成了一句高级的话;你要是没有触动,没有感应,没有进入精神上的场域,就算我说了一句很高、很大的话,在你那里都可能很低、很小,这也是传播学的一个规律。传播,不讲究说了多少,而是讲究到达频次,在接受者、在受众那里有没有到达以及到达的频次。车站旁边的小喇叭哇哇乱喊,我们捂着耳朵快跑,它想传播的东西,跟我们的接受是反着的。兴起感触的动力在哪儿呢?在于我们每个人自身的一种精神上的跃动。所以,人不能麻木,一旦麻木了,就等于把自己活埋了。

王阳明说什么时候良知变成良能,良能自然就是良知。那个时候我们就是一个完整的人,一个高尚的人,一个脱离了低级趣味的人。学习阳明心学,没有什么好的方法,就是"反身而诚"。过去我的同学爱开我的玩笑:"你是十窍通了九窍,还是一窍不通啊。"这个一窍不通是百分之百的不通。十窍通了九窍,这是一个滑稽话。十窍通了九窍还是一窍不通。但愿我讲的心学,半通不通吧。因为真正的通还是在各位自己心里头,我讲的是我的,你得到的是你的。我这根导线把阳明心学和你们接通了,能在你们心里发生聚变或者裂变,那么我们也就不虚此行。大的方面,对得起自己的良心!小的方面,对得起自己的时光!

王阳明感到陆九渊讲心学"说粗了"。后人谈王阳明事实上都"说粗了",也只能"粗"着说,因为受影响者的直觉是不可转述的。失去了直觉的"话头",要么变成语义的逻辑的分析,要么只是外缘的事实性的归纳,这都与那种契机性的应答相去甚远,包括我这篇小文、这本小书。

讲王阳明，希望能够给各位同修、同好、同学、同志、同仁、同胞们一口热乎水喝。大伙儿喝口热乎水的同时，有所感，有所得，就算不辜负这段时光了。最后效果怎么样，还要看我们大家合起来的这个"场"怎么样。我们之间是否做到了"通"，通则为道，不通则不为道，通不通取决于我们之间生命的呼应。

上卷

——王阳明小传

以善变突围，以情深致良知

王阳明，他是个既能坚守"情操"又能用好"情绪"的人，他的一生是以"善变"突围，以"情深"致良知。

王阳明，他是个敢于改道超车走自己路的人；是个善良出能力的人；是个把本能变成良能的人；是个把领兵打仗的"杀人工作"变成普度众生的人；是个用良心建功立业诗意地栖居在这大地上的人；是个战胜了时间的人；是个让凡信他者皆能精神加速的人。

第 1 讲

为何许多人喜欢阳明心学？

人们都说中国历史上有"两个半圣人"，但我认为王阳明是"圣雄"。因为他"文能提笔安天下，武能上马定乾坤"。就"武能上马定乾坤"这一面让圣人去，他不一定好办。英雄是改变世界的，圣人是改变自己的。所以王阳明他肯定是圣，他之所以能成为雄，是因为他用成了圣这个能量，做了英雄的事情。

王阳明心学为什么成了当下市场上的"抢手货"，是因为它本身对我们当代人有用。要是没用，逼着人们学，也一定不会成为市场上的"流行品"。

"如恒河水，三兽俱渡，兔、马、香象。兔不至底，浮水而过；马或至底，或不至底；象则尽底。"① 当下人们对王阳明心学的需求，也跟这个类似，就是有深的，有浅的。有想跟着王阳明学打仗的，有想跟着王阳明学做圣人的，还有想跟着王阳明减缓心理压力的。"鹪鹩巢于深林，不过一枝；鼹鼠饮河，不过满腹。"② 王阳明心学很广大，每个人都可以来取一瓢饮，从心出发，你学到多少也是看你的心有多大、需求有多大，这个完全取决于自己。

---

① 出自《优婆塞戒经·卷一·三种菩提品》。
② 出自庄子《逍遥游》。鹪鹩（jiāoliáo）：鸟名。形小，体长约三寸。

一、阳明心学能让你安心

"安心之法即为上法。"阳明心学对现代社会的意义非常大。在现代社会，最重要的一件事就是把自己的心找着。现代社会声色犬马，高度发达的物质把精神埋没了。教育中也存在与人格教育不挂钩的问题。现在什么都发达就让人失去了本心，这就是孟子说的"把心放出去了"。学阳明心学的目的是什么？"求其放心"，就是把放出去的心找回来，这就是阳明心学对我们当下的意义。简单来说，现代社会纷纷扰扰，你的心老安不下来，阳明心学能让你安心。

我们之所以痛苦、焦虑、内心不安，是因为我们面对很多事情往往是无能为力的、一筹莫展的，没有出路和希望的。阳明心学让你有力量、有办法，能够给予我们能量和切实的、具体的实施办法，让我们在解决自己所面临问题的途中沉淀自己的内心。

二、阳明心学让善良"出能量"

通过学习王阳明，能够把"儒释道"三大学问体系都学下来。现在的教育大多是在"横轴"上下功夫，就是一加一，一加五，一加九这样，这横向的发展，归属于认识论上的教育。王阳明说人要做自己的主人翁，要做一个大写的人，要做一个立起来的人。王阳明是"横纵轴"都打开的人，他也希望大家能够把各自生命的"纵轴"打开。这一横一纵绝不是对立的，纵轴打开以后，横轴上的认识会更平坦，更广阔。

我们学习王阳明，就要用阳明的风格来学习阳明的风采，用心学的方法来学心学的精神以及工作的艺术。王阳明是在行、住、坐、卧中都修行的人。

有一次别人请他吃饭，他就领着学生一块儿去了。吃完饭回来后，

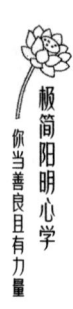

王阳明慢慢悠悠地说："看来诸位近期的学习都没有进步。"学生纳闷地问道："老师，何以见得？"了解王阳明意思的大徒弟就跟小师弟们说，刚才太守敬酒的时候，你们干啥了？连个回应都没有，都有点麻木，说明都不走心，没在生活细节上实修，所以心性上没有进步。

我们现代人学习心学，是让我们自己提升心性的。每个人心性提升了，就能够影响整个社会生态的，这也是心学的一个目标。为什么说"大学之道，在明明德，在亲民"。每个当官的都跟老百姓亲，这个才践行着人民就是江山。

王阳明到庐陵当知县，他刚稳定下来几天，上级来人要筹集一种庐陵当地并不生产的东西让百姓交税。王阳明就向上级奏明，庐陵不产这个东西，你还要收这个东西的税，没有依据，没有道理。你要抓人，就抓我去吧，我跟你走。你看这时候，王阳明就把那个乌纱帽掖到腰里面，为老百姓讨个说法。那时候王阳明刚恢复工作，此前他在贵州龙场流放，如今刚刚给他一个正经差事，当个知县，他就敢这么为了老百姓据理力争。王阳明敢说敢做，这才是人民的好干部。

王阳明之所以能这样，就是因为他在龙场悟了道，找到了良心、良知。拿良心来做任何事，他每天都在进步。当一天官，他的良心进步一天；看一天书，良心进步一天；作一首诗，良心进步一天。王阳明说只有先诚意，然后你才能格物，你在格物的时候，你的心性自然就会得到提高，这就是在具体办事中传了大道。

三、阳明心学是"打通学"——"大道恒通，恒通就是大道"

阳明一生功夫在"打通"，他在龙场开悟后，翻阅"五经"对照，无不契合。他把这种"贯通"，在家书里也分享给守文[①]，告诉他，自古

---

① 王阳明的弟弟。

圣贤因时代不同，创立的学说和教育理念，"名"虽不同，但圣贤教化的功能和主旨是没有太大差异的。正所谓"道同则心同，心同则学同"，大同道一。

晚年王阳明，他把在龙场这种"吾性自足"感觉上的贯通，用"良知"二字表达出来时，法喜充满，他称"良知"为"千古圣圣相传一滴真骨血"。从尧舜孔孟到阳明，这是一脉精神血统，也是中华文化的道统之一。

王阳明始终强调，良知人人本有。你哪天悟到"吾性自足"，你内心就会被瞬间打通，再看所有东西都是活的，死水也成了活水。你要心有千千结，活水也成了死水，不是水是死的，是你的心是死的。

为什么心学可以和现象学打通呢？因为他要去掉这些前见，去掉这些前理解，然后你才能够面对事实本身，尤其是要面对自己的内心本身。阳明心学告诉我们心不是我们的研究对象，心是我们的主人翁。学习心学就是要能像王阳明这样面对内心，找"心和花一时明白起来"的这种感觉。阳明心学是通学，不仅使自己通，也会使别人通。

阳明心学并不给世人提供任何现成或统一的鞋，如果有那种鞋就是枷锁和桎梏了。阳明心学只是告诉人们：每个人都能找到自己的那双合脚的天天向上的鞋——找这双鞋的功夫与天天向上的功夫是同一个功夫。所以找不着那种感觉的时候别灰心，接着找，总有找着的那一天。

路在脚下，"鞋"在心中。你的任务是找与走，走着找，找着走，边找边走，摸着心中的鞋，蹚过脚下的河……这只鞋，阳明叫"良知"，大乘佛法叫"如来藏"。

四、阳明心学让我们变被动为主动——破除矜持

王阳明的妻侄诸阳伯到他那里问学，临走请王阳明赠言。阳明说："在一起好几个月，都不曾向我请教讨论，到了临走时才问，不是有些晚了吗？"

这位妻侄却说:"几个月都不敢有所发问,是觉得您肯定不会对我隐瞒什么,从而期望能有所得,现在临走请言,是发现自己没有什么收获,担心您是不是向我隐瞒了什么。"

王阳明说:"我哪有什么可隐瞒,道就像日月星光一样灿烂夺目,是你自己不睁眼去发现,所以竟什么也看不到。你这又是追求什么呢?大道近在咫尺,却偏向远处求,事情本来简易,却去追求复杂和烦琐。这是天底下普通人通常患的毛病啊。"

王阳明的言下之意:我就在你面前,你有啥问我便是,我必不会隐瞒什么。道也尽在日常生活中,你只管发现,发问,探索便是,隐瞒的人是你自己啊。

一味期望被动地灌输,缺乏自己的思考,这样是不可能有所得的。孔子云:"三人行必有我师",学而至圣的人善于从身边的每一个人身上吸取优点,不耻下问,更不惧上问。王阳明自己就是个学习能力超强的人,能与道士和尚们参禅论道,汲取学养;也能从农夫农妇的身上学到必要的生存技能;能从兵法书中自己摸索出实战所需的战略战术;也能从良师益友,甚至徒弟身上吸收"心"的能量。生命不息,学习不止。大悟之人,也只会更加勤奋地学习,功夫不断,一悟再悟。王阳明在龙场之后才打开了成圣之门,若坐享其成,没有后续十几年的愈发精进,也是进不了孔庙的。

程伊川的学生谢良佐,与老师久别重逢,伊川问其近来有何进步,谢回答说只是去"矜持"。由此可见,"矜持"颇不易去。从人品上说,圣贤豪杰都可以没有矜持,所以是第一等人。一般人陷于自我的固弊,不洒脱,总免不了矜持。矜持从好的方面说,是人格的防线,这是基于生物的生存本能的;从坏的方面说,是万病之源,是人生一大毛病。一个人的人格防线,不能落在矜持上。如能冲破这一层难关,则可以称为英雄豪杰,甚至是圣贤。

学习阳明心学，首先要"自尊其心"，自己把自己的心"尊"起来。谁是主人翁？心是主人翁，心是老大；其次要"庄严精神"，就是使我们这个精神庄严起来，态度认真起来。学阳明心学对我们来说，能使每个人更自觉，更主动。所以说，心学的本质就是让我们变被动为主动。

人活着不要被教条所限，不要活在别人的观念里，不要让别人的意见左右自己内心的声音，要勇敢地追随自己的心灵和直觉。只有成全自己之生命意志的人才能"践履"在希望的道路上。说无路可走的人，是没有握住自家的权杖，把生命的舵送给了别人——那人哪怕是上帝也会变成魔鬼——上帝的真诚包含着上帝的欺骗。

五、阳明心学——善良出能力

有些人认为：有本事的人不善良，善良的人没本事，好像一善良本事就发挥不出来了，善良好像成了束缚能力的阻碍。王阳明说不是，其实善良正好能让人干成大事，这才是善良的本来面貌。

当代日本人矢崎胜彦用阳明心学发展起来的"将来世代国际财团"意在证明良知之道的大意义：克服我执，超越经济至上主义、科学至上主义、眼前至上主义等，唤醒每一个人内在良知的地球市民意识，呼吁以此为行动准则，建立开拓未来的新文明。

良知是人之所以为人的自性，是人所固有的"根本慧"，是能接通自然能量的本源性直觉。心学讲"知行合一"，完全把天理落实到意念、思维、语言、行为上，从"致良知"上得来力量和智慧。朴素点儿说，就是善良出能力。在现代社会，能力面固然须有更多的技术要素，但是心态更能左右技术发挥作用，鉴空衡平的良知能够让你超越强横与脆弱，能让你最谦抑、最无畏地圆融起来。

六、阳明心学中的"救世情怀"

王阳明从心里面跟孟子特别亲,他俩属于一个类型的,都属于狂派。孟子其实是个红脸汉,脾气不好,一言不合跟人家拍桌子吵,越吵嗓门越大。王阳明说自己,刚修炼到狂者胸怀,没有孟子那种可以和"军阀头子"吵架的气魄,这其实和他们所处的时代环境不同有很大的关系。孟子的名言是"说大人,则藐之"①,官越大他越藐视,说他们是"率兽食人"②,就是强盗,没有他们老百姓会活得好好的。王阳明就不敢说这个话了,王阳明要说这话,也就早追随他太爷爷去了,早被打死了。明朝的思想钳制、文字狱是空前惨烈的,在某种意义上比清朝还惨烈,所以王阳明是没有孟子所在的那个世道环境了。但是,王阳明他拥有孟子的这个气度。

"天下溺,援之以道;嫂溺,援之以手,子欲手援天下乎?"③孟子说现在天下人就像淹没在水深火热之中,世道已经崩毁,该怎么来救这个世界呢?你拿手来救世界没用啊,就是千手观音也不行。这么多苦难的民众,你拿一只手,你能救什么?所以孟子提了一个思想,叫作"以道救世"。他提出一个仁道,提出一个仁政,提出一种学说,用这个学说武装好多人,这些人各自都发正能量,这个世道就得以拯救了。王阳明也是这样,也是要救世以道。他在给聂文蔚的两封信里面,列举了

---

① 出自《孟子》的《尽心章句下》。说(shuì):向……进言。意识是向位高显贵的人说话,要藐视他,不要把他的显赫地位和权势放在眼里。
② 出自《孟子·梁惠王上》。
③ 出自《孟子·离娄上》:
淳于髡曰:"男女授受不亲,礼与?"
孟子曰:"礼也。"
淳于髡曰:"嫂溺,则援之以手乎?"
孟子曰:"嫂溺不援,是豺狼也。男女授受不亲,礼也;嫂溺,援之以手者,权也。"
淳于髡曰:"今天下溺矣,夫子之不援,何也?"
孟子曰:"天下溺,援之以道;嫂溺,援之以手,子欲手援天下乎?"

十四五种社会怪现象，对社会的黑暗、龌龊、小人猖獗以及阳奉阴违、言行不一等都进行了批判。用《水浒传》中的话概括，叫"冠履倒施"，把鞋当帽子戴，把帽子当鞋套穿，就是整个社会价值都颠倒了。怎么把它正过来呢？就只能靠什么？只能靠道。

王阳明他晚年法喜充满，因为他发现了"致良知"之道。王阳明坚定地认为，人人心中都有良知。这个良知，是上天赋予人和动物的一个标志。你把这个标志丢了，你就成了那个四条腿的、有毛的冷血动物了。他就是用这个"致良知"之道，来拯救这个已经不堪忍受的世道。"颓波难挽挽颓心"，人人心中有仲尼，我们每一个人心里都有良知。现代人大多抱怨自己缺这个少那个，唯独不抱怨自己缺少对良知的实行，不能"知行合一"。

七、阳明心学是在办事中传道——在生活中提高生命质量

我写的《心学三字经》一书中说阳明心学它为什么是活的，就是它在办事中传大道。你在做每一件事情，都是在修炼心学。

王阳明特别会教书，也特别会育人。绍兴的知府叫南大吉。这个南大吉是条西北汉子。天天下了班就跟王阳明玩，玩了就走了。

后来南大吉说："老师我说了这么多，你怎么不说话？我说错了你也不批评我，也不指点我。"

王阳明说："我说了。不然你怎么知道你错了？"

南大吉说："我的良心告诉我，这样做不对。"

王阳明笑了说："这个良心不是我常说的？"

南大吉笑谢而去。这个就是办事中传大道嘛。

王阳明跟他的一个好学生邹守益说，你千万不要当官，这个官场就是个猪圈，就是个马圈，就是一片泥淖，你千万不要来。王阳明跟另一

个学生说，你出来工作是为了脱贫，挣够这个饭吃，咱们好一块儿去归隐，你得有饭吃。这是王阳明做的一件让我们非常敬重和感动的事，面对不同的学生，他用不同的启蒙方法，不只是统一用一套大道理去应对。

曾有一个学生问我："老师，我闭关，学三年心学。"我说，你学三年学傻了吧，世界格局都变了，这个时代的节奏也变了，你刚学好的那一套，一出来，回家的路也找不到了。心学不是那么学的。心学就是我刚才说的，在生活中提高生命质量。有些人其实是拿生命来讨好或者祸害生活。年轻的时候用命挣钱，老了用钱买命，这都叫本末倒置。

八、阳明心学能让我们"即时解脱，即时担荷"

王阳明心学的显著特点是"即时解脱，即时担荷"。

阳明心学是"打通学"，遇到事情每个人凭着良知一打眼就能分辨正确和错误，就知道应该如何去做。所以他能让人"即时解脱"，不停留在自己的"执念"上、"矛盾"上空耗。

稻盛和夫跟王阳明心学学的什么？他学到的就是王阳明给他的那种担荷力量，用过去我们常说的话叫获得了"精神原子弹"。他出来拯救日本航空公司，简称日航。不要工资，也不带团队，就干巴巴一个人过来，把日航给拯救了。能否从学习心学中获取"精神原子弹"的能量，取决于什么呢？取决于这个接受的人。我研究阳明心学也有几十年了，你要叫我去拯救日航，说实话把我现在的这几颗牙都打掉也不行，没那个本事真是不行。稻盛和夫在念阳明心学文字上，可能没有我投入的心力多，但是人家学出了精华，学出了能量，这个完全取决于自己。

九、阳明心学能救赎丢失、迷失的心，拒绝自我"软埋"

现在人活着活着就把心弄丢了，最后搞了个最不好的活法，就是把自己一步步软埋。今天为了五毛钱，明天为了一个副科级，后天为了一个什么……这叫陷泥，陷在这个泥淖之中。总而言之，一点一点地把自己软埋了。

绝大多数人都在蒙昧当中，自己把自己的良心都蒙了。就是人心被黑塑料布给盖上了，这样的人就麻木可惧，为什么？对别人的死难、苦难觉得不关痛痒，不关心，就是他不疼。王阳明多次说，这个良知是什么？就叫作"真诚恻怛"。王阳明是个什么人？王阳明是一个最"真"不过的人。真就是王阳明最显著的特点，他就是个"真人"。他看不惯你不跟你合作，就真不跟你合作。他自己晚年说，要是能把良知变成良能，就能做到"诚"。这个"恻"就是指恻隐之心①。最后这一个竖心，一个旦字，这个字念"怛"。这个怛，就是始终"提住心"——如履薄冰，不以害道，损坏自己的良心。所以刘宗周就说王阳明，"天下人心已坏，赖先生恢复"。就是说王阳明把这个良心又"提"回来，"颓波难挽挽颓心"，把这个良心又"提"回来，让大家伙儿"提住心"。

刘宗周的徒弟叫黄宗羲。黄宗羲说，王阳明就是为这个江山提住了心，在王阳明之前，人们都是在架空度日，过活一天等于白活一天，因为没有顺从自我的良心，就是在不断进行自我软埋。从阳明提出这个良心说，不少人成了"良心教"。有时候因为你要是讲良心，会失去很多的利益。但是，也一定要讲良心，就是失去利益也要讲良心。良心是道德的基础，没有良心就很难有道德，没有道德就很难有人格。没有人格了，剩下的就都属于鬼蜮世界，都成了鬼蜮伎俩。所以我们必须找到自己的心。从

---

① 孟子认为人有四端：恻隐之心，仁之端也；羞恶之心，义之端也；辞让之心，礼之端也；是非之心，智之端也。

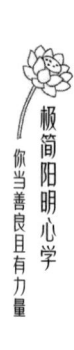

良心出发，让我们在生活当中提高生命的质量。阳明心学也是能量学，在具体实践中它给我们的一种生命的能量，让我们能坚持按照自己本性直觉行事。

十、阳明心学是治愈现代知识通病的良方

现在的知识分子有个通病，很难打破。这通病是什么呢？不是善与人同。善与人同是舜的成功之道，舜是王阳明最心仪的圣人典范。还有子路闻人告之有过则喜，子路是侠儒这一脉的祖师，也就是王阳明的直系源头，这一脉他们是行学的人。王阳明一针见血地指出这类虚高人的病根就是不肯善与人同。他的学生补了一句"好高不能忘己"，有我就有私，好高就会唱高调不切实际，为了显摆自己比别人高明就善与人异，这是王阳明最痛恨的一种知识分子病。

不善与人同而善与人异，问题出在哪儿了？就出在虚荣。总要显得自己高一点点，居高临下一点点，不能忘己是有我，好高是虚荣。心学好像是主张唯我独尊似的，其实恰恰不是。他是要你千方百计地忘记小我，忘掉来自经验状态的那个习气之我，那不是真我。只有和心本体印上的那个中庸的我才是真我，剩下的都不是真我。克己复礼那个己，就不是真我。有这个自我中心，自以为是，他就不能善与人同。好高就要显得自己高。所以王阳明再三跟同学们说：与人相处要向下，越向下受益越大。地低成海，人低成王。

十一、阳明心学能提升聊天、沟通水平以及语言能力

你们发觉了吗？人一辈子的时间、精力和语言十有八九都是用在聊天上的。有些人语言乏味、面目可憎，到连天都聊不了的程度，跟他聊

天都受罪。有的人带职业病，聊天就像训人似的，管教似的。还有的人聊天就磨叽。我觉得不管贫富，不管周围是个啥状态，我们总是需要提高聊天能力的。

聊天说的话基本都是废话。把废话停了行不行？不行，只有一定级别的大师可以。据说在北大未名湖畔，季羡林和金克木见了面并不说话，默默相遇，默默离开。就有人问季羡林："老师，你咋不跟金老师说话？""说什么呢？你吃了吗？"这不是废话吗？到那个级别就不用说废话了。但咱们见了同事说："你吃了吗？"对方答："没吃。"这就不是两句废话了，而是一个润滑剂。

言归正传，怎么理解学阳明心学能够提高聊天水平呢？这是一个语言、思维和心性之间关系的问题。

首先，阳明心学可以让我们在聊天中跟聊天对象"心连心"。聊天过程中不张嘴就说"我、我、我"。有些人很有才学，但刚听到说人家的孩子死了，他还提他掉了一颗牙，只知道有"我"，这种人的才学都白有了。他跟人家聊天，跟人家干工作，跟人家当合伙人，永远都不会成功。再有才学他也是孤家寡人。真正的心学是从来不说"我"的，三句话马上就带"我"的人是心学的门外汉。真正的心学是把自己作为反面教材的时候才说"我"。王阳明跟他的学生说："我从8岁开始就好二氏之学。"所谓二氏，一个是佛，一个是仙。那时候他38岁了，三十年来没有间断过。王阳明说："但是你看，我效果不好。牙齿松动了，头发也落了，药量在日增，这就是我学二氏之学的后果。"

其次，阳明心学能提升我们的语言品质。语言品质的提升是人心性整体提升的结果。前面我们说过，王阳明心学能提升心性，打开格局。语言品质的提升可以提升我们生命的感觉，提升了自己的生命感觉，也就在生活中提高了生命的质量。

我劝一些亲人说："你少说话。"亲人会问："为什么呢？"我说：

"说话耗气。你老了心脏不好，为了保护你的心脏就少说点话。"跟我很亲的人我才劝他，因为我对他有责任。对他没有责任的，你就找个不伤害他的理由，不听他废话就完了。虽然废话噪声是最大的公害，但是我们必须要加入进去。在这个过程当中干什么呢？提升我们的语言品质。

再次，阳明心学教我们聊天拒绝说教。阳明心学"致良知"之道是给人欢喜、信心、希望和力量的。落实到实践中，也不用啥地方都像要擒反叛一样动脑子。比如我们在某些问题的谈论上，能说出一点对他人有利、给他人欢喜的话就可以了。王阳明日常教学就是聊天。好多人为亲自听王阳明聊聊天，就背着粮食从几千里过来。王阳明聊天绝不是说教。不像我们现在上课，学生爱听不爱听的，老师还提溜耳朵灌你，没有那个。"师不顺路，医不叩门"，他根本不会那样。只有你主动说，他才点。他一点，不但这个学生能获得一种精神上的根本性提升和转变，周围在场的大伙儿也能。所以必须亲自去听他说说话。后来，他在老家讲学的时候，想见他的人太多了。他没办法了，就坐在那里，那些想见他的人就从他前面挨个过。有些过一圈，不过瘾的再过一圈，还有的人过三圈。你看，见他一眼和不见他一眼，差别有多大？这就叫感觉变成思想，思想变成感觉。

十二、阳明心学能让你用自身的力量走出"人生的悖论"

当我们现实上没有办法摆脱人生的悖论[①]的时候，阳明心学能够让我们用自身的力量走出悖论。想获取心学的能量，你必须虔诚地，像王阳明那样认真地去学、去进取。你有多虔诚你就得到多少，你要用轻慢的

---

① 指在生活中出现的一些自相矛盾的现象，这些现象往往使我们陷入迷茫和困境，让我们在抉择时左右为难。

口吻你就得到的是轻慢。你要是抱着一种找大夫治病的诚恳态度，那你就能得到调理。阳明心学的"致良知"之道就是个通道，当良知和它接通了，你的能量或者说是潜能，就会无障碍或少一些阻碍地发挥出去。

十三、阳明心学能让我们通过任何生活来创造自己

渴望不朽的人认为日常生活不值得过，渴望生活的人认为追逐不朽是虚妄的。心学大师王阳明告诉你：人可以通过任何生活来创造自己，渴望生活与渴望不朽正可一统于"致良知"。他还告诉你一套随分用力、用自我的力量来生成自我的方法，找着良知这个"发窍处"，便能每天都活出新水平。若找不着便架空度日，给别人活了。

第 2 讲

阳明立志成圣——"圣人必可学而至"

一、"何为第一等事？"——问题少年欲成圣

说王阳明是问题少年是从他的心理特征方面讲。其中一个是他5岁前不会说话，这形成他"内倾型"性格，凡有触念先在心里回环。

明成化八年九月三十日（1472年10月31日），阳明降生。关于阳明出生，其弟子钱德洪撰的《瑞云楼记》中有详细记述：阳明的奶奶岑氏梦见五彩云中，神人在鼓乐声中抱一婴儿交付岑氏。岑氏说，我已有子，我媳妇对我极孝敬，愿得个好孙子。神人答应，然后，怀孕14个月的郑氏生下阳明。

王阳明的奶奶把自己的梦告诉了王阳明的爷爷王伦[①]，竹轩先生觉得这个梦很特别，说这个孩子是神人自云中送来，就叫他"王云"吧。

不凡的出生，大家都认为王阳明定然是一个"天才"。可是，令人意外的是，王云一直到5岁，都还不会说话，王家人很是担心。

有一天，王云和其他小孩一起在门外嬉戏玩耍，恰巧一位和尚路过，他盯着王云仔细看了一会儿后说："好个孩儿，可惜道破。"

和尚的话正好被王阳明的爷爷听见了，他心中一惊，顿时想到一件可怕的事情：取名为"云"[②]，一语道破天机，泄露了王云的出生秘密，

[①] 王伦生而好竹，在自家住宅周边遍植竹子，每日在竹林中吟啸，世称"竹轩先生"。
[②] "云"在古汉语中是说话的意思。

遭到老天爷的惩罚，所以王云才迟迟不会说话。于是竹轩公将其名字改为"守仁"①。王云便立刻会说话了。

王守仁会说话不久，有一天，王守仁的爷爷听到小守仁正在背诵自己曾经读过的书，十分惊讶，问道："这些书你是如何学会的？"

小守仁回答说："我经常听爷爷读这些书，当时我不会说话就在心里默默地记下来了。"

五年不能开口说话，让王阳明②学会了认真去听，听完有所感悟又不能说，只能在心里自己不断地玩味。这个心理特征很重要。王阳明之所以是王阳明，一方面跟我们一样，另一方面又超过了我们。这个是起点。后来终生伴着他的是什么？是孤独。王阳明经常自己和自己对话，例如，格竹子、龙场悟道等。他的那份孤独以及自己跟自己对话的心理惯性，使他永远不随波逐流。这一个很小的生理特点，却能够酿成巨大的心理影响。

王阳明性情活泼，好动，且矫健异常，窜奔跳跃，相当欢实，不是循规蹈矩听话的"好孩子"。后来他的徒弟总结评价，说得很好听，叫"英迈超特"：英，英雄；迈，就是超越一般的人；特，比较特殊。他父亲王华③常为此发愁，亏得他爷爷非常欣赏理解这个不同凡俗的孙子。王阳明的爷爷，视纷华势利如白水，唯酷爱竹子，房前屋后到处种着竹子，有大量的藏书，于书无所不读。他终生不仕，非常喜欢弹琴，每逢月白风清之际，就焚香弹奏几曲，弹罢，便歌咏诗词，还让子弟们一起吟唱，小阳明自然混入其中，接受"美育"。王阳明小时候又主要跟爷爷奶奶在一起生活，他的天性没有受到大家庭惯有的压抑、斫伤，并且受到了

---

① 用的是《论语》语典："知及之，仁不能守之，虽得之，必失之。"
② 因他曾在余姚阳明洞天结庐，自号阳明子，为人作序记，落款常是"古越阳明子""阳明山人""余姚王阳明"，故被学者称为阳明先生，现在一般都称他为王阳明，其学说世称"阳明学"。
③ 王华曾在龙泉山的寺庙中读书，所以后世之人又尊称他为"龙山先生"。

良好的开放式教育。

这种"洒然无入而不自得,爵禄之无动于衷"的家风,对王阳明的熏陶似乎可以概括为两大端:一是活泼,二是豁达。

有一天小阳明到集市上看见一个老头在卖鸟,他很喜欢就要买。买就买吧,但那个淘气劲出来了。王阳明又想要人家鸟,又不想按那个卖鸟老头说的价格给钱。这时,旁边过来一个看相算卦的人。他对王阳明说,孩子,鸟的钱我给你出。我看你面相是个必成大器的人,以后千万不要在这种鸡毛蒜皮的小事上浪费你的聪明了。你应该立大志,走正路。王阳明就拿着这个人给他的鸟,然后心里怀揣着他的话走了。王阳明听了看相算卦人的话内心非常欢喜且充满希望。王阳明有了这个希望,就有了立志的动力。但是他的徒弟们肯定不能把这个故事写到年谱里去,这成了小二皮了。这个记载于明代的笔记书《明语林》,是第一手的资料。

小阳明10岁的时候,他父亲龙山先生考中了成化年间辛丑科状元,授翰林院修撰①。龙山公成为翰林院修撰后,日益思念尚在家中的老父竹轩翁,准备把父亲接到京城来,安享晚年。

小阳明11岁跟着爷爷进京,路过金山寺,竹轩先生与客人喝得来了兴致,想作首诗,小阳明在旁开口吟道:

金山一点大如拳,打破维扬水底天。
醉倚妙高台上月,玉箫吹彻洞龙眠。

前两句充满剑气,后两句箫音依依。客人惊异,让他再作一首吟蔽月山房的,小阳明又脱口而出:

---

① 修撰相当于天子的顾问或秘书,不直接参与政治。只有状元才有资格被授予这一要职。可以说当年龙山公获得这一职位是非常荣耀的。

山近月远觉月小，便道此山大于月。

若人有眼大于天，还见山小月更阔。

已有点"心大则天下小"的心学味道了。

小阳明12岁在京师读私塾，不肯专心诵读，喜欢偷偷跑出去和小朋友们玩"战争游戏"。他自制了大大小小的旗子，让小伙伴们举着，侍立在四周，他是大将，坐在中间，指挥着大家忽而向左，忽而向右，就跟排兵布阵一样。王阳明的父亲有一天看见了怒吵了王阳明一顿，王阳明还跟他父亲进行了一番辩论，结果是，他父亲听完非常愤怒，把他痛打了一顿。

一日王阳明与他的同学在街上漫步，一位相面先生看见王阳明的相貌奇特。他叫住王阳明说："吾为尔相，后须忆吾言：须拂领，其时入圣境；须至上丹台，其时结圣胎；须至下丹田，其时圣果圆。"大概意思：你一定要记住我今天对你说的话，当你的胡子长到衣服领子时，你就入了圣境；胡子长到心口窝时，你就结圣胎了；胡子到肚脐时，你就圣果圆满了。

相面先生的话引起了王阳明对圣人的思考，从此以后每捧起圣贤之书，便静坐凝思，思考和体验圣贤的心境和想法，期望能与圣贤神遇心契。

龙山公常常担心儿子会不成器，王伦觉得自己的孙子不是凡品，而且他更愿意相信相面先生的美妙预言。

一日王阳明忽然问他的私塾老师："何为第一等事？"

私塾老师说："惟读书登第耳。"

阳明凭着童心的直觉性反应反驳老师："登第恐未为第一等事，或读书学圣贤耳。"

这时在一旁的龙山公听到王阳明的话，笑着说道："你是想成为圣人吗？"

二、侠客梦——豪杰胆圣贤情

那会儿家长对孩子就是一个字——压。棒打出孝子，也是从这个压字的原理上来的。现代很多父母依然用打压式教育孩子，这对孩子影响真的很大，一边打压一边还要质问孩子为什么不自信。王阳明的母亲在王阳明13岁时就去世了，加上父亲忙着学习考试，所以王阳明小时候主要是跟着爷爷奶奶长大。王阳明的爷爷是洒脱的文人性格，再加上他对王阳明的喜爱，所以王阳明几乎是被放养着，这样环境下成长起来的孩子胆子大，还很有自己的想法。

胆大心细是阳明的基本性格。《三国演义》中那个能让诸葛亮把毕生之学传给他的姜维，胆也特别大。姜维在大势已去后，还跟魏国的钟会结拜兄弟，想着借机再度起义，结果失败了。最后魏兵把姜维给解剖了，发现他的胆就跟鸡蛋一样大。所以姜维那个胆就不是凡夫的胆，才敢做这种超凡的事。一个人的胆量来源于志气。那志气又来源于什么？主要是来源于从小就好任侠。男孩子都有一个侠客梦，王阳明生来"英毅凌迈，超侠不羁"，像许多少年人一样，阳明崇拜侠客。

15岁的王阳明就骑着马沿居庸三关考察。下关、中关、上关各相距十五里，出上关北门又十五里为八达岭。皆依山起势，从八达岭仰视下关，如同窥井，在那个冷兵器时代，居庸关真京城之北向之咽喉。阳明骑马逶迤而上，自入下关，便两山相凑，仅有河边小道，路遇鞑靼人也骑着马大大咧咧地走来。阳明好斗的天性加上民族间的仇恨，更有一试自己能力、证明自己侠客梦的冲动，遂拈弓搭箭，呼啸着朝鞑靼人冲过去，连喊带射，鞑靼人猝不及防，不知这个孩子身后有何依仗，再加山近有回音奏响，遂仓皇逃窜，跑出一箭路，回头一看，原来也就是个孩子而已。

这个故事我估计也是他的徒弟们把他神化了。一个15岁的孩子能干什么？应该说他沿着边境考察，记风土人情，怀念于谦①。于谦为了保卫北京被冤枉了，所以明朝检验一个人有没有良知，就通过察看这个人有没有为于谦鸣不平。对于高级知识分子来说，这是一个检验人有没有良知的分水岭。王阳明从小就仰慕于谦，仰慕英雄。他考察边疆还写了赞美于谦的对联：

赤手挽银河，公自大名垂宇宙。
青少埋忠骨，我来何处吊英贤。

后来王阳明挨了四十大板，又被发配。他路过杭州时不想走，转着圈地住寺院。在他住到于谦墓旁的那个寺里时又写了一副对联："千古痛钱塘，并楚国孤臣，白马江边，怒卷千堆雪浪；两朝冤少保，同岳家父子，夕阳亭里，心伤两地风波。"这个对联是写得真好。"两朝冤少保"，岳飞是少保，明朝于谦也是少保。王阳明成功也是靠语言。他要没有这种高超的语言能力，就他那点东西，根本杀不出地平线。他不想做个诗人，但是他还是受益于自己这种诗人的能力和才华。

王阳明晚年还能跟太监比箭。太监看他一个长期的肺病患者，白面胡子长，走道都晃荡晃荡的，就想着跟王阳明比箭定能胜出。于是太监提出要和王阳明比箭，王阳明欣然答应。结果王阳明三射三中。王阳明后来走到哪儿就在哪儿开设一个学校。学生们一边是念书、诵诗，另一边是射圃，圃也就是体育场，用来跑马和射箭。所以在当下，我们更要注重对青少年的体育锻炼。

这就是他织锦的两个线头，一是从心里过。二是英特超迈。他就是

---

① 于谦，字廷益，号节庵，明朝政治家、军事家。《明史》称赞其"忠心义烈，与日月争光"。与岳飞、张煌言并称"西湖三杰"。有名的《石灰吟》就是他创作的一首七言绝句。

不羁，不被任何东西笼络。他就是纵横四海的侠客，有着混不吝的侠客心性。所谓哲学史，是哲学家气质史。王阳明的知行合一由这种侠儒的气质而生，也是这种味道的知行合一，不是唇舌之论。

三、"格竹子"——阳明心学的起点处

王阳明想当圣人，必然需要名师指路，当时名望比较大的就是朱熹，王阳明曾遍寻朱熹的著作，如饥似渴地阅读。当时王阳明曾和好友钱氏讨论如何才能成为圣贤的问题，最后他们达成一致，要想成为圣贤，必须掌握朱熹所说的"格物穷理"。当时有一本国家级统一教材《大学》，在《大学》里朱熹就讲"格物致知"，就是说你今天格一物，明天格一物，突然有一天豁然贯通，就能够穷理了。这就是"格物致知穷理"。

王阳明就跟好友钱氏说，那咱们就去格竹子吧。王阳明的爷爷喜欢竹子，人称竹轩公，他的父亲也深受影响，居住的房屋周围也种了不少竹子。王阳明就到竹子边格竹子。到现在还有人辩论他到底是哪一年格的？王阳明自己说是十五六岁的时候[1]。当时他说，你们整天说做功夫做功夫，但有谁像我这样下过死功夫。我十五六岁的时候就格这个竹子，连格七天七夜。可见他从来没有后悔过格竹子这件事情。王阳明七天七夜到底想了什么，我们永远也不知道。但我们能知道的是什么？是王阳明一直在坚守。他一直坚守着这么一个对待对象的态度，这个态度是他终生不变的。

王阳明他格竹子是要找什么？依据我的理解他要找的是"心和物"

---

[1]《阳明先生遗言录》："先生曰：某十五六岁时，便有志于圣人之道，但于先儒格致之说若无所入，一向姑放下了。一日寓书斋，对数筮竹，要去格他理之所以然。茫然无可得，遂深思数日，卒遇危疾，几至不起（差点死了），乃疑圣人之道恐非吾分所及，且随时去学科举之业。既后心不自已，略要起思，旧病又发。于是又放情去学二氏，觉得二氏之学比之吾儒反觉径捷，遂欣然去究竟其说。"

的关系。其实人一来到这个世界，人和人以外的世界就成了必须面对的事情。王阳明对"物"的理解是："意之所着就是物。"这个意着了的东西就是物，这个意不着的东西，它对你就构不成物。

同时王阳明也在找"万物一体感"。王阳明有了他对竹子的感觉，也想找到竹子对他的感觉，就是在完成这种心与心的交流。他跟这个竹子都是被抛到这个世上来的，抛到世上来以后，他和竹子都是被动的。那么要怎么成长才能摆脱这种被动？他在思考，并且第一天和第二天看到的、想到的不一样。所谓看到的不一样，也就是感到的不一样。关键就是内心的感受。第三天感到的跟第二天感到的也不一样。依此类推，七天下来他每天都会有新的感觉。

光这么一个竹子有什么好看的？他硬看了七天七夜，他看到了那个后面的再后面的、底下的再底下的东西。可以说王阳明通过"格竹子"这件事，格出了一个"穿透力"。

王阳明格竹子就是这种实验性的行为艺术：把自己当演员与竹子互动共舞，不是主观看客观，是寻找自己的感觉，避开经验试试自己的反思能走到什么境界。这也是阳明心学的起点处。

阳明一生都得力于这种入乎其内出乎其外的实验心性、跨界打通的心法，而且总是就根源性问题提问，永远突出简单要点，寻求最为根本的答案。

王阳明由于"格竹子"太认真、太投入了，没有体悟出格物之理反而得了一场病。格竹子病倒以前，王阳明有过男孩子尚武、好骑射之"任侠"期，也是他一生唯一的健康期，如果格竹子不得肺病，他成为一个戚继光式的武将也未可知。王阳明此刻认定"圣贤有分"，自己不是当圣贤的料了。动摇了自信也就动摇了信仰。

四、"圣人必可学而至"——阳明立志成圣

在阳明还是个嬉笑无方的小孩时，诸介庵在吏部，到王家串门，非常赏识活泼的小阳明，慨然允诺将女儿许配给他。

17岁那年，王阳明前往江西洪都①迎娶妻子诸氏。新婚之日，他觉得应酬太吵闹、太累，自己一个人偷跑出来，闲行步入一个叫"铁柱宫"的道观，听完里面一个道士讲养生之说觉得非常好，便和道士对坐修习，竟忘了时间，睁开眼天已经大亮，王阳明此刻忽然想起来，昨晚是自己的新婚之夜，急忙起身走了。

他和夫人住在岳丈家一年多，在岳丈诸养和的书房内有数箱纸，王阳明痴迷于书法，每日用这些纸练习书法。当王阳明启程回余姚时，盛纸的箱子都已经空了，可见王阳明练习书法的刻苦程度。在此期间，对王阳明助力最大的是学习怀素②的狂逸笔法，他一生数次临摹怀素的《自叙帖》，也是他"究心"佛法的一个重要途径。一番专心苦练，王阳明的书法大有长进。书法的形式感与禅的不可言说性，内化于他的潜意识中。

他在带夫人诸氏回来的路上，坐船过广信（今上饶），他特意下船专程去拜访了娄谅③。娄谅是明初著名理学家吴与弼的学生，吴与弼是以朱熹的学说为正宗的，也有点心学倾向，娄谅也是。娄谅向王阳明讲了"圣人必可学而至"的道理。也就是说成为圣人不难，只要你肯学，下定那个决心，立下这个大志，一定能够学成圣人。这其实是儒学的通则，无论理学还是心学都笃信学而致圣的原理。只因这句话正搔着阳明此时的痒处，这与王阳明内心中那朦胧而强悍的"第一等事"的心念发生了

---

① 今南昌。
② 怀素：唐代杰出书法家，史称"草圣"。俗姓钱，字藏真，僧名怀素。
③ 娄谅：也称娄一斋，明代大儒。娄谅少时就有志于圣学，遍求名师于四方，但最终也没能求得。后来听说吴与弼的声名，就前往临川听他讲学，最终拜他为师。

强烈的共振，只要通过"学"能成圣，那我肯定能成功。从此，阳明更坚定了学做圣贤的志向。

王阳明原先认为圣人就是圣人，凡夫就是凡夫，也就是孔子说的"上智与下愚不移也"。孔子晚年浩叹，说自己一辈子做这种普及、启蒙的工作，还办学校，结果最后他发觉，你是叫不醒一个装睡的人的。所以他内心是悲凉的，觉得"上智与下愚不移"。对此，后来有人问王阳明。王阳明说，不是不能移，是不肯移。是因为这些下愚的人不肯变成上智之人。这个肯不肯取决于立志，只要他立志要变就能变。所以说立志是打开自己内心主动性大门的密钥。

学做圣人的历程是艰难的，但对真诚的人来说，越是艰难越生动。王阳明立了"圣人必可学而至"的志向以后，他的同学、弟弟都说王阳明的性格发生了变化。过去王阳明爱开玩笑，是一个活泼、诙谐的人。后来就开始装道学模样不苟言笑了，说我当圣人了，不跟你们来那套了。年轻，就是装，这叫"不学之过"。你当圣人悄悄当嘛，你还贴上招牌。这是他可爱的地方。

第 3 讲

阳明参加科举考试——获得自己施展抱负的平台

王阳明的父亲说王阳明,想要成为圣人,为生民立命,为万世开太平,首先要有施展抱负的平台。王阳明年龄大了,自己意识到老用自由之意志、独立之境界的思想也不行,还得按照主流走。于是,他就开始参加"高考"。

一、阳明中举——痴迷研究兵法

弘治三年(1490年),王阳明19岁。是年,王阳明的爷爷祖父竹轩公去世,王阳明的爸爸龙山公从京师回余姚为父治丧。出殡之后,竹轩公被葬于余姚东边的穴湖山。龙山公在墓旁搭一草庐,为父亲守丧。在此期间,监督着子弟们讲析经义,以备应举考试。阳明白天随众学习举子业,晚上搜取经史子集读之,常常读到深夜,打下了后来能够旁征博引的文史基础。

王阳明的文章日益精进,令他弟弟、妹婿们大为叹服,他们后来终于明白了:大哥已游心举业之外,所以我辈不及!王阳明本是个爱开玩笑、滑稽幽默的人,突然变得严谨起来,正襟危坐,不苟言笑,每说一句都深思熟虑,他的弟弟、妹婿们觉得奇怪,王阳明郑重地跟他们说:"我过去太随便了,失之于放逸,以后将收心内视,知过必改。"在阳明的影响下,他们也开始变得谨言慎行。

弘治五年（1492年），21岁的王阳明参加浙江省乡试，得中举人，获得去北京参加会试的资格。

弘治六年（1493年），22岁的王阳明在会试中失败了。上天像特意要"苦其心志，劳其筋骨"地锻炼考验他似的，偏不要他没找到自我就混入销人灵魂的官僚队伍当中。

宰相李西涯跟他开玩笑说："你今岁不第，来科必为状元，试作来科状元赋。"王阳明的父亲一再打圆场说："小儿无才，哪能在诸位大人面前班门弄斧。"王阳明很是看不惯他们官场虚与委蛇那一套，拿起笔来就写，一挥而就，诸位大人异口同声地说："天才！天才！此子明年必中！"然而这帮"人精"都在心中核计："此子若入朝为官，日后必然会瞧不起我们。"

弘治九年（1496年），25岁王阳明再次参加会试，果然又落榜了。别人落榜后感到痛苦、羞愧，王阳明却说："人们以不得第为耻，我以不得第动心为耻。"这句话很快在"圈内"传开了，很多人都很佩服王阳明的格局和良好的心态。

会试落第之后，王阳明的父亲看王阳明身体状态不好，就送王阳明回到余姚老家休养一段时间，王阳明回到老家后心情大好，开办了"龙泉诗社"，整日赋诗作乐。

弘治十年（1497年），王阳明26岁。是年，他再赴京城。

当时，边患频发，朝廷缺少将才，王阳明跃跃欲试。早期侠客梦是个底子，现实刺激是契机，科举失败反弹出来的济世热情以及文武并进才能成圣成雄的儒生信念，使他沉浸于兵典武学，以透视兵学的奥秘。凡兵家秘籍，莫不精究。

他认为朝廷武举制度，仅选拔骑射搏击之士，网罗张飞式人才而已，而不能选拔出有韬略的统帅，收获不了诸葛亮式的人才。王阳明当时对兵法的研究已经到了痴迷的程度，每遇宾宴，则将果核列阵以为戏。他本人也不知道，这方面的积累，日后竟大有用场，使他成为儒学史上罕见的能够立下赫赫军功的儒生。

《司马法》是现在可以接触到的最早、对王阳明影响最大的兵法。这本书主要讲部队的队伍建设和治兵的原理。只有治好兵，才能用好兵。他留下的成果在现在可以看见的是对《武经七书》做的评语。《武经七书》是当时武举考试的必读教材。

王阳明曾任南京兵部尚书，在死了以后，皇上给他的封号是"上柱国"。"柱国"就是国家的柱石，"上柱国"是武将死了以后最高的荣誉衔。给他盖棺论定的帽子是武官，说明了王阳明在大明官僚谱系里面是作为一个武官而存活的。当时就文人用兵而言，没有一个人超过王阳明。横来竖去，他的一生是一场独立战争。他把自己从一只家兔子变成一头荒原狼，甩脱各种羁绊和束缚。当然甩脱得有本事，不能光喊口号。

二、仕途不如意——"我想当神仙"

弘治十二年（1499年），28岁的王阳明再次参加会试，这次一举成功，考中进士并且名列前茅。王阳明考取进士后，观政[①]工部，工部管都邑建设、治漕总河、铁厂织造、屯田铸钱、植树造林等。朝廷派他前往河南浚县，让他主持建造威宁伯王越[②]的坟墓。

王阳明非常崇拜王越的兵法，所以当他来到浚县后，立即向王越的后人询问王越的兵法。王越的后人也很乐意将自己所知的兵法告诉他。王阳明很快便将兵法应用到了建造坟墓中。他用民工演练编伍，这样一来，管理就轻松多了。闲暇之时，他还会推演诸葛亮的八卦阵，以锻

---

① 相当于见习、实习。
② 王越为明代名军事统帅、诗人，他姿表奇伟，议论风发，出奇取胜。

炼自己排兵布阵的能力。还在巡查各守镇时发现了问题，写出《陈言边务疏》。

在此期间，王阳明为了练习骑射偏要骑马，结果摔了下来，还吐了血。看来他在"骑"上并没有多么沉溺，此前所谓"溺于骑射"主要功夫下在"射"上了。

他"观政"观得脚踏实地，明白了许多"规矩""掌故""不成文法"，但心体已经有光的他没有兴趣沉浸在官场学里。

对想发财的人来说，工部是好地方，历朝都属工部最富。但阳明想的是像李东阳那样一篇文章震撼朝廷，从而干一番大事业。他是个不甘庸碌、争分夺秒创建功业的人。一个可遇不可求的机会来了：出现了灾异，朝廷下诏让群臣直言、提合理化建议。王阳明豪情满怀地上了《陈言边务疏》。

观政工部而上边务疏，是跨界发声，因为他根本就不想按部就班往上"挨"。在言官权重而活跃的明朝，阳明适合也希望走这条路。他还天真地将言官与实职的关系看成"知"与"行"的关系：既然能言之在道，则应该行道有成。可事实并非如此，这时他已意识到人们不肯"知行合一"，常理正道人所共见，不得通行的根源是每个人都有一大套自己的小道理。

弘治十三年（1500年），王阳明29岁。是年六月，他出任刑部云南清吏司主事。格局和平台都是"国家级"的了。

阳明刚刚中进士后，以极大的热情关注边患，有点大丈夫立功边地的幻想，很快清醒地看到世事难为，让最有事业心功名心的人生出隐退心，足见世道太难以用其志了。他"观政"的结果是不如归去，然而又不真回去。

一个有牢骚气的隐者绝不是个真隐士，倒是名士气味很足。这个时期，他学习王维的画，画了一些山水画，书法也大有进步，其生活方式颇有江南名士的风格。他多次赞美唐伯虎的画是神品。

弘治十四年（1501年），王阳明30岁，这一年他奉命去直隶、淮安

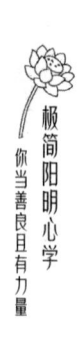

等府审决重囚，他的人道情怀使他力排众议，伸张正义，对重囚"多所平反"。

他在巡视一个牢狱时，发现狱吏把给囚犯的饭剩余一部分用来养猪，王阳明得知此事后非常震惊，要纠察此事。我写以王阳明为题材的电视剧就拿这个开头的。王阳明经查后了解到狱吏克扣犯人的口粮去养猪，把猪卖了赚钱，然后大家平分。

王阳明命令把猪都杀了，先拿给犯人吃，后拿给管教吃。犯人们自然一片欢呼。这个行为给王阳明带来很好的口碑，得到了美誉。王阳明晚年回忆此事又有些后悔，他认为当时把好声名全归了自己，把原先那个主印官置于何地？最后他总结一句话："终是不学之过。"也就是说那时候的自己太年轻，学的东西太少，不知道里面微妙的东西。

弘治十五年（1502年），王阳明31岁。是年春天，他审查完江北囚徒之后，前往道教名山茅山游玩。王阳明从茅山下来之后，又前往位于青阳县西南方的九华山游玩。

他在九华山专去拜访了一个善谈仙家事的道士蔡蓬头。王阳明再三恳求，请道长指点。蔡才说："汝后堂后亭礼虽隆，终不忘官相。"说完，一笑而别。道士的意思是，他的"底子"可望成仙，但太想当官了。道士觉得想当官的人是聪明的傻瓜，其聪明与其傻、相资相用，绝难度化，比单纯的傻瓜难度化多了。所以，一笑而别。

他听说地藏洞有异人，坐卧松毛，不火食，只吃天然的东西，如松子瓜果之类。王阳明攀绝壁走险峰，好不容易才找到他，他正装着熟睡，以试验来者的道行。王也不俗，坐在他旁边，摸他的脚。道士问："路险何得至此？"王说想讨教怎样修炼最上乘的功夫。道士说："周濂溪、程明道是儒家两个好秀才。"

周濂溪融化释道，开辟出宋代理学新世界。周的《太极图说》被公认是从道家宇宙论模式中深化翻转而来，其《爱莲说》则融合了《华严经探玄记》的基本意思。这两位大儒与道家相通，所以这个道士说他们两个是好秀才，也暗示王阳明应该当这样的好秀才。

阳明又转悠了许多地方，如池州青山等。游玩后他回京复命，决计要告别京师，告别政治，告别文坛，告别那些喧哗与骚动。他当官刚刚干了3年多，就不想干了。以自己身体不适为由，上疏回家养病。

身体不好、仕途无趣、文人无益，导致他情绪低落。他路过秀水县，拜会了在三塔寺闭修的芳上人，受他的影响，回到绍兴，在会稽山的阳明洞盖上房子，摒弃诸凡冗务，专意修炼道术。他自然并不总枯守古洞中，而是到处游玩，登高览胜，留诗不少。

他在这种静养中尝到了甜头，凡干事专注的人惯性也大，他持续化地想"离世远去"，大隐息声，但是现实的矛盾不能忽略，自然又犹豫不决，不忍心丢下奶奶和父亲。他幼读孔孟之书，长达周公之礼，知道天伦不可违。他虽有桀骜不驯的个性，但善良温情，做不了绝情绝意、撒手天涯的事情。

他的养生功和神仙术并没有治好他的病。第二年，即他32岁时，搬到钱塘西湖养病去了。休养一段时间后，他心情清爽起来，又开始热爱生活了。

在虎跑寺中，王阳明听闻有一禅僧已经坐关三年，终日闭目静坐，不发一语，不视一物。

王阳明来到禅僧面前喝问："这和尚终日口巴巴说什么！终日眼睁睁看什么！"

和尚受惊不已，立刻起身和王阳明说话。王阳明问了他家里的状况。

和尚答回答说："我出家的时候就剩母亲一人，现在不知道母亲是否还在。"

王阳明问："你坐了三年，你想念你的母亲吗？"

和尚回答说："怎能不想念！"

于是，王阳明说："你既然想念，虽然终日不说话，心中已自说着；虽然终日不视，心中自看着了。"

禅僧听闻王阳明这番话，心中一惊，幡然醒悟，合掌向王阳明请教。

王阳明说："照顾和孝敬父母是人的天性，岂能断灭？你不能不起念，便是真性发现。你虽然终日呆坐，心中挂念的事情没有去做，你的心如何能安？俗语云：爹娘便是灵山佛，不敬爹娘敬甚人。"

王阳明的话还没有说完，禅僧便不禁大哭起来，对王阳明更是感激不已。他对王阳明说："你说得对，小僧明早便归家看我的老母。"

王阳明英才天纵，跨行兼修儒、释、道、兵法、文学、书法、骑射等，想起一出是一出地换着样儿"舞弄"、实验着不同人生境界。

三、"以道事君"——拒绝当奴才

王阳明结束西湖疗养之后，回到京城，销了这不长不短的病假。仍然是刑部主事。

弘治十七年（1504年），王阳明33岁，他被巡按山东的监察御史陆偁聘去参加山东的选拔举人的乡试，他感到这是"平生之大幸"。欣慰之情产生两个后果：一是暂时摆脱了逃禅学仙的心境，二是从官场中找到了可以一试身手的兴奋点。

现在从他出的题以及作的"陈文"[①]来看，他当时心中期待的首要读者，并不是那些应试的生员而是当朝大佬们，他要再上一道《陈言边务疏》，他要一展自己的"宰相"之才。他把这些年"观政"发现的诸多积弊、倒错扭曲的现象以或明或隐的方式向读书人"提"出来。

他出的各科题目都很大胆。如首场"四书文"问的居然是："所谓

---

① "标准答案"。

大臣者以道事君不可则止。"

"不可则止"正包含着"用之则行,舍之则藏"的气节,包含着士子对君主"道不同不相与谋"的独立立场,包含着不给"老板"当狗、当家仆私臣的道义原则、价值取向。这是绝对符合儒学内涵的,但是在大一统家天下体制中是相当犯忌讳的。

孔子就因坚持这一"以道事君"的基本原则而绕树三匝无枝可依,周游列国不遇可行其道之君,最后退回老家教书育人去了。孟子强调得最厉害,几乎是不遗余力地狙击那些不讲道义、苟取富贵、以妾妇之道事君的无耻之徒。

阳明的心学就是直承这一脉"仁者与万物一体"论而来。以天下为己任,事事皆关我心,"我"是"主人翁",天下兴亡,匹夫有责。强调小我统一于大我的历史责任感,是儒学留给中国人的精神逻辑。

儒家有一个同样让君主头痛的主张:天下乃天下人之天下,君主只是来为民办事的"公务员"。儒家这个"大同"学说到了康有为、孙中山才大放异彩。

在"论"这一项中,他出的题目是:"人君之心惟在所养"。这是一个标准的心学论式,阳明能提出心学是一路努力"养"出来的。

孔子开启的中国文教传统唯重教养,孔子的理想是把全国变成一个培养君子的大学校。理想和现实总存在着差距和矛盾,而人又应该朝着理想化的方向努力,那么怎样才能完成从现实到理想的转变呢?只有靠"养"。人君之心"养之以善,则进于高明,而心日以智;养之以恶,则流于污下,而心日以愚"。

像阳明这样把君当"人"来正邪公私地加以漫议而不犯忌讳,是因为明中叶的自由度比明初大多了。朱元璋大骂孟子,先毁后删改《孟子》就为打击这种"革命"倾向。若朱元璋看见王阳明这样出题非杀

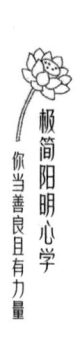

了他不可，或在永乐时期，或在清兵入关生怕汉人不合作之际，王阳明出这种哪壶不开提哪壶的题都是在找死，至少要倒一个连他老子也要跌进去的大霉。

第 4 讲

"顺应本心"——坚持做自己内心认为正确的事

一、开门授徒——师友之道

乡试结束后，阳明又去登了泰山，观了东海，忽而与天地交融、心骛八极，忽而突发悲音。

弘治十七年（1504年），九月，王阳明被转任为兵部武选清吏司主事，从六品。负责选拔武官的考试，回京师赴任。吏部管文官，兵部管武官。武官的总额又比文官大得多。武选司，是兵部第一司，掌管武官的选升、袭替、功赏之事，相当于兵部中的吏部。

当时的学者都沉溺于辞章记诵之学，而不知身心修行之学为何物。王阳明感到了培养学生的重要于是开始讲学，希望借此启迪大家的心智，使他们树立圣人之志。

弘治十八年（1505年），34岁的王阳明便开门授徒了。他教徒弟什么呢？身心之学！① 他开门授徒不是因为自己多么高明，而是世风及士风已经变成这样了，再不讲究身心之学，圣学将大面积被遗弃。

寻找师友是为了建立起与之抗衡的"道场"，他本人的切身体会是，师友之道直接作用于知情意，能直接获得有血有肉的生命感动，能找到一种从书本中找不到的"感觉"。他从青年起就一直在遍访师友，寻觅

---

① 把做人与做学问统一起来就是身心之学，就不支离了。

知音，自感"受用"大于闭门读书。

阳明与甘泉的相遇无论如何是一个"事件"，对于明代的思想界来说是件了不起的事情，对于阳明本人的思想发展也是件了不起的事情。

王阳明34岁，湛甘泉40岁，两人一见定交。当时的湛甘泉和王阳明一样，也是痛感记诵辞章之学之弊，于是专心致力于"身心之学"。因此二人一见如故，意气相投，共同致力于复兴圣学。王阳明与湛甘泉的会面，再一次唤醒了阳明的"战斗力"。

王阳明和湛甘泉都求自得，但方法不同。湛主"体认天理"，王主"默坐澄心"。他们的共同目标是：从已成了口耳之学的八股化了的朱子理学中突围出来，另创一种究心性命的身心之学。

孔夫子办学的特点是造成一种"场"，让学生们去"如切如磋，如琢如磨"，他本人的启发点拨只是引路。阳明和湛甘泉都非常认可夫子之道。

二、舍生取义——为了心安不计身累

弘治十八年（1505年）五月，明孝宗驾崩，太子朱厚照即位，庙号武宗。翌年，改年号为正德。

换了皇帝了，静养身心之学的大气候一去不复返了，阳明也有机会从边缘走向中心了——不是受重用的中心，而是受迫害的中心。

他以后的历程，内需要超越自己的英雄心性，外需要超越做奴才的命运，这两条汇集成一个现实的选择：就是最好退隐山林，躲开官场这个漩涡。还有一条更难也更有意义的路，就是完成精神飞跃，从英雄变成圣雄。

正德皇帝刚即位时，阳明得到了一方珍贵的五星砚，喜滋滋地感觉朝廷更化、五气顺布，写了《五星砚铭》："化育纲纪，无不惟五。石蕴五星，上应天数。"他觉得在前朝庸碌，在新王更始的国运中会一展身手呢。

这一年，他大论书法、学画山水画、作题画诗，心情舒展。没有料到，正德只信用东宫陪着他一起玩鹰逗狗的太监，管文体活动的太监刘瑾成了"站着的皇帝"，不到一年，前朝大臣除了李东阳几乎都被罢免了。

极富有主人翁责任感的文官集团自然不肯善罢甘休，北京的言官冲锋在前，谋诛刘瑾等"八党"。

李梦阳是户部主事，王阳明是刑部主事。李梦阳半夜里激动地写了一个意见书，对朝政提出批评，要把宦官打下去，把老臣的威望加重。他把意见书放在袖筒里。那时候没有我们现在的公文袋什么的，东西都"袖着"。

王阳明问李梦阳："那是啥东西？"

李梦阳说："没有，没有东西。"

王阳明接着说："既然写了就拿出来看看。"

然后李梦阳就拿出来了。王阳明和李梦阳他们都是哥们，所以很随便。

李梦阳就说："你不是会算卦吗？你给我算算，看看我这个上得上不得？上了倒霉我就不上了，要是不倒霉我就上。"

明代有一个特点，文官的一封意见书如果能够得手的话，一下就升上去了。宰相李东阳就是一封意见书，在二十几岁的时候，凭借一封意见书写得龙颜大悦，一下子就提成了阁，入了总理班子。李梦阳骨子里其实是想窜上去的，但他不想倒霉，就叫王阳明给他算一卦。王阳明给他算了一卦，结果其实是不该上的，上了要倒霉。但王阳明说："没事，上！"从这个事情就可看出王阳明这个人的滑稽来。

于是李梦阳上了书。一开始势头很好，户部尚书签了字。户部尚书领衔，领了这帮不满现状的人开始抗议，往下打刘瑾他们。一看这么多人反对，皇上也答应了说："好吧，把刘瑾放到南京去。"斗争要讲究艺术，但这帮文人有些过激，不知道见好就收。不同意皇帝的处理，说："不行，他们罪大恶极必须杀。"这就成了拼死相搏的时候，刘瑾他们就马上开始运作。后来刘瑾就抱住正德的腿哭说："我整天哄着你玩，给你买鹰驾狗。王越也干过这事，为什么现在只批评我，不批王越。而且王越这是想干什么？他就想用这帮老臣来打压你这个年轻的皇帝，觉得你年轻好欺负，而不是我。我们就是残疾人，不是完整人，是不能入祖坟的。我们有什么好打压的，他们这是针对你的。"宫斗剧就是这样，一帮老臣仗着资格老，仗着治理国家有经验，觉得皇帝年轻好欺负。正德15岁登基，这个时候应该是一个十六七岁左右的年轻人。皇帝听完心想："也是。这针对我不行，我是皇帝。"于是正德传旨把他们圈起来。然后刘瑾领了人把大城门一关，低头认罪的就放走，不低头认罪就关进大牢，连这个叫王阳明算卦的李梦阳都被逮进去了。

在这种情况下，不用心学、仅凭常识也知道，冲上去是灯蛾扑火。王阳明在兵部，不在言官系统，他可以发声也可以不发声，但是在这种大是大非面前不发声内心不安，发声必倒霉，前车之鉴已豁然在目。但是为了心安不计身累，不违背自己的初心，他上了封《乞宥言官去权奸以彰圣德疏》。

王阳明上的书标得很清楚，就是要"乞宥言官"。后来他的徒弟发觉这个不够革命，给他打了个"去权奸""乞宥言官去权奸"。但正文里头没有一句去权奸的，没有一句打倒刘瑾的。王阳明滑得很，根本不去碰那个枪口。他只是说，这个言官拿着国家的俸禄，他就得干提意见的活。你要接受他的意见，就显得你像个明君圣主似的。他如果说得不对，为了鼓励他们谏言的积极性，你也别把他们抓起来。

这个时候别人其实也劝王阳明，说他"灯蛾扑火"。这个时候王阳明就要做选择。明知道是"灯蛾扑火"，也要如愿以偿地去"灯蛾扑火"。有一种爱就叫"灯蛾扑火"，明知道是火也还要去扑。王阳明这个时候的考量是义而非利。要从利上说肯定是百弊无一利。但他就是为了义。在这种大是大非的面前，要没有态度，就不是个人了，所以他就接着上书。当然，也如愿以偿地挨了大板子，在朝堂上当众被脱了裤子打屁股，羞辱更甚于痛苦，他一度昏厥，有的记载说把大腿打折了，有的记载说屁股被打烂了，他那英雄心性使他绝不诉说这方面的痛苦。

对王阳明的处罚算是轻的，因为他没有直接骂权奸。在他前面处理的官员，有好多开除公职的，永不续用的。能保留公职的这个处罚算轻的，但他一个堂堂的刑部主事也被发配到了三千里以外的一个驿站当驿丞。这样的发配属于流放。王阳明在等待处理时还坐了锦衣卫的大狱，最后被上了奸党的名字。这是把王阳明他们这些反革命的刻成碑，叫全世界都看见他们是奸党。真正的奸党把忠臣说成是奸党，还给他们立上碑，让他们永世不得翻身。这种事在中国历史上的历朝历代都有。为皇帝开脱不说皇帝昏庸，就说奸臣当道，忠臣被害。这样庸人执政，精英淘汰，是个逆淘汰的原理。

当刘瑾还是东宫一个只管文体活动的普通太监时就听说过王华的大名。刘瑾在严酷打击文官的同时，也急需树立"投诚"的标兵以分化文官集团。当时也有这种"巧人"，任何时候都有奔走权门的无骨奴才。当时刘瑾几次暗示王华，只要王华去刘的私宅一趟，不但阳明可以平安无事，他父子俩都可以得到升迁。但王华就是不去，而且很高兴地说："吾子得为忠臣，垂名青史，吾愿足矣！"

只要阳明提笔给刘太监写一封悔过书、效忠信，就会立即被车马迎还，他绝不可能去走那敞开着的狗窦。王阳明入狱后不久，父亲王华即被借故弄到南京去了。貌似平调，其实是贬官。

三、狱中学《易》——"道术一体"才能有效地"行道"

正德元年（1506年），王阳明35岁，大年夜，他在狱中过年，家人牵挂着狱中的亲人，他也因知道家人的牵挂而"忽惊岁暮还思乡"。打断他乡愁的只有忽然窜上床的狡猾的老鼠。在会稽山下散步，在余姚江中放舟，这普通的家常生活，现在成了他高不可攀的梦想——成了他"做人"的全部代价。要用一句话概括王阳明此时此地的心境，就是后悔。不是后悔上疏营救戴铣他们，而是根本就不该重返仕途！这个世界是他们的，我就不该来参与，现在倒好，想回家当个农夫，也找不到自己的地头了。他奶奶、父亲，还有妻子，都与他人间、地狱般地隔开来。

他要光。但是，光只能从自家身心上找了。

尽管阳明自称自己一生百死千难，但这一难算是落到了底，此前此后的苦难毕竟是在大墙外头。身陷囹圄，当对命运毫无把握充满恐惧感时，谁都想"明白"自己往后的路会走向何方。所以，他此时读了《周易》："瞑坐玩羲《易》，洗心见微奥。"他是个乐观分子，不肯自小，他把自己想象成"拘而演《易》"的周文王，自己也占卦。他的祖上曾以算卦为业，他自幼当习此道。

他记录下来的卦有"《遯》四获我心，《蛊》上需自保"。

《遯》，这个卦象是艮下乾上，象征退避。卦中二阴自下而生，阴渐长而阳渐消，小人渐盛，若山之侵天；而君子退避，若天之远山，故名遯。不打皇家工了，想"重返阳明洞"了。他来自遗传的、自幼热心的、一直没放弃的求仙养生情绪，此时大大地释放出来。

狱中有儒门"战友"，他们在大墙之内依然讲学论道，在高明远大的圣道之中，体验到了俗人难以理解的精神愉悦。

学自性出，他后来创造出一个能将"万物皆备于我"，能化一切不利因素为有利因素的心学，这得益于他这种君子友我、小人资我、艰难困苦成我的机智心性。他晚年依然主张："凡遇患难，须要坚忍。譬如烹饪硬物，火到方熟，虽圣人遇事亦如此。"

在监狱中，给王阳明带来了"临界状态"的体验，他体验到了"孤独个体"那种无所依傍的深渊感。于深悲大戚之中，在天地之间，除了自己这颗心，除了靠"心之力"，还有什么力量能伸进大墙来支撑自己？他深切地感受到："道器不可离，二之即非性。"道器不离也好，道术一体也好，思辨起来并不难，难的是身体力行、知行合一，任何"纸上谈兵"都无济于事。须得把心力炼成本能，才能"随机应变"又无往不合大道。

无欲见真体，是佛门路数；忘助皆非功，是孟子的方法。忘，是故意去寻找无念头状态；助，是人为地来"拔苗助长"。阳明区别于其后徒的一个标志性的特点是，王始终坚持"事上练"，必须从现状出发，必须有能力处理具体问题。在事上练，是不二法门，追求的是事理圆融，在做事中体悟其形而上的大道至理，既不能在做事中遗忘了意义，也不能体悟玄虚反对做事、不会做事。

阳明现在面临的问题是：怎样既反对流行的那一套又要与它们并不"我死你活"地矛盾下去？如何在险象环生的逆境中"重新开局"？儒家那固有的"智慧"经过长时间无智慧的解释，已经退化为专供口说的现成"道理"。他暂时还没有最后悟透，但已种下了"觉悟"的种子，这种子就是他后来常说的"虚灵不昧"。等他到荒无人烟的龙场继续坐宇宙监狱时，"种子"终于开花结果。

任何艰难困苦对于志在成圣成雄的人来说都只是培训进修，这次培训使阳明看清了绞肉机的本质，血的教训使他明白必须"道术一体"才能有效地"行道"。

行道有两大方式：一是通过国家，即得君行道；一是通过社会，即觉世行道。王阳明得君行道的路暂时堵死了。

第 5 讲

龙场悟道——要走自己的路

一、龙场悟道——"圣人之道,吾性自足"

　　置之死地而后生,在军事上有时只是一句鼓舞士气的话,却是获得质变体悟的常规现象,因为不进入临界状态,不可能发现生存的真相,也就无法看清"在"的本质。像勾践卧薪尝胆总让人问他忘了那些耻辱了没有一样,阳明在叫天不灵叫地不应的绝境总自问:"圣人处此,更有何道?"别人这样发问也许是故意或矫情,在他却是自然又必然的。因为,他一直就在探寻怎样学为圣人。无论是格竹子、上边务疏,乃至于学禅道养生,都是为了在当世成为圣人。像浴火重生的凤凰,他给自己和这个世界提交的答卷就是:龙场悟道。

　　王阳明在锦衣卫大狱里过完年,就要被发配去贵州龙场驿站。他沉机不露地与朋友们诗酒唱和。还有朋友为他送行,他们是宁静的学者或略疏远政治的道德家、思想家,如湛若水、汪抑之、崔子钟等。他们不会因"白色恐怖"①而疏远阳明,照样为他置酒赋诗。除了安慰就是鼓励,充满了"精神贵族"的高贵气韵。他们之间的唱和,流露出来的是道义的尊严,没有丝毫怯懦的悲鸣。他们用正气相濡以沫,用伟人的标准自律并相互要求。他们要在鸡鸣风雨之中,用带血的双脚践履圣学的道统。

---

　　① 是指反动派残酷镇压人民的恐怖气氛。出自鲁迅《且介亭杂文·关于新文字》。

徐爱等三人因为阳明被贬而特意正式举行了拜师礼。

正德二年（1507年），王阳明36岁，与朋友告别后，他领着家仆王祥、王瑞上路了。

去龙场驿的路上，他在朝不保夕的情境中依然思考的是沿着陆九渊的路走，还是跟着朱熹走的问题，当时他的内心已有了合而为一的倾向。

龙场悟道相当于是一个结果。天时地利人和，方方面面都到这里了。王阳明自己没有说过龙场悟道这句话，他是个有分寸的人，不会说："我悟了道了。"人不能轻言自己悟道，所以龙场悟道应该是钱德洪美化出来的一个东西。但这也确实是王阳明一个巨大的、刚性的转变。

正德三年（1508年），王阳明37岁，抵达贵州龙场。

龙场，是个小地方。在贵州西北的修文县，处万山丛棘之中，十分偏僻闭塞，毒蛇遍地，野兽窜奔。龙场驿站是洪武年间彝族土司奢香夫人为效忠朝廷，打通贵阳与四川通道而开设的九驿之一。因为太偏僻了，这条驿道，几乎没什么人马通过。与通都大邑管驿站相去天壤，那是可以为害一方、鱼肉百姓的权要。刘瑾梦游着给他想到了这么个"好"地方。

阳明虽为驿丞，却是谪官，不得居驿站，只得在离驿站不远的小孤山一洞口搭草庵栖身。这里的物质条件比监狱差，随时都会被大自然夺去生命。偶有同僚来问讯，语言与表情均粗鲁不堪，使敏感的阳明觉得他们还不如时来造访的猪、鹿亲切。

不久，他在离驿站三里远的龙冈山找着一个岩洞——东洞，就搬了过来，并命名为"阳明小洞天"，岩石那天然的窦穴就成了他做饭的灶台，大而平的石块便成了他的床榻。依然爱好清洁，黎明即起，洒扫庭除；还是手不释卷，灶前榻上漫无统纪地堆着书。

他奉旨过上了有巢氏式的生活，正是锤炼恬淡境界的好时候。用他自己的话说，就是得失荣辱诸关均已打通，唯有生死牢关这一念"尚觉未化"。现在，考验日日临头，他自备石头棺材一副，事情已经到底就还它一个到底，也就没有情绪反应了。

这实在是靠精神胜利法来转败为胜。有时居然吃不上饭，他便用孔子在陈蔡绝粮来自况。用刀耕火种的方式来刨食时，他自然想起了采薇的伯夷、叔齐。不平静时便想起了"总为浮云能蔽日，长安不见使人愁"的李白。他用"豹隐文始泽，龙蛰身乃存"的道理来缓解无力回天的悲怆。

精神胜利法不灵光时，竟泪下如雨，五内如焚。尤其是冬天来了，"阳明小洞天"只是洞而已，不见天日，又没有多少御寒的衣服，霜雪凝在洞口，是真正的寒窑。他的健康大受摧挫，他日后东征西讨时常病得东倒西歪的，都是此时留下的病根在作怪，他后来屡屡给皇帝上书请病假，请致仕退休，也都提到是这段岁月把他搞成了病夫。

跟他来的人，没有他这种道行、他的修行方法，很快病倒了。没有哲学心智的人永远难以领略这种境界。在这一点上，他只能自家吃饭自家饱。尽管他是个愿普度众生的，也依然不能代他们修行，给他们输入个"胸中洒洒"。他只有为他们做饭，喂他们食水。本来，他们是来服侍他的，现在翻了个儿。单是喂饭还不够，又怕他们心中苦闷，给他们"歌诗"，还是闷闷不乐，他又给他们唱越地小调，家乡的声音足慰乡愁，他又给他们讲笑话，逗闷子，终于使他们忘记了疾病、乡愁、身处异地他乡的种种患难，他和他们共同度过了痛苦的不适应期。这也"训练"了他后来广授门徒时因材施教、因病发药、随机点拨、不拘一格、哪招灵用哪招的特殊"教法"。

"淡泊生道真"，如十月怀胎，一朝分娩一样，王阳明终于豁然贯通、证悟大道了：经过长久的端居澄默、以求静一的沉思。一天深夜他在梦中忽然大悟"格物致知"之旨[①]，不觉呼跃而起，把仆人学生吓了一跳，

[①] 前文已述，王阳明曾经秉承朱子之教，去格一草一物之理，但无论他如何努力，都无法实现"心"与"理"的融合，最终不得不放弃。龙场顿悟，其实是王阳明第一次体认到"心"与"理"的融合。

惊异地看着先生像练气功的人在发动似的抖动，身不由己地前仰后合。

一阵激动过后，王阳明对他们说："圣人之道，吾性自足。"但是人们很难觉解并拥有自性——自己的"吾性"。因为一入滚滚红尘，童心变成了凡俗的利害心、是非心，就将良心"放逐"到飞短流长的得失计较的人欲海，遂成为自负其尸到处游走的行尸走肉。

志在成圣者的一生就须是"求其放心"的一生，求者，找也。找啊找，阳明在不惑之年到来之前总算找到了，他怎么能不绝处逢生一般呼跃呢！老百姓说的"找着魂了"，可以形容此时阳明的精神状态：圣人之道就是成圣之道！言功夫只是不忘本来，吾性就是自己的本来面目，敢于承当吾性自足，其实是无我之勇。

龙场顿悟后，王阳明尝试用脑海中的"五经"之言去验证自己顿悟的成果，结果一一契合，反而是朱熹的注释和自己的所悟完全不同。

这就是被各种思想史著作称为划时代事件的"龙场悟道"的故事梗概。

二、龙场悟道的契机与要害——孤独与"临崖一跳"

王阳明悟道的契机是什么？是孤独。你完全可以想象，他被"抛"到了深渊，那里语言不通，人脉关系全断，王阳明原先拥有的都断了。中国人平素要依赖和受制约的各种关系力量都没有了，他一无所有地赤条条地站在这深渊中，只有他的"心"上联天，下联地，思接古圣。他原先的所有布景完全消失、坍塌了。用心理学的话叫"临界状态"。这个时候就在死生的分界线上。

王阳明悟道的要害是什么？"临崖一跳"求道的牺牲精神。王阳明在这种完全客观、主观各方面都可以说是绝地的时候，用禅宗的话说叫"临崖一跳"，到悬崖边了，不跳是不可能开悟的。这个时候要向内卷，卷回来，又再重复。要临崖往下一跳，就是一个新天地，关键就看敢不敢。所以说"修心练胆吐光芒",这个时候那个胆才是最金贵的。敢跳不敢跳?"圣人之道,吾性自足"这个话从哪儿来的?从胆上来的,就是肯不肯承担。被发配的多了,没有一个说"圣人之道,吾性自足"的。能说出这个的,就是他有这个胆,有这个量。有了这个量才能接住"圣人之道",有这个道途,才能接住这个盘。人人都想接,但能接住的很少。接不接得住,首先取决于接的这个人有没有胆子。因为临崖往下一跳,是不知道深浅的。这叫向死而生,豁出死来你才能活。

有个禅宗故事说,一个盲人拄着棍走,一不小心从桥上掉下去了,他两手一抓抓住了桥的边沿。大伙儿让他放手,他不放,就喊:"救命!救命⋯⋯"别人说:"你放手吧,这桥特别低,你放手就是平地。"他不信,说:"你们欺负盲人看不见,盲人是瞎了,你们也瞎了。快点援之以手救我。"大伙儿说:"你松手吧,我们没有骗你。"他还是不干。最后,他筋疲力尽,不得不松手了。一松手,"扑腾"一下就二尺高。那个盲人下次再遇到类似的事情,依然还会是这样。因为他没有完成主动的觉醒。对王阳明来说,他不知道下面是什么也敢于往下跳。

"圣人之道,吾性自足"就是说,成圣之道,只能在自己身上找,你从别处找都找不着。从朝廷找,从朱熹的著作里头找,从当爹的叮咛那里去找,都找不到,都没有用的。自家吃饭自家饱,就是从你自己身上找。王阳明在孤独中看见了天地的思想,他一下子就看见了自身的这个"吾性",就是"觉"。关于"能"和"吾性自足"是一体的,我有了这个"能"后,张嘴说话的那个是"所"。这本书是我写的,我有写它的"能",它是我"所"写出来的东西。人们往往都在"所"上用功,包括王阳明以前也是在"所"上用功夫。从这个事以后,他就在"能"上用功夫。以后他所有的力量就来自什么?来自对自己"能"的自觉的发挥,主动的培养。他所有的学说都是来指明这个"能"。他让每一个学生也去找这个"能"。这个"能"主要放在哪里呢?就放在心上。这个"心"就是那个"本心",就是"良知",也就是"自性",就是"圣人之道,吾性自足"。这就是他只有在孤独当中才开天辟地,看见自己脊梁骨里头的那个"能"。这就是龙场悟道的基本含义。

三、龙场悟道的成果——走自己的路

王阳明悟了道以后的成果是什么?走自己的路。这个是我先感觉到的,但是我没有余英时有力量。余英时说他悟道以前叫"得君行道",包括给皇帝上意见书,希望皇帝赏识,夸他是个好官,给他重任,造福人民,假设说这叫"得君行道"。他龙场悟道以后,说:"谁都不靠了。"他开悟后的第一感觉就是:我完全能够凭着我的自性走上成圣的道路,不需要依靠任何"吾性"以外的东西。他知道都靠不住,就靠自己的这个良知吧,也就是自己的那个能知、能行、能觉、能独立自主的"能"。他定了一个新的道路——"觉世行道"。就是我前面说过的,你要想救这个世界,不能援之以手。你一双手救两个人,你救二十个,把胳膊拉折了,也不行啊。面对这样的困境要怎么办呢?这时候就需要"救世以道"。用一种学说、一种思想、一种主义、一种观念来改变人们面对世界的态度,改变人们感知世界的方式,改变人们的价值感觉。子曰:"人能弘道,非道弘人。"当觉醒之道在他们身上运行以后,星星之火可以燎原,所以王阳明确立了一个"觉世行道"的新路向——办学、讲学,目的是把这个世界唤醒。王阳明的诗有好几首,就叫《醒来》。王阳明撞着内心的良知之钟把人们敲醒,让人们自己把自己内心的良知唤醒。这样的话,这个良知之道就可以在世界上如"星星之火"一般地铺开,这个世界就变成人的世界了,变成人间世了,也就不再是从前那种禽兽世界、动物世界。所以这是王阳明的"觉",也是龙场悟道的重大意义。

四、"脱胎换骨"——阳明心学诞生

这场悟道何以成为阳明心学诞生的标志呢？因为，它改变了朱熹主义的格物致知路线。

阳明说的"格"其实是艺术直觉，朱熹的"格"是概念推导。朱熹是学者的工作方法，阳明是诗人的工作方法。阳明主张的是：真正的思想是从感觉中来，用思想持续感觉。阳明坚持的是：哲学不在外面，一定要在内心里、内在感觉中找到绝对。阳明是要用艺术的方式来把哲学变成掌握意义的艺术，把概念的"知"变成体验化的"智"，用功夫论涵盖认识论，恢复感性的本体地位。这个感性是生命本身，也是像生命本身一样复杂化地存在着，找到根本感觉的方法不再是"主观"对"客观"做局外观察，而是：心与物是一体，如同阴阳一样是一体的、意义贯通的，不是二分的。

阳明努力要找的是心与物下面的基础，这个基础才是"管总"的（心本体）。这个"管总"的，不是老子说的恍兮惚兮的"道"，也不是朱熹说的穷物尽理的那个"理"，而是吾性自足的心本体，到了后来，他才明确表述为"无善无恶心之体"，即良知。找到心体，才找到了意识活动本源，运用反思前的我思[①]，才能运用正确思维，到了这个境界就可与千圣一体，从而随机万变，譬如打仗的时候打仗，写诗的时候写诗，就可以知行合一地"苟日新日日新"了。

朱熹的理学是根据价值来建立意义。这样就会从"意见"出发，就

---

① 法国萨特用语。指客体与主体没有分裂的纯粹意识。认为一切意识按其基本性质来说都是自我意识，即我思。我思可分为两类，一为反思的我思，它把世界或自我作为对象，形成客体与主体的分裂。另一为反思前的我思，在这种情况下，自我没有设定一个客观的对象，也没有把自身设定为对象，主体与客体还浑然一体，没有主体与客体之间的对立。它是一种清除了客观的认识内容，主体清除了它的对象的纯粹意识。认为反思前的我思是一种原始的意识，它证明意识是非实体的、无内容的，是意识自己设定一个对象作为它自己的对象或内容。

难免不以意为之，心物二分就会乖离，从起念处错了就会一误再误。朱熹的格物是"逐物"，跟着对象转，是舍本逐末，由外及里必然心被境夺。要把颠倒了的大路子再颠倒过来，只有以"心"为天渊，为主宰。阳明此时悟通，后来再三申说的就是：所谓格物致知并非如朱子所说的用镜子去照竹子，而是倒过来，以心为本体，下功夫擦亮心镜，真正的思想对象是"心"，不是"物"，要"格"的不是物而是心。所谓的"格"就是"正"，所谓"物"就是"事"。延展到容易理解也容易误解的伦理领域，可以这样区以别之：朱熹主张的是"他律"，阳明主张的是"自律"。

表面上看，把心物关系从"逐物"变成"正物"，即正心诚意，好像是回缩到心了、内卷了，其实恰恰相反，正心诚意是"正念头"的功夫，是不间断地挖掘自家宝藏——向自我意识的深层发掘，把本能变成良能，把麻木不仁变成同感同应，从而用心①的感觉，打通形而上的道，形而下的器。

阳明心学"工作方法"是从外界找回自我。这从理论上结束了科场理学心随物转的历史。把"放心"从形形色色的现象界拉回到本体界。

王阳明常说的"心体"就是说心是本体，是"元"，是先天的统一体。人们之所以把心"放"了，是受外界影响迷了路，纯粹意识被破碎为鸡零狗碎的私心杂念。全部的修养功夫就是"去蔽"，减去这些后天加在人心上的"欲障""理障"等。

如果说慧能在东山悟了"何期自性本自清净，何期自性本不生灭，何期自性本自具足，何期自性本无动摇，何期自性能生万法"，开辟了佛心宗，那阳明在龙场悟了"圣人之道，吾性自足"，就是开辟了儒心宗。儒心宗的目标是给道德找根据，让所有的价值感、安全感、归属感等都

---

① 形而中者谓之心。

要从这个根上"出"。人们信奉圣人之道就是在维护这个存在家园。道德的根据就在吾心、吾性，包含着自由就是责任，譬如你不做志士仁人是你自私、怯懦、没有勇气。自己对自己负责，没有任何可以推诿的借口，只有确立了这一点才能从事实中"做"出价值来。

阳明追求的是心理和物理判分之前的"纯粹意识"状态。阳明认为找到它，直接培养它，才是在本原上做功夫。阳明几乎没有认识论维度，他都是从本体、功夫上着眼着手。朱子学只能寻找到间接知识、间接经验，而这是没有积极意义的，更不会有终极意义。在人处于深渊绝境时、人情事变中，出不来意义感觉。只有回到心本体之根本知觉性、直接培养这"良田"，才能在有生之涯"成圣"，否则都只是错用功夫。

"吾性自足"的方法论意义是：自我是生成自我的力量。因为，每个人的天性都是可以通"天"的，孟子说人人皆可成尧舜，王艮说满街都是圣人，都是从性上说的。圣人活出了本性，所以才力高贡献大，所以"分量"重，人之所以平凡是因为他没有活出自己的本性。孔子说上智下愚是不可改变的，阳明说不是不可变是不肯变。心体一旦真空了，便与天地相似，人与天地万物不是"形"通，而是"性"通。这个"性"既是先验的又是知觉的，只要立定了志气，就会在复性的循环训练中完成从旧感性到新感性的飞跃，所谓悟道就是完成了这危险的飞跃。

阳明心学是将世界聚焦于我心，遂将所有的问题变成一个问题。没有表里、内外、上下，任何"一"都是具体而微、至大无外、至小无内的整体。这叫破除二元论，返回道本体，从而找回放逐于外物的我心。把心学理论转换成知行合一的心性能力，破除心物为二、道器为二、言行不一、知行歧出的学风、作风、文风，既要天天讲，还要时时精进。

阳明的一生像一部动人的成长小说：一个外省青年四处寻求圣在哪里、道在何方，最后终于"悬崖撒手、自肯承当"。

阳明的吾性自足不假外求，是逼出来的。从大千世界，功名事业，直至生死存亡，退到无可再退，不得不"反身而诚""反手而治"。在人格修养上，阳明算是最耀眼的得天下大名的显例。圣学传统拯救了他，他又转过来拯救了圣学传统。社会的压力、理学内部的压力，压得他不得不来当"变压器"。中国思想史证明，他是个天才的"变压器"——从释、道那边会了，回到儒家这边来行履。

所谓天才就是有这样一种反思能力：除了知道自己了不起之外，更知道自己没有什么了不起。更准确地说，是有这样一种应变能力：就是在需要"了不起"的时候就可上九天揽月，在无可奈何时就混迹于鱼鳖之中，而不更多地去想什么委屈不委屈。大气浑然，元气淋漓，在儒家辞典中，这叫"通权达变"，唯圣人能之。阳明"悟"了之后，差不多能够"几于圣"了。

那么，差多少呢？——不动心时，差不多；一动心时，就差多了。

他初到龙场带的盘缠，一路上车马船费用去不少，他还得预留着后面的花销；再加上到达此地时，正是春荒季节，他遂屡有"绝粮"之虞。他决心学农，将南山开垦出来，还没有太过耕种的季节，能种出几亩来。他马上给这种生产活动找出意义来：不仅为了解决自己的吃饭问题，还可以让周围的鸟雀也有了吃的，如有余粮，就周济了穷人和寡妇。

只要是自己干的就能且要找出通天的意义来，这是诗人哲学家惯用的"自我重要法"，从而给身处边缘的角色和一点也不重要的活动找出参赞化育、通天彻地的重大意义，这又叫能够于百姓日用中见道。用审美感觉来寻找价值，赋予价值，投射价值，反正"我"想叫它有多大价值它就有多大价值，这便是我们的人文精神的工作原理了。在身处危难之机，这种可爱的"精神胜利法"，是哲人超越许多苦难的秘密武器。

但这又毕竟只是精神胜利，当精神不想胜利，或胜利不起来时，就还是当哭则哭，当苦则苦。悟透了格物致知的要义不在逐物而在正心，依然不能必然保证"心"就刀枪不入，照样"游子望乡国，泪下心如摧"。

他最焦急的是自己有限的生命，就当时那种境况而言，那是在白白浪费。有一次，他坐在石头上弄溪水，开始时，还欣欣然，有兴趣洗洗头。溪水太清澈了，照出了他的白头发，37岁的人长白头发已不算"早生华发"，他却着急了。

是啊，过去感到"生有涯知无涯"，日日逐物，何时是了？自从悟道以后又出现了新问题，就是知"道"了，怎么去做到？他差不多是首次用了"吾道"这一庄严又隆重的大字眼。他终于有了不同于汉儒和宋儒的"道"，完全有资格说"吾道"了。更严峻的问题是怎样"行"？不行终不"成"。他在开始逼近"知行合一"之旨。

他现在能为"成道"做的事情也只有讲学。然而用正常眼光看，这是不现实的，客观条件几乎为零。在这种时候最见心学的"过人"之处和主人翁精神。绝不会没有现成饭就不吃，恰恰相反，首先是高度真诚，然后是为了"成道"，没有条件创造条件也要上。凡人常常后悔，"早知灯是火，饭熟已多时"，心学家是心中有灯，于是能到处看到灯，并且早就知道灯是火：他已经给当地的百姓讲学了，龙场悟道的现实结果是重心转移到"觉世行道"上来。

第6讲

知行合一——知者行之始，行者知之成

一、事上磨——化解"龙场打斗"

心学以诚为本，密切联系群众，阳明来了之后，几乎是有意主动搞好与当地人的关系。这样做既合圣道，又有现实好处。他跟当地人学农活，展示他那一套亲融自然的可爱派头，而且他从心里觉得当地这些醇厚朴实的本地人比中原那些已被文化异化的虚伪的士大夫更值得亲近。他多次表示：跟这些本地人讲论"吾道"比跟中原士大夫更容易相契。

人人心中都有一杆秤，这些没上名册的"学生"渐渐敬爱他，他们是用行动来说话的实在人，他们见他开辟那块地方，以为他喜欢那里，便在那里给他盖起房子来。不到一个月，这个被他命名为"何陋轩"的文化基地从无到有了。

从任何具体事情中都能找到意义，是仁学万物一体的精神能力。尽管本地人如未琢之璞，却不可以"陋"视之；他们本质好，教化起来也容易。这个"何陋轩"就是名载史册的"龙冈书院"的校址所在地。

不拒绝实事、小事是心学人士能够成就事功的一个奥秘。阳明在新轩前面又营构了一个小亭子，四周都是竹子。又动用"文化传统"来缘情布景，借景抒情，叫它"君子亭"。后面在当地百姓的帮助下，还建了"寅宾堂""玩易窝"等，这些名字听着玄妙的建筑，其实只是普通的草木房子。

这种寻找意义的命名活动，是把生活艺术化的功课。人的一生是个不断地自我定位的过程。是争上游为君子儒呢，还是趋下流当小人儒？关键看你立什么志。自我命名也是门立志的功课。观念，观念，首先是自己"观"自己的意念。每一意念出，都是对已有的感性经验、情绪意欲的一种整理提炼。自小，是小；自大，也是小。如何恰到好处地提升自己则成了为己之学的"意术"。

　　于此，也能看出这人实干家的质地，而且坚持不捐细务、事上磨炼的修养方法，在这绝地确实是可以救命的。那些笨得只能做官的"官崽"或只能过纸上苍生的"读书虫"，至于此地绝难生还。他能够以环境克服环境，能够在任何条件下化险为夷，从而才能在多愁善感者必死无疑的生存环境中，奇迹般地活下来。他不像屈原、贾谊那样自视甚高而无法与现实妥协，自速其死。他没有苏东坡那么"旷"，却有与苏不相上下的"达"。达，才能通，通才不痛。哲学是通学，不但自己通，还要使人通。

　　阳明并没有招惹当地的官老爷。思州太守偏偏要在一个贬官头上耍威风，就好像牢头非要收拾贼配军一样，居然无缘无故地派人到这个驿站来侮辱阳明。

　　阳明已练就了"动忍增益"的功夫，但周围的本地人看不下去了，他们奋起保卫敬爱的王先生。他们打跑了来耍赖的"官奴"。这自然扩大了事态，太守大怒，向上边告阳明不但不服从当地政府的管教，还聚众闹事。这对阳明相当不利。

　　思州的按察副使毛应奎出面为之斡旋，向王阳明说了祸福利害，劝他尽快赔礼道歉。这位毛公也正好是浙江余姚人，是阳明的老乡。阳明还曾为毛的"远俗亭"写过一篇"记"文。

　　王的回应特别见心学的艺术，也表现出阳明政治家的水平：

　　　　昨承遣人，喻以祸福利害，且令勉赴太府请谢，此非道谊深情，决不至此，感激之至，言无所容！但差人至龙场凌侮，此自差人挟势擅威，非太府使之也。龙场诸夷与之争斗，此自诸夷愤恚不平，亦非某使之也。然则太府固未尝辱某，某亦未尝傲太府，何所得罪而遽请谢乎？跪拜之礼，亦小官常分，不足以为辱，然亦不当无故而行之。不当行而行，与当行而不行，其为取辱一也。

废逐小臣，所守以待死者，忠信礼义而已，又弃此而不守，祸莫大焉！凡祸福利害之说，某亦尝讲之。君子以忠信为利，礼义为福。苟忠信礼义之不存，虽禄之万钟，爵以侯王之贵，君子犹谓之祸与害。如其忠信礼义之所在，虽剖心碎首，君子利而行之，自以为福也，况于流离窜逐之微乎？

某之居此，盖瘴疠蛊毒之与处，魑魅魍魉之与游，日有三死焉。然而居之泰然，未尝以动其中者，诚知生死之有命，不以一朝之患而忘其终身之忧也。

太府苟欲加害，而在我诚有以取之，则不可谓无憾。使吾无有以取之而横罹焉，则亦瘴疠而已尔，蛊毒而已尔，魑魅魍魉而已尔，吾岂以是而动吾心哉！执事之谕，虽有所不敢承，然因是而益知所以自励，不敢苟有所骲堕，则某也受教多矣，敢不顿首以谢！

因为龙场打斗是差人大败，所以阳明故作高姿态，先给太府一个台阶下，再腾开自己的身子：我与太府之间没有任何冲突，所以不存在我必须去谢罪的问题。真弄得长官无话说。然后，阳明又柔中有刚地说，太府要加害我，我也只当是瘴疠、虫毒、魑魅魍魉而已尔，我岂能因此而动心？

这是阳明悟道以后的第一次牛刀小试。相当冷静又口舌如剑，只有"不动心"才能用最合适的"心力"来与魑魅魍魉较量，有理有利、有力，妙在让对方挑不出进一步迫害的口实来。更有魅力的是他那安之若素的语气，既有冷静世故的分寸，兼容阴阳柔里透刚的尊严。真见心学艺术，是柔中寓刚的太极功夫。

结果是"太守惭服"。这个胜利使阳明在贵州官场有了容身之地，这个小小官场对他来说却是大环境。很快，视他为高人的当地秀才、卫所官员，纷纷上门求益。

安宣慰先让人送来米、肉，派工人来担水劈柴等；阳明一概婉拒。这位安大人，又派人送来金帛、鞍马；他只好收下些生活必需品。天下没有白吃的东西，安宣慰是想向他讨教是否把水西驿站去掉？王阳明给安宣慰讲了一通大道理，劝他不要做"拂心违义"的事情，也别再忙着要官了。安宣慰听取了他的意见。

不久，有土人造反，安宣慰不管，坐待事大，想借此搞掉水西地区另一个豪族宋氏的势力。王阳明赶紧驰书叫安宣慰快用兵平定叛乱，以尽守土之责。这真是点化顽愚，不但救了这个官老爷，也使当地百姓免遭涂炭。

二、龙场教化——寓教于乐

自宋以降，天壤之间多亏有书院，士子得以托庇其间以传承文化命脉。欧洲有上千年的大学，我们有上千年的书院，人间才得以保持文化的灵秀。龙冈书院是阳明自己营造的避难所、还魂地，假如没有这座书院，就难"唤"出后来的文明书院。世事之周流运转因缘自有。

阳明是此地百年难遇的大儒了，他也不失时机地普度众生，龙冈书院成了文化种子站。龙场因有了阳明这棵梧桐树而百鸟来翔。附近州县的生员有来的，阳明的老学生也有来的。有了他们，阳明的心情也大大好转了。

文化交流是人世间最美好最温馨的一种情感生活。没有它，人人都可能是孤苦的。就像没有"敬"就没有"爱"一样，没有文化的感情是低质量的感情。没有交流的文化感情反而会郁闷成"痞"。人是群居动物，再英才天纵也不能旱地拔葱。有时恰恰相反，越是天才越需要地气。

这真是歪打正着，不幸中的幸事。用他自己的话说便是：自己到了这废幽之地，反而避免了在朝中动辄得咎的麻烦。而且在这夷地能享受到原始的质朴的风土人情之美。原先还觉得缺少亲情满足与文化交流，现在有了学生，也就都过得去了。

关键是"讲习性所乐"，他热衷此道。他与学生一起喝酒，到林中、河边散步，边走边谈，寓教于乐，也在月下弹琴。他高兴地说"讲习有真乐，谈笑无俗流"，他步入了"淡泊生道真"的境界。这种境遇中，他仰慕的是颜回、闵子骞，子路式的担当作为变得不重要了。

当然，披卷讲论也是必不可少的。因为毕竟是书院而不是诗社，尽管阳明并不主张死背章句，但也不能离开经书而直接让学生"明心见性"。再说来问学的人文化程度不等，总得有个接手入门的功夫——阳明便把《大学》作为第一入门书。阳明后来最倚重的经典也是《大学》。

他在《诸生夜坐》诗中再次提到与学生一起骑马，投壶，鸣琴，饮酒；晚上在一起神聊，清晨一起到林间散步继续神聊。语句之间透露出极大的快乐。他觉得与孔子和学生在一起的味道差不多了。他尤其向往曾点说的暮春三月，在河里洗了澡，迎风唱着歌往家里走的潇洒自由的境界。这"自得"二字，也是心学的教法、学法、活法，简言之可谓心法。

阳明教育学突出"乐"，他认为圣人的教化工程可以用一个"乐"字一言以蔽之。因为坐起咏歌是让心性通天的精神体操，是在直接改变着感性，可以直接建立新感性，所以是"实学"。而且在一坐一起、举手投足的动作中要自觉地滋养心性，这是生活艺术化的涵养功夫，不能差之毫厘，一不认真就滑过了，架空度日了。心学是以教养论为中心的教育学。坐起咏歌是"美育"，"毫厘须遣认教真"是料理"我心"的思维修养功夫。修炼心体是不能有丝毫马虎的，因为心体至为精密，往往在体上失之毫厘，在用上就会差之千里。心诚、心细是心学意术的基本要求，也是王学和陆学的区别。"知行合一"就是要在日用中做功夫。他的教学中心任务和方法就是"研几悟道"（心学尤重这个"几"字）：具体问题具体分析、把细节做到极致（精一精微）、见微知著、找到微妙中的恰好。

三、玩易窝——易道贯始终彻内外

玩易窝是与何陋轩同时建成的。在阳明的"名记"中，《玩易窝记》不显眼，但又极重要，重要在它提示着阳明学的一个重要维度：易道贯始，终彻内外。

阳明的高祖王与准精通《易》，传《易》学于子孙。阳明在大牢里打卦，在赴谪诗里屡屡提到卦辞卦象，他时常思考易道的奥秘何在，又怎样贯通。有时一头雾水，茫然抓不住思路，觉得自己像根木头。突然有所得，心思便像决堤之水滔滔汩汩，眼根像探照灯通了电，看啥都透透彻彻，精华在身上增长，但是，还不行，还不能掌握"其所以然"。怎么办？不能紧张，一紧张就会停滞在一个地方，他就"玩之也，优然其休焉，充然其喜焉，油然其春生焉"。在内化的过程中"勿忘勿助"，让那种感觉油然自生，于是春暖花开、豁然贯通。

易学的思维教人们透过表象看真相。有了这样的慧眼，他激动地发了一番慨叹，要表达的大概意思是我活明白了，我自己可以做自己的主了，我现在的生存状态是"拘幽"，就是再让我回到监狱里我照样欣欣然不知老之将至。他很难得地说了一句忘乎所以的话：吾知所以终吾身矣！他也的确用这联动辩证的易道支配了自己一生的心思和行事。

《易传》世界观方法论一体化的易简之理，是阳明终生服膺的，并启发他把心学称为简易之学：

乾以易知，坤以简能。易则易知，简则易从。易知则有亲，易从则有功。有亲则可久，有功则可大。可久则贤人之德；可大则贤人之业。易简而天下之理得矣，天下之理得而成位乎其中矣。

　　这段话是阳明学总术纲，包括他的讲学风格、用兵行政，是其用智慧成大功的"独得之秘"。

　　但是，现在，他还在"潜龙勿用"的修炼期。

　　何时才能"飞龙在天"呢？他也不知道，他只知道不能多想这个问题。无法进取的现实逼着他去超越，去追寻那神圣又神秘的"道体"。

　　用什么去超呢？只有"心"，会玩《易》的心！

　　阳明是个将感觉转化为哲学的诗人哲学家，在玩易窝中沉潜地修正是养"体"，及时与外界发生能量和信息转化、点化学生的同时也是在提高自己，这是炼"用"。假若没有那些学生跟着他，用各种问题激发他，他难以保持这么好的心情和状态，而心学就是状态学、境界学——什么样的感受出什么样的学，倒过来则是：什么学出什么状态和境界。

　　龙场成了许多壮健的中土亡命之士的死地，多病的王阳明居然没死，还涅槃成了新凤凰。这不是什么神秘的天意，只是他的心学"现得利"了。

四、知行合一——知是建立意义，行是实现意义

　　王阳明因觉"学得所悟，证诸《五经》"，莫不吻合，便开写他的第一部"专著"——《五经臆说》。

　　他在《五经臆说》序中自述写作缘起：官方的或流行注经解经的做法是求鱼于渔网，求酒于酒糟。"我"是舍网来直接求鱼的。但他也自知这种"意会法"难以尽合于先贤。他谦虚又无不自得地说，我这样做只是自抒胸臆，用来"娱情养性"而已。言外之意是，我根本就不想加

入你们的主流规范、支离事业，我拒绝你们那一套经院派做法。

这部《五经臆说》没有完整地保存下来。据其大弟子钱德洪说，没保存下来的原因是老师根本就不想让世人知道它的内容。钱曾几次想见见此书，王都婉言谢绝。有一次，王还笑着说："付秦火久矣。"直到王死后，钱从废稿中发现了13条。据钱说其师是由于感到"先儒训释未尽"才作这部解经著作的。钱说先生用了19个月的时间才完成。也就是说，从他悟道后开始写，差不多直到离开龙场时才完成。

《五经臆说》自然是心得笔记体，成熟一条写一条。心学的言说方法就是这种"原点发散"式的，用钱德洪的话说就是："吾师之学，于一处融彻，终日言之不离矣。即以此例全经，可知矣。"

王阳明找到了心与物的基础，他把"意"作为知行合一的合穴，他顿悟出来的格物致知简言之就是个知行合一的"意术"：知，是建立意义；行，是实现意义。

在王阳明前的朱熹主张知先行后，在王阳明后的王夫之主张行先知后，王阳明的知行合一之旨主要记录在《传习录》（上），是徐爱记录的，所以从徐爱说起。

他素被视为阳明第一大弟子，因其入门最早，是传王学之道的第一代掌门人。王一直说徐是他的颜回，则既因徐最得其学之真谛，也因徐不到32岁就死了。徐所创立的"浙中王学"一派，是王学嫡传，虽影响不大，但原汁原味。

徐本是阳明的妹夫（妹与阳明同父异母），徐爱等三人当初得知阳明被贬后特意正式举行了拜师礼。王阳明离开京城前，能收获这三个弟子，他无比欣慰：师友之道能够用师生链的形式保持住原儒本色。但三人同时被举荐为乡贡生，就进京了，他告诉他们，到北京后，找湛甘泉，跟着他学习。王阳明还专写一篇《示徐曰仁应试》（徐爱字曰仁，号横山），教他如何以平常心从容应考。

徐爱没有考上。阳明写信给个安慰，信中还希望徐爱能来龙场读书，又怕徐爱离不开老人。徐爱收到王老师的信后，稍事料理，便不顾艰难，长途跋涉，来到龙场。徐爱弄不明白老师刚"发现"的知行合一之旨，但他意识到这是个真正的问题，想在与老师的直接交谈中找到具体可感的思路。

徐爱问："有人知道应该孝敬父亲、尊敬兄长，可是却做不到，这充分表明知和行是两件事。而且知行歧出不是自古而然的文人病吗？"

王阳明说："这只是被私欲隔断成两橛了，这正是应该克服的毛病，去掉私欲就能恢复本体了。知而不行，只是未知。他真去行孝行悌，才能说他知孝知悌，他只说些孝悌的现成话，怎么能承认他知孝悌？这不是小病痛，是要命的大毛病！到处都是这种言行不一的奸巧小人，士风堕落，政事不举，根源就在于这种伪诈不实的风气。我呼吁知行合一就是为了治这种由来已久的流行病。诚是第一义的，所谓'格物'就是正行。"

这篇"说话"讲透了知行合一的全部思路，完全是日常生活经验的例证法，没有深奥的思辨逻辑，都是在人情上"理论"——这也是中国哲学的根本特征，尤其是心学的拿手好戏：人情上正了，事变上才能通，因为事变都在人情中，天下事不出人情事变之范围。

徐爱说："我总觉得您说的与朱子的'格物'之训不能相合。"

王阳明说："朱子格物之训未免牵强附会，从外往里用功，今日格一件，明日格一件，天下之物如何格得尽？纵格得草木来，如何反来诚得自家的意？所谓'格物'，如孟子所言：'大人格君心'之格，是去其心之不正，以全其本体之正。"

王阳明对学生们讲，我今说知行合一，正要人晓得一念发动处，便是知，也便是行了，譬如你知饥，已自饥了，你知寒，已自寒了。发动处有不善，就要将这不善克倒，须要彻根彻底，不使那一念不善潜伏在胸中，此是我立言宗旨。

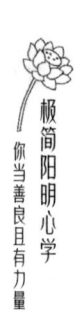

王阳明所悟的"格物之旨"就是把朱子的从外面做功夫变成从内心里做功夫，就是把认识论变成伦理意志。这样做的魅力就在于把做人与做事"简易直截"地等同起来，找着了实现"内圣外王"这个儒学最高理想的通道。如果你真诚的话，每天都会觉得自己走在成圣的路上。其基本功夫就是"狠斗私心一闪念"，一分钟都不能放松。常如猫之捕鼠，一眼看着，一耳听着，才有一念萌动，即与克去，斩钉截铁，不可姑容与他方便，不可窝藏，不可放他出路，方是真实用功。到得无私可克，光只是心之本体，便是廓然大公！自然感而遂通，自然发而中节，自然物来顺应。放手行事自然无往而不合乎圣道。

　　贵州的提学副使席书，字元山，过去佩服阳明的文章，现在敬重阳明的道行，专到龙场来向他讨教。他问王阳明"朱陆同异"，王阳明不正面回答席书所提出的问题，直接开讲："说"不能落实到"行"上已造成了全体士林的表里不一；像焦芳那样的奸狡小人也居然能当阁臣，就因为知行之间的缝隙大得可以让任何坏人钻入国家的任何岗位，窃取神圣名器。必须坚持知行合一的修养法门，每个人都能从我做起，恢复真诚的信仰，用"行"来说话，用"行"来做检验真伪是非的标准，才有指望。阳明认为功利世风之所以能相扇成习，盖在于国家取士与士人读书应试之科场理学，"将知行截然分做两件事"，人成不了"真切笃实"的人，国家也拔不出"真切笃实"的人才。满街头顶圣贤大帽子的衣冠禽兽，逢场作戏，假人言假事。

　　席书听了半天，不明就里，他已有的知识和思想不足以消化这些内容。席书心存怀疑而去。阳明自然是无可无不可，意态闲闲地送提学大人上马回贵阳去了。

　　哪知，席书第二天就返回龙场。显然，阳明的那一套，搔着了他的痒处，又没有抓过瘾。他怀疑王是在用异想天开的东西来故意标新立异。王阳明说，我自己起初也怕有悖圣学，遂与经书相验看，结果不但与经典相合，还正得圣人本意。比如说：《大学》讲明德、亲民、止于至善，其实只要能尽其心之本体，就自然能做到这些；常说君子小人，其实君子小人之分，在于能不能诚意，一部《大学》反复讲的修身功夫只是个"诚意"，格物致知的关键在于能否意无所欺、心无所放、正其不正以归于正。

阳明深情地说："人之心体惟不能廓然大公，便不得不随其情之所发而破碎了本心。能廓然大公而随物顺应的人，几乎没有罢。"席书这次多少有点"入"，约略知道王先生这套新说的分量了。王阳明的《五经臆说》算是给这位提学大人备课用了。

席书也不是头脑简单之辈，不可能轻于去就，还要再想想。他是弘治三年的进士，比王早九年登第，早在王出道之前已有名声。现在席官阶高，能够屈身向王讨教，算有真水平。就这样往返四次，一次比一次深入，终于，席书豁然大悟，说："圣人之学复睹于今日！朱陆异同，各有得失，没必要辨析再纠缠下去，求之吾性本自可以明了。"

席书是个敢做敢为、说干就干的人，他回到贵阳，与按察副使毛应奎一起修复贵阳文明书院。

转眼间，王阳明38岁了，快到了孟子说的"年四十，不动心"的年龄了。他是在正德四年（1509年）春末，从修文县的龙场驿迁居贵阳文明书院的。文明书院，坐落在贵阳忠烈桥西，是元代顺元路儒学故址。正德元年建成，前有大门，门内有习礼堂，为师生习礼讲解之地。堂后有颜乐、曾唯、思忧、孟辨四斋。可容纳200名学生，有五六个儒学教员。

正德四年四月，毛科退休，席书来主持，因他特别诚恳，阳明应邀而来，之前毛科也曾邀请过王阳明，王阳明觉得时机不成熟没去。现存各种记载都说王阳明在贵阳大讲"知行合一"，使当地人始知向学。席书公余常来文明书院与阳明论学，常常讨论到深夜，诸生环而观听者以百数。从此贵州人士始知有心性之学。从给学生的几封信，可以略知他现在的主要教法。

首先，在知己难求的孤独时节，要卓然不变，每日静坐，"补小学收放心一段功夫"，找到修"实德"的着力处。

其次，要与朋友砥砺夹持。但切忌实德未成而先行标榜，一标榜，即使有点实学也变成虚浮闲话。

总之，必须刊落声华，务于切己处着实用力。怎么样才算着实用力修实德呢？他让学生把程明道的语录贴在墙上，时时温习：

才学便须知有着力处，既学便须知有得力处。
学要鞭辟近里着己。
为名与为利，虽清浊不同，然其利心则一。
不求异于人，而求同于理。

第一条是个"纲"，所谓"着力处"就是苟日新日日新地更新自己的感觉，出了感觉才算知学、才是功夫上了身，因为这新感觉能够改变心性、能够精意入神、能够提高自己的知觉能力。为名、为利、为标新立异都是误入歧途的行为。与"知"没合了一的"行"终是外壳、衣服，终是不知。相反，若知行合一，就是去应举当官也"不患妨功"。他认为举业的真正危害在"夺志"。若立得正志，日常生活中的"洒扫应对，便是精意入神"。王学尤其是左派王学的核心教旨之一是"百姓日用就是道"。就像冀元亨的妻子李氏所说的，"我夫之学，不出闺帏衽席间"，因为学的是感觉、用的是感觉、出的是感觉。

知行合一的标准的哲学表达式，就是"存在就是行动"；只有通过行动，人的感性才能获得更新，感性的更新才是真正的日新日日新。这不同于肤浅的"世界的一切都是自己的观念"的唯我论、观念论，王阳明最恨这两样，因为前者傻、后者假。他要建立的是一种实践性、生成性极强的"行为理论"，知情意行高度统一的意术——易术。

阳明比朱熹、陆九渊都更强调"意",因为他是个要把意义做出来、做成功的实干家。阳明后来在《传习录》中说:"意之所在便是物""物是意之用""应感而动谓之意""意之所用,必有其物,物即事也""心外无事"。

意术是种思维、意志一体化的,永远不会有固定的结论(意者,易也)。他后来说:"今日良知见在如此,只随今日所知扩充到底;明日良知又有开悟,便从明日所知扩充到底。如此方是精一功夫。"而且自家吃饭自家饱,父不能替子,师不能代徒,必须亲身修炼。

这套意术是用心体的知觉性去统一知情意行,并形成人一生的根本情绪。日常功课就是时时保持"诚意",诚意诚到虚灵不昧的时候,良知就成了本知,良能就成了本能。尽管本来如此,但是人们的私意隔断了这个本来如此,不得不在实处做功夫来"复性"。格物致知也好、知行合一也好,都是为了完成这种复性训练:良知成为本知,良能成为本能。

王阳明离开龙场48年后,阳明的学生赵锦以巡按贵州御史的身份在龙冈书院的北边造了一座比当年书院堂皇得多的"阳明祠"。一彪王学弟子、当朝的大员,一起共举祠祀。后成名儒的罗洪先的那篇《祠碑记》是难得的大文章,精辟地阐明了阳明学得于患难的"道理":只有当生命临界零点时,套在生命上的观念枷锁才趋于零,才成了"敞开者",从而能够直面生命的存在本身,体验到了人生的真实的深渊境遇,穿透了已是异化了的文化的浓烟浊雾,诞生了能直接审视生命的"本质直观"①、根本直觉。今日之言良知者,都说"固有固有",却绝不做这种置之死地而后生的致知功夫。阳明建立起感性直接的心学,一落入以学解道的理障,又变成了可以口说心违的伪道学。这叫什么呢?叫良知固有,

---

① 本质直观被视为一种意识功能,使我们能够直接地、自明地"看到"本质,而不需要通过推理或归纳的过程。本质直观是一种特殊的认识方式,它使我们能够直接理解和认识事物的本质,而不仅仅是对感性事物的表面观察。

而功夫并不固有。没有功夫，现成的良知会沉沉地死睡着，像宝藏睡在地下，不开发出来，对你还是不存在。怎样去开发呢？只有不欺心地去做知行合一的实功夫。意术的意义在开发"意"的能量。

  王阳明后来说，在龙场这个绝地的时候，各种恶运无日不至。说这个时候是动心忍性，能够大彻大悟的契机。可惜当时搪塞，今天对付一点这个，明天对付一点那个，相当于说虽然没有架空度日，但就一整个穷对付。这也是他为什么从来不满意自己，总在自我反省。黄绾特别给上头写道，王阳明是一个严格批评自己的人，任何时候，任何地方，他都严格批评自己。外面还说王阳明多么狂，有私心、不思古、非议圣人、渎职什么的。黄绾就说了，他根本不是。王阳明上《陈言边务疏》获得了声誉，但后来他自己反思，说那里面有抗厉之气。抗厉之气就是硬磕，硬磕就是不够圆融。你看，本来是给他带来声誉的事情，他觉得还不够。龙场开窍，龙场这么大的磨难对他来说是一个根本的转变，别人也高度赞美这个东西。无论他童年有什么样的过往，大家都说龙场这一节对他来说是一个脱胎换骨似的更新。但是他自己还说，本来应该有大的精神上的收获，结果被自己给搪塞掉了。而且王阳明很少说后悔话，却在这时候说了一个"殊可惜也"，太可惜了。应该是从那个时候，他嘴里已经含着"致良知"的"良知"，但是没有"喷"出来。

第 7 讲

"觉世行道"——不走寻常路

一、王阳明治理庐陵——不走寻常路

龙场悟道后,王阳明的行事风格自然就跟那些肉眼凡胎的凡夫俗子不一样了。他不是努力变得跟别人不一样,那没有意思。这样就伤了天真,伤了自然,自己也很累。别人感觉到后,也很别扭。让人舒服是软实力,让人别扭是情商太低的表现。

面对刘瑾的残酷斗争无情打击,他稳定住局面以后,便稍微缓和一下杀伐之气,化解一下矛盾,这是起码的政治技巧。1509 年,正德四年闰九月,阳明的身份变了,朝廷下旨,任命他为庐陵知县。

王阳明自许的"吏隐"生涯也结束了,闲散自在劲也要换一种方式了。由于路线和去龙场时相同,所以王阳明每到一处宿泊之地,都会涌起诸多回忆。一路上,王阳明共作诗二十多首。走着走着,传来了刘瑾垮台的消息。正德五年(1510 年),刘瑾倒了以后,一大批被他迫害过的官员陆续复职。这年三月,39 岁的王阳明到达庐陵,他此时认陶渊明为同道,侧重的是直道当好县令,开始了他在政事上"儒者经纶无施不可"的牛刀小试时期。

王阳明从发配的地方到庐陵上任县令,县衙这帮人就都要去迎接王阳明。但他们没有迎接。为什么?因为王阳明嫌这一套烦,一到这个地方,就跑寺院去了。王阳明说,我从小就住寺院,不爱住你们那个五星级宾馆,你们那个席梦思我睡不着觉,我住在这儿清清爽爽正好。县衙洒扫庭除的,高级招待也准备好了,结果县老爷跑到那个寺院里去了,在寺院里清清静静的,把那帮人甩飞了。

庐陵这个地方是欧阳修的老家,这里文化底蕴深厚,修炼出了文章大家,也出了打官司的那些高人,是著名的健讼之区。官府有官府的问题,百姓有百姓的问题。他刚到县衙,突然有上千乡民拥入县衙,哭天抢地。他也一时难以搞清他们到底要干什么,但王阳明并不慌,平静地用孔子"叩其两端"①的方法听懂了他们的要求,是要宽免一项征收葛布的摊派。理由是本地不出产此物(织葛布的原料)。他想,既然不出此物,上边要得也没道理,不能激起民变,就同意了乡民的请求。

之后王阳明下了第一道"告谕庐陵父老子弟书"的主题就是息讼,意思大概是:本人身体本来就不好。这一发配到地方来,我肺部更受到打击了,现在只能是卧床休息。你们现在正是农忙的时候,赶紧去种地,无重大事情发生不要来打官司。需要打官司的,等忙完这个咱们再打。不要因为打一场官司,把地荒了。官司赢输不说,你今年就没收成了。先回去各干各的。因重大事情来告状的只许诉一事,不得牵连,状子不能超过两行,每行不能超过30字。超过者不予受理,故意违反者罚。然后又给县衙弄了两个箱子,一个叫"愿闻己过",一个叫"愿听民隐"。老百姓有什么想说的,对县衙有什么意见,认为做得有什么不足的,就放在这个里头。箱子每天白天放出去,晚上收回来,第二天白天又再放出去。用这种方法,他用民间渠道把各种信息都收拢上来了,然后再针对性地出台一些政策。所以叫"卧治庐陵"。他就在那儿躺着不出来,

---

① 出自《论语·子罕》:"吾有知乎哉,无知也,有鄙夫问于我,空空如也,我叩其两端而竭焉。"意思说:"我有知识吗?也会有没有知识的时候啊,曾经有个乡下人向我提问,我对他的问题无以应答,只有尽可能拉近与他的距离,站在两个人共同对于事件问题的立场上而做到能够完全理解认识问题和知识为止。"

根据这些出政策来治理，监狱日见清静。他还施行诬告反坐法，效果很好。乱浑浑的局面结束了，"使民明其明德"的亲民治理法大见成效。

接着他开始着手治理驿道，杜绝任何横征暴敛的行为。遍告乡民，谁以政府的名义去乡村私行索取，你们只把他们领到县里来即可，我自会处置。还移风易俗，杜绝任何神会活动，告诉百姓只要行孝悌，就会感动天地，四时风调雨顺。他上任的这一年，亢旱无雨，火灾流行。阳明像皇帝下罪己诏一样，说是由于他不称职，才获怒神人。并斋戒省咎，停止征税工作，释放轻罪的犯人。同时他还告诫乡民不要宰杀牲口喝大酒，触怒火神。他还恢复了保甲制度以有效地控制盗匪的滋生和作乱。

最难对付的是上边。上边一味追加摊派的税收名目和数额，搞得民情汹汹，他这个县官实在是两头为难。他给府里打了报告，请求减免，说此地旱灾，瘟疫大作，多有全家而死者，幸存者又为征求所迫，弱者逃窜流离，强者群聚为盗，攻劫乡村。上级若不宽免，将有可能激起大变。他很动感情地说，不但于心不忍，而且势有难行。我无法称职地完成任务，恳求当道垂怜小民之穷苦，俯念时事之难为，宽免此项目。要抓人，就立即将我罢免，以为不职之戒。我"中心所甘，死且不朽"。

什么叫"亲民"？这才叫亲民！这个坐而说、起而行的侠儒风骨的确充盈着良知的力量。上下千载，这样做官的着实不多。他总是这样来"自觉"自己。这样的人才能创立"知行合一"的精神体系。王阳明不是为升官发财来的，是当志士仁人来的。

王阳明何等人也？你看他的行事风格就不一样，简易直接。这里举的是一个很小很小的他作为七品知县的事情。

王阳明总难忘怀责任，他就是这样，每天都在追求新，却因此而总觉得没有长进。相反，那些故步自封的人却总觉得自己天下第一。对自己不满意的心学家才是真正的心学家，这也是他与其沾沾自喜的后学门徒的根本区别之一。

二、京师讲学——终身相与共学

有趣的是牛刀小试时期刚半年多，正德五年（1510年）十月，他调到南京，升为南京刑部四川清吏司主事，因为这个差使比知县略高，算地方官变成了副京官。

次年正月，王阳明40岁，调任北京吏部验封清吏司主事。个中原因是，黄绾成了王阳明这一时期论道的密友，黄是后军都督府都事，能与上峰说上话，他和湛甘泉说服了宰相杨一清，把阳明改派到北京吏部。王、湛、黄三人倾心相谈，三人定"终身相与共学"。一向重视师友之道的阳明，现在找到了质量对等的朋友，他们可以早晚切磋、随时交流了。湛甘泉在翰林院，清闲，王也是闲差。上班没事时，下班以后，公休日，他们便相聚讲论。

阳明一生最大的癖好就是讲学与优游山水，北京没有什么佳丽山水，他就一而再地上香山，或住在香山的寺院中，写点"顿息尘寰念"之类的高蹈诗。但这只是一种休息方式而已。不想白活一场的心气，使他有成圣成雄的双重压力。如今鬓已星星也，却还看不见现实的成功之路，自嘲"窃禄"而已。

同年十月升为文选清吏司员外郎，次年，他又升了半格，成了考功司郎中。更大的收获是门人大进：据他的门人编的《同志考》中记载，这一年入门弟子有十七八个。

他这个业余讲师却觉得唯有讲学是不浪掷心力的事情。明人虽然讲学成风，但在京城、在官场中，像阳明、甘泉这样近于痴迷的以讲学为事业的，是少数。

没办法，不讲学，圣学不明；讲学，就是多言。至少表面上不太在意别人臧否的阳明，也不得不找适当的方式顺便为自己辩解几句了。他的朋友王尧卿当了三个月的谏官，便以病为由，辞职回家了。人们都夸奖尧卿及他这种选择，但阳明不以为然。他认为，单求无言免祸，结局必然是一事无成。阳明说，言日茂而行日荒，我早就想沉默了。自学术不明以来，人们以名为实。所谓务实者，只是在务名罢了。我讨厌多言。多言，必气浮外夸。

正德七年（1512年），黄绾因病返乡，归隐天台山，专门修炼自得之学，以期明心见性。阳明给他写了一个"哲"情并茂的送别书，大概意思是：心本体是光莹明澈的，欲望把它挡黑了，经验把它污染了，要想去掉遮蔽、清除毒害，使之重放光明，从外边着手是不管用的。心像水，有了污染就流浊。心像镜子，蒙了尘埃就不亮。若从清理外物入手、逐个对付，是不现实的。最主要的是，那样就得先下水，就等于入污以求清、积累尘垢以求明。黄开始就是遵循着这种流行文化方式去做的，结果是越勤奋越艰难，几近途穷。

王阳明则教他从"克己"做起，从我心做起，"反身而诚"，明心见性，这样可以不依赖外界就能改善自己的德性水平。心体高大了，外界就渺小了。黄绾深以为然，总如饥似渴地听他的教诲，每每有些收获便喜出望外。

现在方献夫已去西樵山修自得之学去了，黄宗贤也到雁荡山、天台山之间修自得之学去了，湛甘泉则在萧山和湖湘之间盖起了别墅，离阳明洞才几十里，书屋也将落成，阳明"闻之喜极"。他曾与黄、湛有约，他们要继续在一起聚讲身心之学、自得之学，还将像在京城一样——几个人一起切磋，共进圣学之道。黄则声称是为他二人打前站的，王信以为真。他觉得人活着乐趣莫大于此，跟孔子最欣赏的曾点的活法差不太多了（阳明隐逸情怀的重心是这种活法）。他别湛甘泉的诗充满了生离死别的忧伤，紧迫感跃然纸上："世艰变倏忽，人命非可常。斯文天未坠，别短会日长。"因此咱们应该赶紧幽居林泉讲学论道、共辅斯文不坠。

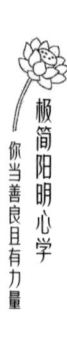

三、《传习录》上卷由来——徐爱船上问道

王阳明终于时来运转，正德七年（1512年）年底，41岁的王阳明转升南京太仆寺少卿，用他自己的话说，也算"资位稍崇"了。同年，王阳明的弟子兼妹婿徐爱由祁州知州调升为南京工部员外郎，跟他同船南下，他俩都要在上任前回山阴，徐爱是看望他的老丈人，王阳明则是回老家看看亲人。

阳明身体不好，徐爱则更差，俩人乘船走水路，这条姚江夜航船走上了大运河。路途漫长，又隔开了与俗世俗务的联系，空前从容宁静，二人深入再深入地讲论了个把月，在与王阳明的反复讨论中，徐爱终于领悟了老师的观点。他用"自长眠中醒来而觉混沌初开"来形容自己当时的感受，由此可见其兴奋欣喜之情。徐爱集中记录整理，于是天壤之间有了《传习录》上卷。

后人眼中的王阳明，作为百世之师的王阳明，主要是《传习录》中的王阳明。

心学重血脉骨髓上的功夫体认，不重解释字词文句，徐爱随侍阳明十余年才留下这么几则语录，完全是为了让后学者有个进门的抓手。他是私下自己整理的，因为阳明怕脱离了语境的话被误解。徐爱在《传习录序》的开头说：

门人有私录阳明先生之言者。先生闻之，谓之曰："圣人教人如医用药，皆因病立方，酌其虚实温凉阴阳内外而时时加减之，要在去病，初无定说。若拘执一方，鲜不杀人矣。今某与诸君不过各就偏蔽箴切砥砺，但能改化，即吾言已为赘疣。若遂守为成训，他日误己误人，某之罪过，可复追赎乎！"

学生一旦改变转化，老师的话就成了"赘疣"，没有统编教材，没有普适的万能散，是一对一的现场调教，当机指点、因病立方，如果拘执一方，迹近杀人。这是修身之学的本质特征，也是教主不事著述的原因。

不注重知识的增长，而注重心身在明善、反身而诚上的意识水平的提高。学生的进步在"改化"，心学是改化自我的、将学习落实到身心的内圣之学。心学教育重提升心灵，像教唱歌、武术似的，必须现场调教，任何格式化的"成训"都会滑向标准答案教育，变成格式化的教条主义。只有用心学方法才能学到心学。

徐爱记录的这一部分主要是王阳明对《大学》的讲解。阳明讲《大学》是为了纠正朱熹格物优先论，以破科场理学积弊。阳明选择的《大学》是汉郑玄整理的，徐爱没用修辞说是"旧本"，阳明用了修辞说是"古本"。说"古本"就有权威性，似能建立信任感。

一切的修为是为了能够正知正见正思维。心学对今人的价值主要在功夫。后天的训练合上了先天的心性才是功夫。如果合不着先天的心性，镇日穷忙叨，那就不是功夫，是戕害本体的瞎糟践。同理，有先天之本，无后天的功夫培养，不能全其体。格物如果不落实到"诚意"上便是逐物。明善没有落实到"诚"身上就是表演给别人看的善，诸如此类。徐爱讲的这几个功夫把老师的功法细化了，说白了就是所有的外在的努力都得化成内在的进步：这才叫知行合一、功夫上身了。

上了身的才是功夫，否则只是纸上谈兵。功夫是实践出来的，不是说出来的，做功夫是修行中的行话，其中的关键是体验、体会、体悟等"反身实践"。阳明常问学生"体验如何"，常说"体来与听讲不同"。从功夫入手才能把阳明心学变成我们每个人自己的心学。

在心学看来，如果不能返回自身，镇日追逐闻见之知就是玩物丧志，就是舍本逐末，就是放心于外物而遗失了真我。

王阳明回乡期间，亲戚朋友时有造访。直至五月，他才稍能脱身，随即决定开始游学，此时酷夏已至。

去不成雁荡山，便约黄绾来山阴相会。但等到五月，黄绾还是没来，尽管身边也有几个资质不错的学生，但都不足以讨论精微的问题，王说

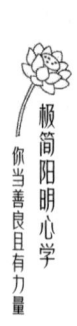

因为他们"习气已深",不能"撩拨"我进入忘我之境,难得有什么大发明。他热爱山川形胜,认为它们比人还有灵气,加上由于徐爱赴任有限期,徐爱的父亲也多次催促,他们只好提前开始这次游学。王阳明便领着几个学生后辈,就近作逍遥游。

在游玩过程中,王对那帮学生说:你们近来很少提问。他问坐在旁边的两位学友。两个人认为自己对心学很有体会,满以为会得到老师称赞,老师却说他们没入门,在门外讲故事,他们两个感到很茫然,便向先生请教。

王阳明说:"我们要朝'致良知'下功夫,此心真切,见善即迁,有过即改,方是真切工夫。这样的话'自我'就会越来越少,天理日明。除此之外,其他都是助长外驰病痛,不是工夫。"

有个学生言语混乱,王说他:"言语无序,足见你心之不存。"

信口开河的人是根本没有把心用到言述对象上的人。语无伦次的人是根本没有想清楚。从做工夫的角度说:通过训练语言表达,可以达到训练心思入微的目的。

在整个宋明儒学中有个通用逻辑:未发之中的心是廓然大公的,一动了不合天理的念头就失去了中和公。阳明心学更彻底:把未发之中的心叫作心体(良知),一动念就离开了心体。心体和天道相通、廓然大公,顺着心体的是善,逆着心体的是恶。

"闲思杂虑"不一定恶,但肯定已是来自经验界的东西了,为什么是私欲呢?私是相对廓然大公而言的,"着了相"、有了挂碍,已经离开了未发之中,已经出离了心体,不再是心之本体那寂然不动的状态了,是胡思乱想、颠倒梦想了,在贪婪和恐惧之间摇摆了,是柴米油盐酱醋茶了,所以也必须克服。克己省察的大部分精力是克服这些,真正的好色、好利、好名的念头不如闲思杂虑家常。

这是"正意"功夫。一个人的生命品质、思维质量很大一部分取决于闲思虑的内容，愚夫愚妇之所以是愚夫愚妇就是因为他们只有闲思杂虑。《楞伽经》："凡愚妄想，如蚕作茧，以妄想丝自缠缠他，有无有相续相计著。"海德格尔说"闲谈是沉沦的途径"也是这个道理。

四、滁州上任——若见得大道，横说竖说都能说通

正德八年（1513年）十月，王阳明前往南京西北部的滁州（今安徽省东部）上任，此时他42岁。王阳明来滁州当太仆寺少卿①，是副职。

他从山阴领来一些学生，其他弟子闻讯，从各地云集至此。天高皇帝远，正是吃官粮讲私学的好时节。滁州时期是王阳明后半生中难得的悠闲自在时光。职务清闲，门人弟子相伴，或坐而论道，或出而游学于让泉、龙潭等地。月朗星稀之夜，环坐龙潭而歌咏，这样的讲学方式多么令人向往。

王阳明的气质、秉性决定了他一以贯之的教学风格。既不照本宣科地死抠经义，也不像朱子那样用注解经书的方式建立自己的哲学体系，更不为了科举考试而想办法外结学官，内搞管制。他搞的是以"乐"为本的意术教育，据阳明的学生回忆，他"点化同志，多得之登游山水之间"。他领着学生白天去游琅琊山，去玩酿泉之水；每逢月夜，就与学生牵臂上山，环龙潭而坐，彻夜欢歌，饮酒赋诗。百十人"歌声振山谷"。

阳明的教法是诗化、审美式的，注重改变性情、改变气质，随地指点，想起什么说什么。

薛侃拔花儿中间的草时说："天地之间为什么善难培育，恶难除去？"

---

① 明太仆寺由元之兵部的群牧所演变而来。太仆，古代掌马政之官。洪武六年，置太仆寺，是从三品的衙门，地点在滁州。洪武三十年，为加大军备力度，在北平、辽东、山西、陕西、甘肃等处设立行太仆寺。主要职责是给国家养马。与北边游牧族作战时，马是首要军需品。杨一清就是从督陕西马政走向显赫的阁臣生涯的。

王阳明说:"像你这样看善恶,是从躯壳起念,肯定是误解。"

薛侃不理解。

王阳明说:"天地生意,花草一般,何曾有善恶之分?你要看花,便以花为善,以草为恶;如果要用草,便以草为善了。此等善恶,都是因你的好恶而生,所以是错误的。"

薛侃是善于深思的,他追问:"那就没有善恶了?万物都是无善无恶的了?"

王阳明说:"无善无恶者理之静,有善有恶者气之动。不动于气,即无善无恶,这就是所谓的至善。"

薛问:"这与佛教的无善无恶有什么差别?"

王阳明说:"佛一意在无善无恶上,便一切都不管,不可以治天下。圣人的无善无恶,是要求人不动于气,不要故意去作好、作恶。"

薛说:"草既非恶,即草不宜去掉了?"

王阳明说:"你这便是佛、老的意见了。草若有碍,何妨去掉!"

薛说:"这样便又是作好作恶了。"

王阳明说:"不作好恶,不是全无好恶,像那些无知无觉的人似的。所说'不作',只是好恶一循于理,不去又着一分意思。如此,就是不曾好恶一般。"

薛问:"去草,怎么做就一循于理,不着意思了?"

王阳明答:"草有妨碍,理亦宜去,去之而已。偶尔没拔,也不累心。若着了一分意思,心体便有拖累负担,便有许多动气处。"

薛问:"按您这么说,善恶全不在物了?"

王阳明答:"只在你心,循理便是善,动气便是恶。"

薛说:"说到底物无善恶。"

王阳明说:"在心如此,在物亦然。那些俗儒就是不知道这个道理,才舍心逐物,将格物之学看错了,终日驰求于外,终身糊涂。"

薛问："那又怎样理解'如好好色，如恶恶臭'呢？"

王阳明答："这正是一循于理。是天理合如此，本无私意作好恶。"

薛说："如好好色，如恶恶臭，难道没有着个人意思？"

王阳明说："那是诚意，不是私意。诚意只是循天理。虽是循天理，也着不得一分意，故有所好恶则不得其正，须是廓然大公，才是心之本体。"

另一个学生问："您说'草有妨碍，理亦宜去'，为什么又是躯壳起念呢？"

王有些不耐烦了："这须你自己去体会。你要去除草，是什么心？周濂溪窗前草不除，是什么心？"

这时，周围已经拢来许多学生，王对他们说："若见得大道，横说竖说都能说通。若此处通，彼处不通，只是未见得大道。"

这一段说话，是《传习录》的精华，点透了良知是虚灵通道的工作原理，不可着私意，不可动于气。他这种思想后来发展为"天泉证道"之四句教，核心便是"无善无恶心之体"。

在滁州的六个月里，王阳明做的最大的一件事，就是与湛甘泉相会。湛从安南出使回来，返京复命，在滁州特意住了几天。当年他们在北京长安灰厂特意卜邻而居，早晚随时切磋，结下深厚情谊。在别人眼里他们是一派，讲心性近禅。但他们的思想又只是和而不同，直到最后也没有统一起来。

五、南京讲学——可雅可俗，通而无碍

阳明在滁州待了不到七个月，正德九年，阳明43岁，升南京鸿胪寺卿。他用禅师随机应化的方法提高学生，学生怎么说都会得到他的纠正和指点。凡是直接感受过其春风雨露的人还真是从心眼里受了感化，他的魅力是难以用语言表达的。他离开滁州时，众徒弟依依不舍。

不管岗位多么不重要，他毕竟成了正卿了，进入了最高层的眼帘，若国家有事就可以特擢要职，大显身手了。这个衙门，在北京的还有点事儿干，朝会之时当当司仪，有外宾来时担负礼宾的工作，日常性的工作是管皇室人员婚丧嫁娶时的外围礼节。在南京则基本上连这类事情也没得管，纯粹是奉旨休闲。没事找事的人便两眼盯着北京，以便取而代之。王阳明超然物外，这种只争一时之短长的事情他现在没有兴趣做了，不屑于跟那些俗也俗不透、雅也雅不高的人一起浪费生命了。

他之所以要强调摒去一切外道工夫，直奔那绝对存在又不依赖任何外缘的心本体，就是为了把经验世界悬搁起来，从而把这棵树上挂着的所有那些辞章讲诵之学一把甩开，像禅宗那"截断众流"法，一意去明心见性——然后再以见了性闻了道的身姿回到治国平天下的正道上来。雅，雅得可上九天揽月；俗，俗得可下五洋捉鳖。真能明心见性了，就可雅可俗，通而无碍了。

在南京这两年多，是他韬光养晦的时期，客观上他把功夫养得更"老"是大有好处的。思想高峰的攀登需要沉潜，官位的进步更需要"老其才"的打磨。在只许成功不许失败的专制体制中，这种修炼绝对必要。骤起旋败的例子太多了，而且一旦失败便前功尽弃。

王阳明当了半年多正卿之后，在京察大考之际，他偏偏上了《自劾乞休疏》。在滁州时，他就浩叹"匡时已无术"，想回阳明洞寻找旧栖处。人的心态总是变动不居的，不能干点实事，不如回家得自由。这是他爷爷的隐逸之气给他烙下的烙印。这种隐逸乃"最是文人不自由"之消极自由了。

他的"乞休疏"写得绝无故作姿态的虚伪气，尽管他并不想就此退出历史舞台，但还是真给自己找罪过：什么旷工呀、身体不好呀、才不胜任、不休了我就会让别人也生侥幸之心呀等。每当它与上级叫板时都说，若休了我，我就"死且不朽"了。他自信不朽的地方在于他可以自由讲学，从而觉世行道也。

等到十月，他又上了一道《乞养病疏》，"正月上疏后，就等着开销呢，当时就病了，现在病得更厉害了。陛下应该把我休了以彰明国法。我也想为国尽忠，但自往岁投窜荒夷，虫毒瘴雾已侵肌入骨，日以深积，又不适应南京的气候，病遂大作。而且我自幼失母，是跟奶奶长大，她现在九十有六，日夜盼望我回去，死前能见上一面。假如我复为完人，一定再回来报效君国"。结果又白写了。朝廷也许以为他想要更重要的工作，玩以退为进的把戏。

这两年，他除了养心，使心体更加纯粹、明澈，就是写信，与朋友、学生深入讨论本体、功夫的精微、玄妙的理致。阳明一生不事著述，"超悟独得"唯有笔之于论学的书信中。阳明的传世之作《传习录》中卷就是他写的书信。书信有感染力，突出展现了理性思维的感性表达。

到了南京以后，许多老学生都聚拢过来。其中一个很重要的原因是徐爱也在这儿当工部员外郎。徐给同学们当"学长"，负责一般性的事务及基本教学工作。阳明是不屑于管杂事的，他指点学生是即兴式的，当然出手就高，他们只能跟着慢慢地佩服、消化去。

滁州的那帮学生大部分还在那里。有从那边来的人说，他们热衷于放言高论，有的渐渐背离了老师的教诲。阳明后悔不已，他说："我年来欲惩戒末俗之卑污，以拔除偏重辞章外驰心智的陋习，接引学者多就高明一路。今见学者渐有流入空虚、故意标新立异的。我已悔之矣。故来南畿论学，只教学者存天理，去人欲，做省察克己的实际功夫。"

第 8 讲

文人用兵的意术

一、踏上征途

江西南临百粤,北枕大江,东连闽峭,西接荆蛮,地延千里,址交五省。现在这几省交界处暴动频起,新起的流民与山里的惯匪连成了一片。各省画地为牢,对边界地区的事情都推诿,又有崇山峻岭、洞穴丛林,只有鸟道与外界沟通。车马不得长驱,粮草不能及时供给。官军扑来,暴民如鸟散入深林,大军日耗累万,却如高射炮打蚊子。暴民在山中进行着如鱼得水的反抗,大军在山中则是涸辙之鲋,难以维持。大军一走,他们旧态复萌。他们狡兔三窟,勾连成片。总而言之,赣南闽西那脉山麓千里皆乱。

王琼喜读王阳明写给他的信,常常抱着孙子反复地看。王琼反对用重兵镇压的办法,王阳明也是这样想的,所以王琼很是看中阳明这样的人才,并大力推荐王阳明去。王阳明忽然接到吏部任命他当南赣佥都御史的咨文。他思考了半个月,给皇帝上了一道《辞新任乞以旧职致仕疏》。致仕就是退休。王阳明是个语言大师,疏文写得极好,短短的篇幅横说竖说,无非是身体不好、才能低下、不敢误国败政。这是表面的,真实要表达的意思是:你们从来也没想着要用我,我都到了这把年纪了,你们这才想到我了,真让人啼笑皆非,如手持鸡肋。

突然让一个白面书生去当"剿匪司令",他若马不停蹄地去上任有点发贱，若说死不干，就再也没机会建功立业了，就成了彻头彻尾的空头思想家——这绝非他本心，他也不甘心。活着啃死人书，死了能在庙里啃冷猪头，这是多少书虫的愿景，却不是王阳明的定位和使命。

王阳明递上含义复杂的辞呈后，就从南京往老家方向走，看皇上收到自己的"疏"是怎样的态度。王阳明身体不好是事实，再说镇压暴民这种活儿容易失败且难见功效，这个是明摆着的事儿。他前面的一个御史就是畏难辞职不干了。

正德十一年（1516年）十二月二日，吏部再发上谕，命王阳明赶往南赣。王阳明接旨后，十分感念圣恩，为避免触怒龙颜，不再请辞，于正德十一年十二月三日启程，赶往赣州。他就告别美丽的杭州城，走向积年匪患丛生的深山老林。这一走就是5年，而且是百死千难的5年。王阳明能得以生还，还建了平叛的功，立了心学的业，完全在于他"龙场悟道"后，坚持保持自己的心体光明。

王阳明于正德十二年（1517年）正月抵达赣州，时年王阳明46岁。他到达赣州，正式开府。他来时，在万安就先跟数百名暴民遭遇上了。他根据王朝官员调动的规矩，基本上是只身一人领着家人前来，没什么官军护卫，而且他的旧衙门是王朝最冷清的部门，他也无从带钱、带人。那帮暴民沿途肆劫，商船不敢前进。王阳明把商船组织起来，让他们结成阵势，扬旗鸣鼓，摆出趋战的架势。这伙暴民皆由流民临时组成，并非惯匪。明朝是不允许人口随便流动的，就怕他们变成暴民。但他们的温饱无着，又不能等死，政府又不提供基本保障，他们不流又如何？这伙人见船上有了官，便像找着了娘，一起跪下来，请求救济，说我们只是饥荒流民，只求官府发放救济。

王阳明让人上岸宣布：你们赶快回家，我一到赣州就派人落实安排。以后各安生理，不要再胡作非为，自取杀戮。他最后是否落实此事，或促使地方采取了什么措施，不得而知。他后来平定了巨寇，确实兴办了一系列富民教民的实事。

摆在他面前的首要目标是谢志珊、詹师富等部，他们刚刚攻掠大庾岭，进攻南康、赣州，守城官员有的被杀。暴动的怒潮以漳南群山中的积年匪巢为重镇，所以，须先把它们搞掉，再说其他的。他是个一旦承当便奋不顾身的人，废寝忘食，将自己的身体、病痛置之度外。

治民先治官，他认为这一带暴民得不到肃清的原因在于各省都推托观望，不肯协力合作，致使凶情蔓延。他首先照会各省必须听他的指挥，做好战前准备，巩固城池，选拔向导，组织大户，开垦边地兴屯足食——战略远大，战术精细，既治标又治本，下手就想到究竟处，而不是拉完网就走。

治民，最好的办法是有效地让民自治。为了解决"民匪勾结"的问题，他推行了十家牌法。让每户每天汇报当天的行为、来往人员的情况，一户出问题十家连坐——让他们互相检举揭发。他发牌时告谕各府父老子弟的告示写得极温情脉脉，我岂忍心以狡诈待尔等良民，只是为了革弊除奸，防止通匪，不得不然，这也是为了确保你们的安全。他还制订了一系列让他们信守的道德要求。

在将后院布置停当的同时，他着手选练民兵。选拔健壮的农民列入兵籍，平时从事农业生产，有事则应召入伍。他那些操作简便、眼下见效的长远之策实难一一缕述，但现场发挥得好又不是权宜之计。

他发令江西、福建、广东、湖南、广西等五地的兵备，从各县选七八个骁勇超群、胆力出众的魁杰异材，组成精干的小分队。

与此同时，他广布间谍。原先，官军在明处，因为赣州的百姓多有为藏在山洞中的强人当眼线耳目的，官军尚未行动，那边早有了准备。阳明发现一个老衙役尤为奸诈，是暴民的密探，便把他叫到卧室里，问他要死还是要活？若要活，就交代联络图、联络点。老役如实坦白。阳明遂在推行十家牌法的同时，将计就计，故意让密探传回去错误消息。

初战长富村，大捷！暴民退回象湖山拒守。在莲花石，敌我双方僵持不下。此时，广东将领覃桓率部前来增援，官军打算乘势将众匪军尽数歼灭。然而，匪军困兽犹斗，他们拼死突破官军的包围，赶去乙方阵营报信。不久之后，大批匪军杀到莲花石，官军终因寡不敌众而落败。官军受挫，又不敢不打，又不想送死，这时便有几个军官提议调广东狼兵前来。阳明立即下令训斥，要按"失律罪"处分他们，但又并不真处分，只是激励他们去立功赎罪。这是一种巧善，下面的决策显出直觉的功力。

王阳明认为，此次进攻宜于速战。因此，他亲率各省精兵赶赴汀州的上杭县驻扎。为了迷惑敌人，命令假装撤军，扬言秋季等大军来一起攻打。

正德十二年（1517年）二月十九日深夜，他却分兵三路，占据险要，全线突袭，各路并进，直捣象湖山，拿下了主要的隘口。对手毕竟是水平不高的民间武装，他们以为官军还会像往常一样，受挫之后，或走或来招降，没想到这次官军说不打却来真打，而且半夜来打，他们猝不及防，只有逃窜，想攀登到悬崖绝壁上去，没想到上面早有阳明布置的从小道上去的伏兵。悬崖上面滚下圆木石头，他们只好四处逃奔，但依然边跑边打，官军人数不是很多，但有"势"，尤其是三股鼓噪穿插，遂喊声遍山野。暴民既离开了老巢又失去了地利，便大势已去。

官军乘胜追剿，攻破长富村、水竹、大重坑等几十处据点，杀了暴乱首领詹师富、温火烧等几千人，把遍布在山中的"贼洞"都捣平了。仅用了三个月，就彻底平定了盘踞漳南数十年之久的匪患。

二、破山中贼易，破心中贼难

正德十三年（1518年），王阳明赶往江西、广东两省平定反民。途中，他曾给弟子杨仕德写信说："破山中贼易，破心中贼难。"王阳明

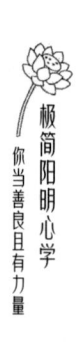

要表达的意识是，让我来平定民间暴动，是杀鸡用了宰牛刀，真正难办的是扫荡心中的邪恶。心中的邪恶之所以难除，是因为人们不以为那是贼。国事如此不振，人心如此不古，就是因为心中贼在作祟。人性本来是善良的，却因贼的盘踞而变了态。这个心中贼就是指我们心中不好的念头，能破除之就是孟子说的大丈夫。他这是在激励学生去进行艰苦的思想改造。人人都铲除了心中贼，则人人都是圣贤，社会就回到了羲皇上古、三代圣世。

相比之下，还真是属"山中贼"易破，"心中贼"只要你愿意也可以破，最难破的是"制度贼"，制度中的"贼"不是你愿意就能破得了的。"心中贼"会变成制度鬼，这个"鬼打墙"控扼了阳明一生。国家本来只是社会的工具，吏治也只是管理社会的手段，但是运作起来，国家和政治都成了目的，官成了"本体"。制度问题又大于官僚之间的虚与委蛇。真正的"贼"还是在制度之中，制度中有"贼性"才使"贼"与制度同生共长。"盗贼蜂起"就说明不但制度的性质有问题，而且状况也每况愈下了。缺乏社会公正与有效的教育，是产生民变的基本原因。"乱自上作"，是集权国家的普遍事实。至少，这个国家的状况该由垄断了所有政治、经济、文化资源的"肉食者"负责。

他再三哀恳皇上，又给王琼等大佬写信，请求把巡抚改为提督，以拥有治军的权力，迟迟没有回音。

磨到九月，上面才下达了至为金贵的上谕，给了他得以放手工作的权力。有了权力，阳明就有了能力。而一些庸才有了权力以后更显出没有能力。

漳南平了，他将重点转到南康、赣州。王阳明认为这一带的横水匪首谢志珊、桶冈匪首蓝天凤、浰头匪首池仲容相继各自称王，威胁极大，若窜入广东，形势更难平定。王阳明想攻打桶冈、横水，又怕浰头的人过来夹击。遂想办法稳住浰头这一边，他的第一个举措便是派人去招抚浰头人众。他真正的拿手好戏是攻心术。上次平漳南时，领着家属投降的人差不多都经阳明安置而复业了。他不愿意多事杀戮。他讲过，杀是为了不杀。历史上的清官最好的也就是这样了。

他给山洞里的暴民们送去牛、酒、银子和布匹，让暴民们的家属先暂时食、用。并写了封可入历代名札选的《告谕浰头巢贼》，大意如下：

本院以弭盗安民为职，一到任就有百姓天天来告你们，所以决心征讨你们。可是平完漳寇，斩获七千六百余，审理时得知，首恶不过四五十人，党恶之徒不过四千余，其余的都是一时被胁迫，于是惨然于心，因想到你们当中岂无被胁迫的？访知你们多大家子弟，其中肯定有明大理的。我没有派一人去抚谕，就兴师镇压，近乎不教而杀，日后我必后悔。所以，特派人向你们说明，不要以为有险可凭，不要觉得眼前人也不少，比你们强大的都被消灭了。

若骂你们是强盗，你们必然发怒，这说明你们也以此为耻，那么又何必心恶其名而身蹈实？若有人抢夺你们的财物妻子，你们也必愤恨报复，但是你们为什么将这些又强加于人呢？我也知道，你们或为官府所逼，或为大户所侵，一时错起念头，误入歧途。此等苦情，甚是可悯。但是你们悔悟不切，不能毅然改邪归正。

你们当初是生人寻死路，尚且要去便去；现在改行从善，死人寻生路，反而不敢。为什么？你们久习恶毒，忍于杀人，心多猜疑，无法理解我的诚意，我无故杀一鸡犬尚且不忍，若轻易杀人，必有报应，殃及子孙。

但是，若是你们顽固不化，逼我兴兵去攻打，便不是我杀你们，而是天杀你们。现在若说我全无杀你们的心思，那也是诓你们。若说我必欲杀你们，也决非我之本心。你们还是朝廷赤子，譬如一父母同生十子，二人悖逆，要害那八个。父母须得除去那两个，让那八个安生。我与你们也正是如此。若这两个悔悟向善，为父母者必哀怜收之。为什么？不忍杀其子，乃父母本心也。

你们辛苦为"贼",所得亦不多,你们当中也有衣食不充者。何不用为"贼"的勤苦精力,来用之于农耕、商贾,过正常的舒坦日子。何必像现在这样担惊受怕,出则畏官避仇,入则防诛惧剿,像鬼一样潜形遁迹,忧苦终生,最后还是身灭家破。有什么好?

我对新抚之民,如对良民,让他们安居乐业,既往不咎,你们已经听说。你们若是不出来,我就南调两广之狼达,西调湖、湘之土兵,亲率大军攻打你们,一年不行就两年,两年不行就三年,你们财力有限,谁也不能飞出天地之外。

不是我非要杀你们不可,是你们使我良民寒无衣、饥无食、居无庐、耕无牛。想让他们躲避你们,他们就失去了田业,已无可避之地;让他们贿赂你们,家资已被你们掠夺,已无行贿之财。就是你们为我谋划,也必须杀尽你们而后可。现在我送去的东西不够你们大家分,你们都看看我这篇告示吧。我言已无不尽,心已无不尽。如果你们还不听,那就是你们辜负了我,而不是我对不起你们,我兴兵可以无憾矣。民吾同胞,你们皆是我之赤子,我不能抚恤你们,而至于杀你们,痛哉痛哉!走笔至此,不觉泪下。

这简直像情书。情真意切,情到理到,根在阳明"意诚",才能这么酣畅淋漓得仁至义尽。只有坚持人性本善的思想家才能如此,写出这样的信,也是善良出来的能力。

这颗精神炮弹,很有作用。各山寨头领如金巢、卢珂等,他们率本部来投诚,参加了后来的战斗,尤其是卢珂。二是对暴民起了心理破坏作用,使他们思想动摇、精神涣散,且疑且惧,斗志瓦解。然而,唯独大匪首池大鬓见到阳明的招降书,不知真假,先等等看看形势再说。

金巢投降后,受到阳明的礼遇和"重用"——让他带领自己的几百个部下一起去攻打横水。正德十二年十月,王阳明一举荡平横水匪巢。横水既破,池大鬓紧张了,让他的弟弟池仲安投降,意在缓兵,刺探虚实。

他没想到这回攻是真攻，抚是真抚，不再是虚应故事、敷衍了事。

正德十二年十一月，王阳明又一举平定桶冈匪患。他知道这回该轮到他了。池大鬓一方面示意投降，一方面加紧战备。阳明何等人也，一套操作，池仲容就相信了王阳明，他领着93个小头目，皆凶悍之徒，来见王阳明。

王阳明派人将他们领到早已布置好的祥符宫，土匪们见屋宇整洁、堂皇，喜出望外，王给他们青衣油靴，教他们演习礼乐，察看他们是否悔改。经过一段时间的观察，察觉到他们终是贪婪残忍的歹徒，难以教化。又听到百姓痛恨他们，且骂他这样做是"养寇贻害""养虎贻患"。他才下定最后杀他们的决心，王让人在祥符宫大摆宴席，晚上潜入甲士，让他们喝到天亮，把他们送上了西天。

王阳明大伤其心，到了近中午时，还不吃早饭，心中悲痛，为自己不能感化他们而难耐烦恼，直到头痛大眩晕，呕吐一场。

但这不妨碍他早已做好了进攻三浰的战斗准备，并写好了发兵的告示。这也许就叫作感情不能代替政策吧。而且这次是他亲自带兵直捣大巢。诸路兵均按王的部署，如期而至。

池的营寨既无首领，又无防备，突然从天上掉下来这么多官军，自然惊恐，一番战斗后，他们乞降。阳明当然愿意少杀，并很快作为新民把他们安置了。

百姓心中有杆秤。他班师回赣州，一路上，百姓沿途顶香迎拜。所经州、县、卫所都给他立生祠。偏远的乡民，把阳明的画像列入祖堂，按节令礼拜。

五月还没过完，他便大功告成，这一带长年暴动不已的地方，被他用最低的成本平定了。他领导着文官和地方兵、乡勇完成了以往大部队完不成的任务。王阳明希望民众过上好日子，能够太平和谐地生活。武力不能解决根本问题。所以他稍事修整之后，即重建乡约制度，让德行好的"老人"教化那些性情不稳定的青少年，以贯彻"内治"为先的原则。

知行合一还贵在持之以恒。

至于他本人，毫无居功自得之意。他知道，横征暴敛是民不聊生的原因，民不聊生是民变迭起的原因。他向朝廷建议过几项减免租税的方案，但效果甚微。在庞大的帝国及其成法惯例面前，他这点微功、这个小官，等若轻尘，微不足道。

他自以为活儿干完了，便又向朝廷递了情真意切的辞呈——他祖母病危，他父亲也有病，想辞官回老家。等到十月，圣旨才下：所辞不允。此前，六月份朝廷提他为右都御史，赏赐让他的儿子为锦衣卫，世袭百户。他立即上疏辞免，十二月下旨不允。但真正落到他儿子正宪头上，是几年以后的事情了。

三、《传习录》与古本《大学》

正德十三年（1518年）王阳明47岁，刻印了古本《大学》和《朱子晚年定论》。他觉得这是比平匪戡乱要意义更大的"破心中贼"的实事，那一时的事情无法与这永久的事情相比。

所谓《朱子晚年定论》，是把朱与心学题旨一致的书信言论收集起来，称为朱的最后结论，与此相矛盾的话都是朱子也后悔了的错误言论。这是一招很"损"的以子之矛攻子之盾的"术"。阳明运用打仗的战术来解决学术分歧，不是一般学院派学者能想出来的做法。

阳明是让朱说王自己想说的话，以杜天下之口。然后把自己说成是与真朱子心理攸同的战友。

与此大好形势相配合，这年八月，他的学生薛侃在赣州刊行了老师的语录——《传习录》。这个《传习录》只是今天的《传习录》（上），包括徐爱记录的一卷及序二篇、和薛侃与陆澄记录的一卷。而《传习录》中，是嘉靖初南大吉刊行的阳明论学的书信。《传习录》下，则是阳明死后，钱德洪等纂辑许多学生保留的记录而成,未经阳明审定,所以显得有些乱。

《传习录》的刊刻流通,以及阳明完成的事功,都为阳明学做了"广告",一时形成四方学者云集的局面。这些远来求道者,一开始住宿于"射圃"——教练射箭的体育场,这里很快就容纳不下了,又赶紧修缮老濂溪书院,安置门人,并让门人冀元亨担任书院的主讲。冀元亨为王阳明的养子王正宪的家庭教师,但在重修濂溪书院时,阳明把他请到赣州。

当时,江西的宁王朱宸濠来信,向阳明请教一些问题。阳明让冀元亨解答,阳明早就看出了宁王篡夺皇位的野心,随后把冀元亨派到宁王身边讲学,目的是让他打探内情。

阳明也暂时无战事,得以专心与同学讲论"明明德"的功夫,指导他们以诚意、自信我心为本要的修养方法,把为善去恶的思想改造成日常的自然行为——这也就自然而然地把道德修养准玄学化了,它极形而上又极实用,既神秘又实际,能内向之极又外化之极,真诚至极又机变至极,高度恪守道德又相当心智自由,而离开感觉的表达无法再现心学的魅力。

第 9 讲

平定宁王

一、平定宁王

宁王为了夺取皇帝的宝座蓄谋已久。因为正德不与后妃同床，后宫那么多女人没有一个怀孕的。宁王想把自己的儿子过继给正德，但是正德太年轻，过继或让位都难确定。宁王的第二手准备是武装夺权，十年来重贿掌权宦官和大臣，网罗江湖死士。

他们夺权的第一步是制造舆论，让诸生、文官向皇帝上书称赞宁王贤孝，结果反而成了愚蠢的自我揭发。随后宁王又一番操作，更是让正德起了疑心，宁王没办法，只得加快了他造反的步伐。本来，宁王是想在八月十五日，全国举行秋试，大小官僚都为此而忙的时候，举大事。现在事急，提前举行。时值正德十四年六月十四日。

六月十三日宁王过生日，在南昌的所有官员例应往贺，事实上正经官都去了。恰巧此前福建因月粮（每月的兵粮）无法正常供应，福州的卫军爆发叛乱，巡抚福建御史程昌恳请王阳明率军前去平乱。兵部尚书王琼就让阳明去了。

王阳明奉命前往福州镇压叛军，六月初九自赣州出发。幸好他刚离开，否则他也得去为王爷贺寿（因为宁王是主子，他们不管官多大也是奴才），也得像其他官员一样被宁王当场扣押。

宁王胁迫所有官员服从他，他声称是奉太后密旨，让他起兵监国。

他立即杀掉不服从的都御史等大官，把其余的巡抚三司府县大小官员或监禁或押着去衙门办公，将各衙门印信尽数收起，重新任命了一批官员，库藏搬抢一空，在押的犯人一律释放。他早已储养的死士有两万，招诱的四方歹徒万余人，举事之日，宁藩卫所的军士正式出动，总共六七万人，号称十万大军，声言以迅雷不及掩耳之势直取南京。

王阳明平朱宸濠的关键是攻心奇谋，王阳明一系列行间、用诈、布疑、伏击、袭击的先发制人之谋使他虽处绝对劣势却以出人意料的速度建立了不世之功，从而成为世人和后人叹服的"儒者之用"的奇观、典范。《明史》说："终明之世，文臣用兵制胜，未有如守仁者。"

王阳明十五日走到丰城县（今江西省丰城市，下同）界，典史先报告，接着知县又报告：宁王反了。他让丰城县官员大造进攻南昌的声势，让知县找亲信戏子入省城，先给他们百金足以安置其家人，然后把阳明写的"两广机密火牌"缝入他们的衣服中，仔细嘱咐他们被宸濠捉住后怎么说，还怕宁王不寻找这几个间谍，"捉、放"了宁王第一军师李士实的家眷，让她"见证"了阳明与各路勤王部队的联络过程后，假意要把她押上岸斩首，又故意留出空档让其逃走。李的家属火急逃到南昌报告宁王。阳明让丰城知县搞了一个迎接"两广火牌"①的入城式，生怕宁王不知道。宁王下力气搜查捉住了间谍，仔细审问，"果生疑惧"，不敢轻出。

由于临江府离南昌太近，江面太开阔，王阳明打算先返回吉安府，希望能在吉安制定战略部署，暂且牵制住宁王。

王阳明十八日入吉安府的第一件事，是立即给皇帝上书言宁王反事，只等朝廷命令一到，便出兵平叛。在上奏的同时，王阳明也向管辖之下

---

① 这里是指朝廷已派遣两广军务都御史密于两广各地起调兵马，"带领狼达官兵四十八万齐往江西公干"，"仰沿途军卫有司等衙门，即便照数预备粮草，伺候官军到达日支应。若临期缺乏误事，定行照依军法斩首"。

的诸官厅报知了朱宸濠谋反之事，阐明大义，整顿备战。

王阳明怕宁王派人把自己的老父抓起来，赶紧派专人去通知家人躲避。朝廷接到了阳明的飞报，在兵部尚书王琼的主持下，下了多道诏书，先褫夺宁王的合法地位，后调兵勤王。

王阳明立刻发出多篇公文，向所管军官司通报了宁王叛乱的情况，阳明还假写各种报帖，主要有《迎京军文书》《兵部公移》，大概意思是：朝廷有密旨，让两广、湖广都御史暗伏要害地方，以待宁蕃兵至。准令许泰领边军四万，从凤阳陆路进；刘晖领京边官军四万，从徐淮水陆并进；王守仁领兵两万，杨旦领兵八万，陈金领兵六万，分道并进，刻期夹攻南昌。必须一举并举，不能打草惊蛇。这些信息王阳明派人想方设法投递专送。果然动摇了宁王同党的人心，鼓励了"效义之士"。

还有隐蔽的反间计：他伪造了宁王部下的投降书，尤其是宁王倚重的大贼闵念四、凌十一的投降书，一时附顺了宁王的其他土匪"人心动摇"。最漂亮的一笔是他专门给李士实、国师刘养正写回信，感谢他们"精忠报国之心"。派他们家乡的人送过去，这两个谋士互相猜忌、拆台，宸濠怀疑了他们，不肯用他们的谋略。如果像当初迎国师那样言听计从，王阳明就不会得手了。

王阳明还分别给被宁王控制的官员写信，让他们随机应变策应大军攻城，给已经附逆了的官员写信，表示只要反戈既往不咎。陆陆续续、纷纷扬扬的各种消息、密报、告示，弄得宁王六神难安，觉得似乎已经众叛亲离。

有接受王阳明的号召开始反水的，王阳明对前来响应他的下僚说："朱宸濠有三个选择：上策直捣京师，北京方面没有准备，很可能逆转乾坤；中策突袭南京，长江沿岸血流成河，南北对峙，或未可知；下策据守南昌，坐以待毙，等朝廷大军一到，覆灭只是时间问题。"所以，他颁发那么多诏书、密旨、敕令就是为了把宁王"留"在江西。

有人问：这样管用否？

阳明说：不论管用不管用，且说他怀疑不怀疑？

答：难免不疑。

阳明说：只要他一怀疑，就成了。

宁王以为朝廷这样严阵以待，出击会不利，遂留兵南昌以观变化。等到七月三日，才看出都是假的。这才开始出兵，想一路打到南京去。留下一些人守南昌。这个呆王已失去了宝贵的战机。而阳明却赢得了充分的调集人马粮草的应战时间。阳明用一支笔迤逗宁王错失了初机。

当时，叛军已占据南康、九江，正在攻打安庆。有人主张在江上与宁王会战，南昌必难攻打。阳明认为江上会战必败，应该打南昌。因为宁王攻安庆精锐已出，南昌必然空虚。攻南昌，"恋巢"的宁王必回兵来救南昌，到那个时候他已拿下南昌，敌人听说老巢被占，必然会士气大减。

若越南康、九江直趋安庆去会战宸濠，貌似堂堂正正，然而只能败事有余，因为兵力不及对手的十分之一，敌人必然回军死斗，就腹背受敌，且是与敌精锐作战，凶多吉少。而直接攻打南昌，在兵法上是避实就虚，在心法上是先夺其大，对叛军和附逆的人造成极大心理打击，在政治上对稳定大局的作用更大。

阳明料定敌人必然分几路回援南昌，相应地布下埋伏，围点打援把叛军"切割包装"。宁王几乎是完全按阳明的安排行动，他刚刚留万余人守南昌，大军出动，得知南昌吃紧，立即抽兵两万回救。

阳明十九日大誓各军，他说我没有宁王那么多钱，动辄赏赐千万，我只会给你们美好前程。王阳明的可用之兵的基干是各县以百为单位来响应的衙役捕快，然后是响应勤王号召的义勇，真刀真枪地打过仗的是他前些时招安过来的"新民"，他倚重的知府、通判、知县、典史各领三四百人，分头去拔除外围据点、打伏击等等，这几哨人马纷纷得手，宁王的溃军回到南昌，南昌守军人心溃散，眼前的军事状况验证了此前的一系列政治广告，这座围城没了众志成城的气概就是一座浮桥了。

二十日凌晨各路攻城人马到达指定地点。阳明下令："一鼓附城，二鼓而登，三鼓不登诛伍，四鼓不登斩其队将。"此前，他早已派人潜入城中，告谕百姓，勿助乱，勿恐畏逃匿，无论有罪无罪只要弃恶从善，皆我良民。早先接到他信件的附逆官员都已准备投诚。宁王准备好的滚木、灰瓶、火炮、机械都因人心"震骇夺气"而无所用之。宁王还曾给省城之人"银二两米一石"，希望他们与守军一起保卫城池。

所以，攻城容易得有点让"说书人"扫兴，守城的基本上是闻风而降，有的城门不闭，"倒戈退奔"，官军几乎是长驱直入。宁藩府邸一片火起，阳明令各官分道救火，解散胁从，封存府库，重新查核各衙门的官印、信牌。最突出的举动就是抚慰安民。安民的难点在管住进城的队伍，攻城的主力多是赣州"新民"，即当年的土匪，他们骁勇善战，但杀人成性，这回可以合法地过一把杀人瘾，也是抢劫的好时机。他们不遵守纪律，民被杀伤者甚重。阳明将几个嚣张的立即斩首，才将这股邪风遏止住。这一切，后来被那些京官和宦官们说成"纵兵焚掠"。

阳明打开粮仓，救济城中军民，安慰宗室人员。张贴告示：所有胁从人员只要自首，一律不问；虽受伪官爵能逃归者，一律免死；斩贼归降者给赏。并且让内外居民乡道人等四路传播。这个攻心战又发挥了巨大作用。对于有可能成为宁王反攻内应的王爷，阳明亲自上门抚慰。南昌城已经不再是宁王的"家"了。

阳明在紧急征调、部署粮草兵力、呼吁四处兴勤王之师，从两广请狼兵的忙碌之余，却让人写数万余免死木牌。学生问他：写这些干啥？阳明笑而不答。

二十二日，宁王本来正在督兵填安庆城前的壕堑，但转而亲自领兵到了沉子巷。阳明问部下，计将安出？多数人主张贼势强盛，宜坚守不出，徐图缓进。阳明独以为不然，他主张主动进攻。在战术上，他又是相当谨慎的。因为手底下没有正规的京军或边军，只是些偏裨小校，他只有到处设疑，显得官军广大无数。那些知县一级的官员正好领着百八十人去"张疑设伏"，知府一级的领着五百便是"大军"了。

吉安知府伍文定正面迎敌，采取调虎离群之计。二十四日，敌兵鼓噪乘风进逼黄家渡，伍文定按照阳明的指令，顺水漂下早已写好的免死牌，免死牌上书一行小字："宸濠叛逆，罪不容诛；胁从人等，有手持此板，弃暗投明者，既往不咎。"于是伍文定装作败逃，水上漂满了这种免死牌。因为宁王的奖赏相当诱人，宁王军还是有来追赶官军的，更有去"争取"免死牌的。结果他们的船队前后脱节，有了可乘之机。伏兵横击，伍文定反攻。敌船溃乱，退到八字脑。宁王恐惧，厚赏勇者，又调集守九江、南康的兵过来助战。

思维虚灵的王阳明，又"随机运变"，决定乘九江、南康空虚，分兵取之。这可以叫"围援打点"了，这样大纵深反穿插，进可以使宁王成为孤旅，退可以与宁王相持打持久战，关键是让宁王出不了江西。

二十五日，宁王并力挑战，官军败死者数百人，飞报阳明，阳明传令"立斩先却者头"，伍文定立在火炮之间，胡子被炮火烧着，不动半步，士兵又转而死战。士气复振，战况转变。终于一炮打中宁王的副舟，宁王兵乱，跳水溺死者无数，官军反击，杀、拿叛军两千多。这一仗决定了胜负。

当伍文定等人鏖战时，王阳明坐在都察院中，开中门，与学生、朋友只管讲心论性，讲如何既顺性又合大道之类。每有报至，当堂发落，包括像"立斩先却者头"这样的"指令"，然后神色不变地接着讲学。

宁王退到八字脑，问停舟何地？部下对"黄石矶"。南方人的"黄"读作"王"。宁王恶恨其音为"王失机"，杀了对话的人。他在名叫"樵舍"的地方，将所有的船连成方阵，把所有的金银拿出来大事赏赐将士。

当先者，千金；受伤者，百金。但有人还是逃跑了。王阳明准备了火攻的应需之物，令队伍从两翼放火，然后火起兵合，围而歼之。

二十六日早晨，宁王还在整顿自己的军队，阳明的大军已经四面围定，火、炮齐发，宁王的方阵七零八落，溃不成军。宁王与诸嫔妃抱头痛哭，她们与宁王洒泪而别，然后头朝下，跳入水中。宁王和他的世子、宰相、元帅数百人被活活捉住。

此时，阳明还在都察院讲学，讲《大学》的主脑就是"诚意"。忽有人来报：宸濠已被擒。众皆惊喜。阳明颜色无稍变，还是那么平静地说："此信可靠，但死伤太众。"说完，又接着讲他的《大学》。旁观者无不叹服：其心存如海，其心不动如山。

知县王冕押着前宁王一干人回到南昌。军民聚观，欢呼之声震动天地。

他见到阳明后说："王先生，我欲尽削护卫，请降为庶民可乎？"

阳明说："有国法在。"

前宁王低下头。过了一会儿，抬头对阳明说："娄妃，贤妃也，投水死，请安葬她。"阳明立即派人去找，见周身用绳子捆了个密匝匝，怕乱中蒙辱，自我保全。这位大儒娄一谅（曾告诉阳明圣人可以学而至者）之女就这样结束了自己的生命。

二、威武大将军

这么多人卖命保江山，江山之主却视江山如戏院。正德皇帝身边的一帮小人整天想的就是如何给皇帝找乐子。所以他们提议，让正德自封为"威武大将军"亲征平叛。许多人为谏止这位大将军南巡而被打了板子。这支比宁王合法但让百姓遭殃的军队，浩浩荡荡出了北京城。

刚到良乡，王阳明报上奏凯的捷报。"威武大将军"再三禁止发表捷报。奏凯一旦发出去，便师出无名了。多么好玩的事情，半途而废了，憋屈死了。真是宁叔玩得，我就玩不得！

王阳明声泪俱下请正德爷赶快回銮：当初贼举事时就料到大驾必亲征，早已预伏亡命徒，想再来一回博浪击秦车、荆轲刺秦王。按正理也应该把反贼押到奉天之门前正法，哪有皇上来迎接他的道理？

那些想立功、想南巡游玩、发财的边将和宦官说：这不正说明余党未尽吗？不除后患无穷。阳明的部分学生说：他们是想在路上害死正德。还有一说：他们拿了宁王的大钱不得不回报阳明以"泄毒"。

八月小阳春，皇上想也是机会难得，于是军队继续浩荡前进。

宁王这种贼好平，正德以及包围着他的那些宦官和思想上的宦官，他们的心中贼是永远也平不了的，即使推翻了他们，消灭了他们的肉体，那种心中贼照样生长在一代又一代的皇帝和宦官心中。而皇帝和宦官的特权使他们不可能接受任何的思想改造，阳明的心学再是灵丹妙药也治不了这一号特权人士的心中贼。任何理论都有其限度，阳明诚意万能论也只是能诚予人、而不能使人诚。他每次奏疏都在"教"皇帝，然而徒增反讽。

现在，他除了处理许多具体事务之外，就是给皇上写一系列奏疏，上疏求免除今年的江西税收，因为宁王曾经下"伪诏"免除百姓的税以争取民心，王阳明也不得不在张贴各种告示时向民众许诺免除今年的税，并立即申报于朝廷，但是朝廷就是不予答复。夹得王阳明里外不是人。他提拔、安置官民的种种诺言都得不到落实。他四处下书，朝廷也号召勤王，等到已经平完叛军，只有一支福建的勤王之师出动，王阳明还得赶紧回谢人家"别再跑了"，同时还惦记着本来要他去平的那股叛军的事情。真可谓苦心孤诣，事实上统统是热脸贴到了冷屁股上。他必须全力"善后"，将方方面面都妥当安排，他只任良知而行，良知就是这种责任感、正义感。

三、忠而被谤最窝囊

九月十一日，他不管"威武大将军"的钧旨，从南昌起身向朝廷献俘。此前，皇上曾以"威武大将军"的钧牌派锦衣卫找阳明追取宸濠，阳明不肯给。

张忠、许泰想把宁王再放回鄱阳湖，等着正德亲自捉拿他，然后奏凯论功。连着派人追赶阳明，追到广信，阳明乘夜过玉山、草萍驿。他与在杭州等着他的张永接上了头。

张永本是刘瑾一伙的，后来除刘瑾立了大功，是"后刘瑾时代"的核心人物。他知道张忠、江彬、许泰等人都曾得过宁王的大好处，现在又想夺阳明平乱之功，阳明不与他们配合，他们便反过来诬陷阳明初附宁王，见事败，才转而擒之以表功，把他们的实情转成了阳明的实事——若无良心，更无施不可。

王阳明对张永说："江西的百姓，久遭宸濠的毒害，现在又经历这么大的祸乱，又赶上罕见的旱灾，还要供奉京军、边军的军饷，困苦已极。再有大军入境，承受不住，必逃聚山谷为乱。过去助濠还是胁从，现在若为穷迫所激，天下便成土崩之势。那时再兴兵定乱就难了。"

张永深以为然，默然良久，然后对王阳明说："吾这次出来，是因群小在君侧，须调护左右，默默地保卫圣上，不是为掩功而来。但顺着皇上的意儿，还可以挽回一些，若逆其意，只能激发群小的过分行为，无救于天下之大计矣。"

阳明看出张是忠心体国的，便把宸濠交给了他。然后，说自己病了，住到西湖旁边的净慈寺，静以观变。

张永对家人说："王都御史忠臣为国，现在他们这样害他，将来朝廷再有事，还怎么教臣子尽忠。"他赶紧回到南京，先见皇上，全面深入地讲了事情的真相，并以一家的性命担保王阳明是忠君的，并反映了张忠等人欲加害他的阴谋。要没张永的暗中保护，前宁王的囚车队里还会多一辆装王阳明的。

忌恨阳明的还有大学士杨廷和。他基本上是个好官，但恨阳明在历次上疏中，把功劳全归功于兵部王琼尚书，没把他这个宰相放在"英明领导"的位置上，生怕王琼、王阳明因功提拔，成了他的掘墓人。他从自己的角度参与了排挤阳明的大合唱。还有一个大学士费宏，对阳明平宁王一案百般苛察。

张忠又对皇帝说："王守仁在杭州，竟敢不来南京，陛下试召之，必不来，他眼中就根本没有皇帝。"

张忠为什么这么有把握呢？因为他屡次以皇上的名义召唤阳明，阳明就是不理睬他，所以他觉得这样能坐实阳明目中无君的罪名。他没想到张永派人告诉了阳明实情。所以皇上一召，阳明立即奔命，走到龙江，将进见。张忠自打了嘴巴，便从中阻挠：来了，偏偏不让你见。

一个叱咤风云的英雄受这种窝囊气，是个什么滋味？他此时的《太息》诗影射群小像乱藤缠树一样、要将树的根脉彻底憋死，自己后悔自己把心力、精力都徒然掷于虚牝之中了。

阳明的祖母已经死了，没能为奶奶送别是他的"终天之痛"。现在，他父亲也快让他再抱一次"终天之痛"了。他已经前后多次乞求回家看看，现在贼已平，皇上也忘了当初"贼平之日来说"的话头了。家天下的要义就是只有一个人活得像个人，别人活得都得像条狗。心学大师碰上这狗逻辑，也只能恨不得肋下生双翼、飞回古越老坟地。

他在上新河，半夜里坐在河边，见水波拍岸，汩汩有声，深愧白做了一世人，活得这么窝囊，比屈原还冤枉，他也有了死的心思，想回归到大自然之中，获永久的平静。人生最难受的是蒙受诬陷，忠而被谤、信而见疑，他从正德这里领受这种命运是花开两度了。上次廷杖下狱，他微不足道，这次，他是刚立下显赫之功的地方大员，还是这么微不足道，像丧家的乏走狗一样摸门不着,苦情无处诉。他对自己说:"以一身蒙谤,死即死耳,只是老父怎么办?"他对学生说:"此时若有一孔可以背上老父逃跑,我就永无怨悔地一去不复返了。"

这是一时气话,假若当时可以有出国一条道的话,他也不会像后来的朱舜水、康有为那样出国的。

他哪里也去不了,回到了江西,因为张忠、许泰他们以清查宁王余党的名义,领大兵进驻南昌,军马屯聚,日耗巨资。他们好像是为宁王来报仇的,对真正的跑了的宁王余党,他们并没有多少兴趣,他们是专门来清查阳明"通濠之罪"的。

当地的官员有的望风附会,帮助他们打击阳明。他们当着阳明的面抓走了冀元亨。他们派兵坐在衙门前肆意谩骂,公然在大街上寻衅。阳明丝毫不为所动,务待之以礼。张忠、许泰领来的北兵是来发财的,不是来保护百姓的。阳明让城区百姓避难,只留下老年人看门。

张忠、许泰他们回到南京正德皇帝的身边,继续诋毁阳明。他们在南昌也调查出"不少"阳明与宁王相勾结的证据:一、宁王曾私书"王守仁亦好",证人是湖口一知县;二、派冀元亨往见宸濠。在日后持续纠弹王阳明的奏章中又加上了4条;三、王也因贺宁王生日而来;四、王起兵是因伍文定等人的激励;五、破城之时纵兵焚掠,杀人太多;六、捉宸濠有一知县即可,王的功劳没那么大,他的捷报过于夸大。

这真是人无良知则无所不用其极,想说什么就能说出什么来,奸臣当道,忠臣被害,庸人执政,精英淘汰的桩桩惨剧就是这么搬演出来的。屈原的悲鸣、岳飞"天理昭昭"的浩叹再一次奏响。

正德十五年(1520年)正月,阳明想去面君,既想为自己剖白,更想劝皇上返回大内。他怕皇帝在外遇刺,也怕京城内发生政变,事情既出就有一必有二,宁王如同万物不孤生。皇上可以不在乎他王阳明,他王阳明是必须忠君体国的。

这回，是在家赋闲的前大学士杨一清把他阻止在芜湖，不准他晋见。皇帝南巡在杨家住过之后，杨就随着皇帝一起活动。杨一清的能力和品质都是官僚队伍中的上乘人物，他与王华有交谊，王华死后他写了《海日先生墓志铭》，此前接连提拔阳明，后来他觉得阳明站到王琼那一伙去了，阳明每次上疏都将功劳归兵部，他抵制王琼，便参与到排挤阳明的大合唱中。

当素称正直的人与本来就邪恶的人连起手来对付高超的人时，高超的人便无法招架了。三个大学士与那些宦官、边将联合起来打压他，他的大功，便被"瓦盆"盖起来了，一盖就是六年。而且还有人要把他打成叛党、奸党，把他的学说定为邪说。

皇帝继续在南京潇洒，阳明则悬着、吊着，品尝效忠皇上的罪过，终日忧心忡忡，还怕皇上有个三长两短，总想找办法感动皇上早日回京。向皇上进言，皇上看不到。想跟皇上谈谈，见不着。他真觉得人若没有了良知，便还不如狗。那些权力中人被权力夺了"善根"个个人情似鬼！

这次构陷阳明的罪名有一项成立，就得满门抄斩："暗结宸濠""目无君上""必反"。事实上他已处在最危险的"君疑"境地。他当然知道个中利害，才空前地悲观绝望。他的《江西诗一百二十首》透露了他真实的处境和心情。

他无可奈何，上了九华山，他性本爱山水，常说"生平山水是课程"，与山水亲融是他的内心生活（心学一个重要维度是联通自然以落实心物一元）。这次，不管前提怎样，他一旦重返大自然，便又恢复了早期经验中养成的"道家"调门的生命意识，他真后悔误入歧途——当什么鸟官！尽管前不久，他听说湛甘泉等几个人在闭关修道，还说他们在浪费大好时光，是嫌他们那样隔断意义结构、生存尺度太单一了。

现在，他受了捉弄，又后悔自己步入了昏浊狭隘的仕途——这是另一种意义结构的中断，他不愿意自断意义生成之路，但是人家就是要你

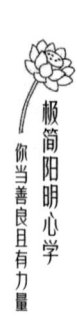

断啊。

这次上九华山留诗很多，但诗心不静，诗艺难高。一些拐弯抹角的牢骚，显得既无聊又可怜。这个报国无门的"豪杰"除了一再表示"初心终不负灵均（屈原）"外，就是大喊："平生忠赤有天知，便欲欺人肯自欺？"把意义的落点放到皇权那边，当然必受作弄。明朝的皇权是空前专制的，已经全然没有了汉唐天下国家的意蕴。他上九华山最大的收获是得遇周经和尚。

此番上山是否本身就是一种政治艺术呢？大约是，又未必全是。据《年谱》说，他此举是为了向皇上和抢功的人证明他不是要造反的人，只是个学道之人。皇帝派人来暗中监视他，见他"每日宴坐草庵中"，才对他放了心。这种说法有点过于政治化的"玄"。从时间上紧接着的是：朝廷让他巡抚江西。算白忙乎，他原地不动，既没有被提拔上去也没有被贬黜下来——还得感谢皇上圣明。

九华山哪样都好，就是没有政治舞台，阳明生命中更强的指向是政治，他有隐逸气，但更有功业心，他还得去安顿江西百姓呢。他从山上下来，就到了九江。他要加强武备，以防再度变乱。他认定一条：天下不能乱，一乱百姓就遭殃。他在九江检阅了军队。

这个时期，用他自己的话说：良知二字已含在他舌下，快要迸出来了。而且过了没多久果然就迸出来。他后来说是靠着良知度过这次空前的灾难的。所以，也可以说，良知是他内在的圆圈——太极。当圆圈变得圆如太极时便本体与功夫一体了。

那些包围着皇帝的佞臣，居然想愚弄天下，说是他们平定的叛乱。于是令阳明重上捷音——战役总结报告。阳明只得加上江彬、张忠这些人的大名，让他们也"流芳百世"，这才通过了、批准了。宸濠已就擒一年多了，才名正言顺地成了俘虏。冬十月，皇上从南京班师回朝，十二月，到了通州，赐宸濠死，焚其尸。勾结宁王的宦官钱宁、吏部尚书陆完等都被清除——这场清洗与历次清洗一样，也有冤枉的，也有该有事反而最后没事的。

正德十六年三月，这位潇洒的皇帝不知怎么就走完了自己的人生路。铁打的朝廷流水的皇帝，阳明还得继续效忠下一个。

四、为冀元亨申冤

宁王被抓后，说："王阳明曾经派冀元亨来我这里。"张忠、许泰大喜，他们想借此事反咬阳明。专门捉拿冀，在阳明的眼皮底下抓走了他。抓冀是为了陷害王阳明。

冀在狱中备受拷打，然而一句软话也没有，坦然自若如在学堂一般。一般人会遗憾阳明派错人了：宁王怎么会被他说动？他又能探出什么虚实来？到了这个地步才看出阳明派对人了，如果派一个见风使舵的人，迎合钦差，王阳明就真成了宁王余党了。

湖南省的官员接到上级指示到武陵县去抓冀的妻子李氏。李氏与她的两个女儿都不害怕，李氏说："我丈夫尊师乐善，岂有他哉？"在狱中与女儿照常织布纺麻。最后换了皇帝后，冀的冤枉得以昭雪，狱守放李氏出来，李氏说不见我的丈夫，我哪里也不去。司法官员知道她贤明，不纺织时，就念《尚书》、唱《诗经》，意态安详，以为奇，要求见见她。她毅然谢绝了。司法官员便来看她，她还是照样穿着囚服、纺织不辍。官员问她丈夫的学术，她说："我夫之学不出闺门衽席间。"闻者惊叹且惭愧。堂堂《明史》专录了这句妇道人家的家常话。这句话的确很好地概括了阳明学在日常生活中炼心的特征。冀也诚实地体现了这一特征，他平时以务实不欺为主，谨于一念之间：绝不苟从！

那些宦官把他押到京城锦衣卫的监狱。加以炮烙酷刑，但他宁死不屈，屈打成招的事情不会发生在真正的心学信徒身上，他不能窝囊自己，更不能诬陷老师。心学讲究在事上炼，越是在生死存亡之际越要提住心——重良心，轻身累。

宦官在抓冀元亨的时候，王阳明一声没吭，或许还签字配合抓捕。这时"官体"大于良心了。他有想证明自己清白的私心。心中有此一物，便失去了"智的直觉"。他要拍案而起：你们别抓他了，抓我吧！会怎么样呢？其实并不会怎么样，没有朝廷的旨意，宦官并不敢把他怎么样，要是能怎么样早就直接抓了，还会这么费周章？当然，阳明暂时保住了自己的官位。后来，阳明终身不提平宁王事，当然有很多难以言说的隐情，自然包含着对冀元亨的愧疚。

阳明公开《咨六部伸理冀元亨》，他的学生分布在各部，起而附议、为冀鸣冤，但无济于事。直到换了皇帝，冀才出来，出来后五天，就告别了这个他以极大的善心来面对的世界。这个学做圣人的学生，从主体意志实现的角度说，学成了。

五、为父守坟

六月十六日，嘉靖的新朝廷下了圣旨，让他火速赶往京城。

这正是他所期望的，"天理"也应该如此。他立即收拾起身，二十日开拔，以他的耿耿忠心和旷世奇才，早就盼望着这一天，包括前些时受窝囊气，能忍下来，也是想到朝廷终要起用他——他说良知就是在勃然大怒时能忍下来，在激动兴奋时能平静下来。他果然做到了这一点，而且眼下看来，前些时日的忍算是对了。

他走到钱塘，阁臣杨廷和、费宏等人指使言官上书制造舆论，什么国丧期间不宜行宴赏呀，新政期间国事太忙呀，纯粹是制造出来的理由。这种舆论是人造的，对于更有力量的人来说，它屁用没有。

现在，他没有年轻时候的情绪反应了。他淡定得让阁臣们泄气，他们想以此打击他，却一拳打在了空气中。阳明曾教皇帝要赏罚及时，如今他尝到了，迟到的赏赐本身就像吃隔夜的凉菜。他对荒诞的政界、成年人的谎言无动于衷了。王阳明上疏恳乞便道归省，朝廷准令归省，给了他一个南京兵部尚书的虚衔。

九月，他回到余姚祭扫祖坟，大半生已过，他也快回来与祖先为伍了。任何道术都不能让人不死，圣人也只能追求精神不死。

他回到瑞云楼，指着藏胎衣的地方，老泪纵横。

阳明25岁时，钱德洪也出生于这个瑞云楼，得知王阳明回乡，钱德洪率侄儿和一些求学者"集体"皈依王门。钱德洪早就知道王在江西讲学的宗旨，想入门为弟子，但家乡的一些老人还记着王小时候的淘气事，反对钱这么做。大儒来到身边，钱德洪力排众议，毅然入门下。第二天，有74人同时投入王门。

阳明在老家的日子主要是：与宗族亲友宴游，随地指点良知。古越一带胜地颇多，今日游一地，明日游一地，像朱子格物一样。

正德十六年十二月十九日，嘉靖皇帝下诏封他为新建伯——明朝规定平过大反叛的才封伯，特别卓著的封侯。还有其他头衔：南京兵部尚书兼光禄大夫、柱国，岁支禄米1000石，三代并妻一体追封，给予诰券，子孙世世承袭。

诰命是派行人——专门的官员送达的，那天，正是王华的生日，亲朋咸集。当初，王华早就预料到宁王必反，曾在上虞的龙溪买了地方，准备避难。听到乱起的消息时，说阳明已被害。有人劝王华去龙溪，华说：我当初是为老母做准备，老母已不在，我儿若不幸遇害，我何所逃乎天地间？并告诫家人镇静。等阳明倡义，有人说宁王必派人来祸害，劝华躲避，华说我要年轻，就去杀敌了，现在，只有共同守备以防奸乱。乡人见华宴然如平居，人心安定。

后来，正德南巡，奸党诬陷阳明，危疑汹汹，旦夕不可测。当地的小人乘机作乱，来家里登记财产牲畜，像即将要抄家似的。姻族皆震恐，不知怎么办好。华平静如常，日休田野间，但告诫家人谨出入、慎言语。现在终于等来公正的评价。次年二月十二日，朝廷追封三代的正式通知下达，他让阳明弟兄赶紧到门口迎接，说不可废礼，听到全部仪式完毕，他偃然瞑目而逝，享年77岁。

阳明诫家人勿哭，抓紧给父亲换入殓的衣服，将内外各种发送的东西准备齐全，才举哀。他则一恸而绝。准备齐全是顾全大局，一恸而绝是一本性情。阳明能把这两种"方式"集于一身。

这回可帮了阁臣的大忙，阳明必须按规矩在家待三年。这三年足够他们消除阳明成功的影响了。他们将阳明的战役总结报告做了删削，又有人弹劾王学为伪学，建议朝廷禁止王学的传播。

送走父亲，一恸而绝，再加上朝廷不断地用各种方式加以刺激，他心劳力瘁，大事已了，就顶不住劲了，终于卧床躺倒。

他也确实在病中，而且他一直认为：只要每个人立了学做圣人的志向，就完全可以从孔孟那里得到真理。所以他请慕名而来的人回去自修：我王某充其量不过有点荧炬之微光，有日月之光明的是孔孟之遗训。阳明吹灭了自己这把纸烛，让新生去找真正的光源。

这样一来新生越来越多。他的菩萨心使他不忍辜负，他遂有层次地接见学生。渐渐康复后，又像过去一样与学生一起活动，随地指点良知了。

讲学是他现在唯一的事业，他的教学艺术更加出神入化了：或语或默，都是"盘活"心中一念的机缘；举手投足，皆是调教心地的入机之处。让学生体验日见"精明"、调出超越的精神状态，每个人都给自己安上"反光镜"。

时光荏苒，到了嘉靖二年（1523年），阳明除了讲学就是亲近自然，已然"胸中无事"，陶然忘机，真能泰然自处了。

从嘉靖三年开始，阳明空前地忙了起来，因为开始有大批的学生从江左江右、山南海北而来，把古越城区的寺院都住满了，夜无卧处，轮换着躺一会儿。在南镇、禹穴、阳明洞到处住着来求学的同志。阳明每开讲座，前后左右环坐而听者，常常数百人。每次讲完，学生无不跳跃称快。

心学讲求情感深切动人，阳明又通达无碍，机锋犀利，还有诚挚感人的艺术家气度，自然会融化出一种强烈的"情感场"，让听讲的人获致感性的满足、精神改变。

阳明能将来问学的人讲得忘乎所以是因为他的教学艺术已达"感召之机、伸变无方"的化境。阳明单是作为一个教育家，也已在教育史上占了醒目的一页。

许多学生到了一年多了，阳明还记不住名字。这是他讲学的顶峰期。他的文章事功在传播缓慢的古代也终于传播开来。每个来求学的人都是广告，所以雪球越滚越大。他的大弟子也有独立办学的了，对扩大王学的影响也起了巨大的推动作用。

嘉靖四年九月，他回了老家余姚，建立了一个制度，就是在龙泉寺之中天阁，每月以朔（初一）、望（十五）、初八、二十三为期，聚会讲论。

这个中天阁后废为庵。清乾隆年间改建为龙山书院，后又不断重修，现为文献馆，收藏着阳明的家书等文物。

还是嘉靖四年，阳明的学生在越城区之西郭门内、光相桥东建立了阳明书院。

嘉靖四年，广西田州（今百色、田阳、田东）的土司岑猛屡次侵犯邻部，又不听征调，与汉族政权作对。朝廷派都御史姚镆去征讨。用了一年多时间，姚镆攻杀岑猛，田州改设流官。朝廷也论功行赏完毕。但岑的余部卢苏、王受等复起。姚镆又纠集四省兵力征讨，许久不见效，被巡按御史"论"了一本。朝廷决定派新的能员摆平此事。

桂萼本来不同意用阳明，碍于张璁的面子，勉强委派阳明总督两广及江西、湖广军务，给他处置事变的全权：该剿该抚，设流官土官，随宜定夺，还要处理前任的功过。最后叮嘱了一句：不许推辞。

阳明还是推辞，上了一封情辞诚挚的谢绝书，说自己痰疾增剧，若半路死了，就坏了国家大事。而且土官仇杀，其势缓，不像土匪啸聚时刻都在涂炭生灵。他建议朝廷委姚全权，给他时间。朝廷把这视为一种要价。很快就让姚退了休，敦促阳明尽快上路。

他并未朝闻旨意连夜出发。前些时日，有人弹劾王华生前曾收贿赂——他主动交出来就正证明他收了；他是被迫退休的，不能按大臣的待遇追祀。最扎心的就是那么多推荐王阳明入朝入阁的，皇帝就是不允，反而派他去最南边打仗！他的讲学事业规模日起，他一向所追求的并为之奋斗的用心学代理学的事业刚刚有了眉目，如果出征，身体会出情况，一旦为国捐躯，他的学说会在传播中先俗后杂。但是，这个一心救时济世、经世致用的人又不甘老死牖下，他毕竟才56岁。

六月下的委任，他八月才决定出征。九月初八，他离开山阴——永别了山阴。对于即将处理的广西政事，他自然是一点也不愁。但，他那个不满一岁的小儿子，还有那个在他家尚未站稳脚跟的张夫人，肯定是他的愁肠。嘉靖四年正月，没有生一男半女的诸夫人卒。

第 10 讲

"岩中花树"与"天泉证道"

一、王阳明"岩中花树"典故的由来及含义

丁忧居越讲学这五六年的日子是上天给他的报偿。功也建了，学说也成立了，学生也云集。他其实对官场朝廷看得也差不多了，也没有太大的幻想了，他就剩下专心致志地办书院、专心致志地讲学、专心致志地游山玩水了。

这时候就进入王阳明的晚年时期了。我就常说，如果最后不重用他，让他去平思、田之乱，而是让他在这里继续过这种日子，他能多活个五六年。阳明心学体系一定比现在成熟，就不至于在他死了以后被各种学生带出各种心学传播路径，把心学有点做残了。

"格竹子""龙场悟道"，然后"岩中花树"，这就是王阳明心学的三个段落。要用专业术语说，这也是心学的模型。晚年"岩中花树"这个板块是心学的成熟版，或者说完成版。

王阳明特别爱游山玩水，年轻的时候就爱，老了更爱，尤其爱他周围四明山水的那一块，爱去南镇。南镇离县城就十多里路，他领了学生在那个地方游览。王阳明是回答问题式的教法，就是禅宗式的教法。他就是"点"，就像你这个豆腐做得差不多了，他过来拿那个浆给你一"点"，豆腐成型了，他背着手走了。师父就是给句话。所以有人问他说："师父，你看你整天说心外无物。你看这个石头里面的花，人家不是好好的吗？

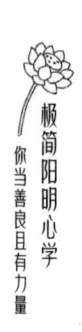

你怎么能说心外无物呢？"这个角度是个什么角度？这是一个认识论的角度。我们当年批评王阳明主观唯心主义的时候，也是从他这个徒弟的角度出发的。人家花好好的，你说它不存在？其实它跟你的心没有关系，这叫"不以人的意志为转移"的客观存在。主观唯心主义的证据就是"心中无花，眼中无花"。有人说，这不是一种主观唯心主义吗？你心中无花，眼中就没有。但那个花不是正开得好好的吗？这是一个算是很有质量的问题了。王阳明就说，你不来看此花时，这朵花和你的心就同归于寂。这个"寂"就是那个寂静，这里的黎明静悄悄。严格来说"寂"是一个佛教用语。"戒定慧"就是要让这个心达到寂静的状态。这个寂静的状态就是摆脱了滚滚红尘的骚扰，心回到腔子里面来，那个叫"寂"。王阳明说，你不来看这朵花的时候，这朵花和你的心，它俩同归于寂。你的心也不知道地球上有这朵花，这朵花也不知道地球上有你那颗心。它俩就都没有存在。这个就是存在意义的那个存在。都没有显现出来，这叫"寂"。你抬头一眼看见这朵花，这朵花的颜色和你的心一时明白起来。这个时候，你的心和花互见了。你不来看此花时，你的心和这朵花同归于寂。那个叫"寂"。你来看此花时，这朵花和你的心，一时，一块儿，一起明白起来，就是亮了。心学把心灯点亮，点亮心灯就能照亮这个世界，"一烛能驱千年暗"。这说的是啥？这朵花对你来说存在了，这朵花对你来说有意义了。它不是认识论，是意义，就是生存论。这朵花是那个花，但是它对你来说有了意义。因为你来看它，它就有了意义。你不来看它，它在那里"寂"，静悄悄地在那里自生自灭。意之所着便是物。你的意念不达上去，它就是花。你的意念达上去了以后，就看你的了。你要是佛，你就看见了拈花微笑的那个一花一世界。你要是狗，你就看见了它可以吃。总而言之，这都是取决于主体对意义的建立。心学是个意义学说。岩中花树的含义就是，让我们把这个心，这个镜子擦亮。然后你能够照见更多的花，让你的心跟更多的花一块儿明亮起来，让世界更美好嘛。

王阳明这个心学的本质，包括这个岩中花树，它的含义是什么？让你自由，让良知自由，良知让人自由。你保持一个审美的态度，用这种审美的原理来建立你的意义，就这样生活和生命，就可以无耗损地打通。佛的本质叫无碍，而我们人呢总是要割断。这个规定不许，那个规定不许，这是种格式化和僵化。

二、天泉证道

二十多年前，北大要编一套中国思想史的教材，让我解读《抱朴子》，解读《坛经》，还解读王阳明的《天泉证道》，张载的《西铭》，一共四本书，我觉得北大的教材选得挺好。《抱朴子》是道教的经典，《坛经》是佛教的经典，张载的《西铭》是儒学浓缩版的宣言，王阳明的《天泉证道》就是所谓的"四句教"。

1527年，王阳明要离开天泉，论辩围绕着阳明的四句教而展开。这著名的四句教是：

> 无善无恶心之体，有善有恶意之动。
> 知善知恶是良知，为善去恶是格物。

王畿和钱德洪二人对这四句话的理解不一样，他们都感到有统一宗旨的必要了，现实的原因是先生一走，这里的实际主持就是他俩，如果他俩不统一就无法统一别人。深层的原因是他俩都感到心学的内在理路有出现分歧的张力，必须明确个"究竟处"，才能确定而明晰地纲举目张。

他俩是在张元冲的船上辩论起来的，谁也说不服谁，就来找裁判。

已是夜晚，为阳明送行的客人刚刚散去，阳明即将入内室休息。仆人通报说王、钱二人在前庭候立，阳明就又出来，吩咐将酒桌摆到天泉桥上。

钱汇报了两人的主张、论辩的焦点。阳明大喜说："我正等着你们问呢。"他们回到那天泉桥上，一边喝一边说。

"无善无恶心之体。"一个体系必须有一个立得住的支点。阳明心学的这个支点就是这个心之体。心之体的特点叫无善无恶。但是一想，这不对啊，怎么儒家这么善恶分明，怎么会说无善无恶呢。所以后来一些人攻击王阳明这一点。

这个"无善无恶"到底该怎样理解呢？这句告诉我们时刻要保证这个心体通道的通畅。

精神你要拿它来支撑东西，它就不再是精神了。精神一拿它作为支撑物，它就不自由了，不自由它就不再是精神了。所以这个"无善无恶"强调了精神的独立，从而保证了它的自由。这是从哲学上，先把它的意义给锁死。

"大学之道，在明明德，在亲民，在止于至善。""无善无恶"的这种状态就叫至善。啥意思呢？就是在善和恶之前，还有一个东西。或者说在通俗理解的善之前，还有一个善，那个善叫至善。至善产生了善，这是一个逻辑上的原点。后来王阳明就说，这个"无善无恶"的至善就是良知。这个心之体就是良知，要把它打通了，不要阻碍它，别嚼舌头了，别叨扯了。它一直都在，如如不动，自由恒通。这个通是个什么意思呢？通就是道本身。这个"道"那个"道"，说的就是个通字，不通就不是道。"大道恒通，恒通就是大道。"

"有善有恶意之动。"这个善恶从哪儿来的？善恶是从你意念一发动的时候来。念一动，就是后天的了，就是人在现实世界当中的这种生活经验状态的东西，它就有可能是善的，有可能是恶的。这个意念，有善有恶意之动。怎么办呢？首先要能分辨善恶，之后便可以"为善去恶"，你不能放任它。

"知善知恶是良知。"良知是直觉。如,你碰见脏东西马上就厌恶,碰见好看的、好吃的,马上就喜欢,这个是直给,直给的东西就叫直觉。

意念一起你的良知立刻就能照见,立即就可以判断是善是恶,所以说知善知恶是良知,这个知就是直觉的直,不要换算,不要琢磨,不要合计。《楞严经》:"十方如来。同一道故。出离生死。皆以直心。心言直故。如是乃至终始地位。中间永无诸委曲相。"直心就是道场。你要是一凹陷、一扭曲、一照顾这个、掂量那个等,这个过程就是在自我障碍自己"良知"的过程。意念一起,你就知道它是善是恶,这个能力就是良知赋予我们的基本人权。

"为善去恶是格物。"王阳明说格物就是正物。这个物,颠倒了把它正过来。王阳明说过"意之所着便是物"。什么叫物,你的意跟它粘上,它就是物,因为你和它建立了联系了嘛。王阳明在外游玩,一学生指岩中花树问曰:"天下无心外之物,如此花树在深山中自开自落,于我心亦何相关?"王阳明说:"你未看此花时,此花与汝心同归于寂;你来看此花时,则此花颜色一时明白起来。便知此花不在你的心外。"那个花儿,你看它,它才成了你的花。你心正了,意正了,这个物的对象也就正了。接着我们就是把这个"正"坚持落实到底。落实到你的任何工作当中去,这叫"为善去恶是格物"。

"无善无恶心之体。"就是这个找回了良知本体。后来王阳明就说,整个这一套就叫致良知。

整个心学的纲,整个心学的核心的内容就这四句话。把这四句话先记住,再反复地琢磨,然后再联系自己的思想,联系自己面对的难题,想不清楚了再来回望这四句教,这个反复的过程,你就会明白很多。

无善无恶就是中庸的"中"。王阳明说,"中"就是良知。中是一种,横列、纵贯的一个动态的正好。所以这个中也是这个十字打开的基本结构,是一个恰好的合理性,也是良知。

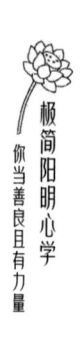

所以善良是根本价值。人要不承认善良是根本价值，迟早要栽跟头。善良给人一个机会，善良给世界一个机会。为什么心学要追求至善？其实这个至善是一种能，能够给我们力量，给我们能量。有人问我，怎么用一句话概括心学，我就说：善良出能力。

第 11 讲

广西戡乱——"此心光明,亦复何言"

一、王阳明客死他乡的经过

王阳明临死的最后一句话有两个版本。一个版本是"此心光明,亦复何言"。还有一个版本是"此学才证得几分,未能与我党共成之,憾甚"。"憾甚"即非常遗憾、非常可惜,"此学才证得几分",这包含了他一贯的谦虚。王阳明志气高,所以觉得已有的成绩太渺小了。

王阳明办学是为了启蒙,为了让每个人做自己的主人翁。让每个人打破枷锁,摆脱各种束缚捆绑的痛苦,不成为带着荆棘的囚徒。这是王阳明自己说的。王阳明生活的时代,每个人心灵上都有时代给予的一把"纸"枷锁。你劲大了就把它扯下来了,扯下来了你就是"死罪"。还不如带个像武松带的那种大枷,还能正常睡觉呢。但他就给你带个纸枷,你打一声喷嚏可能就把它扯了。这个是思想统治真正艺术化的地方。王阳明就是要来扯那个纸枷的。

朝廷捎信,说:"你要不办学,你就有可能入阁。"

王阳明说:"我宁肯不入阁也要办学。"

好朋友说:"你啥毛病没有,就一个毛病,好教学。"

大伙儿都想劝他消停点,不要给那些整天整你的人制造借口,这个时候居然还讲学。他的学生们都升上去了,比如贵州跟他请教知行合一的那个席书,现在就是副宰相一级的,还有方献夫这帮人。黄绾他们也天天保举他，要叫他入阁当大学士。他天天给他们写信说"快快快"。不知道真假，他也许是真希望他们保。但是他嘴上说的"别别别"。他好像是愿意干这种活似的，喝点小酒，教教学生。累了就休息，精神头好了就游山玩水，这样他肯定死不了这么快。后来思州、田州发生了叛乱，就让他去征思田。

有人说，王阳明花了一百两黄金贿赂某个人，谋得这趟差事，就好像重新上岗一样。这当然是谣言了，王阳明没有一百两黄金。有一百两黄金，他也不买自己这么死，他是真不想去。王阳明就按兵不动在那儿耗。所以王阳明一直晃悠着慢点去，在杭州又娶了一房太太。结了婚后，就游山玩水、喝酒、作诗，再之后才前往思田。他威望高，去了之后兵未血刃，那帮人就投降了。保他的人就往外说："你看，没费斗粮，没费一剑，积年的匪患就平定下来了。"另外，在苗瑶断藤峡和八寨为恶的叛乱者也特别多，王阳明就把他们都给抄了。

嘉靖皇帝早年就看不上王阳明这一套，他周围那帮人也尽说王阳明坏话。现在他做了皇帝，就斜眼看王阳明，导致王阳明冤狱的这个主谋叫桂萼。桂萼是一个尖嘴猴腮、反复无常、卑鄙凶残的小人，但嘉靖就相信他。他被王阳明的学生上书弹劾了，过了个把月又官复原职，于是这个梁子越结越深。

王阳明过去威望高，还又立了功。如果王阳明回来了，必然会加官晋爵，那帮人就难受了。那帮人里还有人要争首辅。于是他们就想了一个办法，让王阳明留在广西当巡抚。他们说广西匪患已久，你光平了不行，还要在这里保持几年稳定再说。他们也知道王阳明身体不好，就是能拖几年是几年。

王阳明很精通宫廷的权斗术，他们的那些心思他了然于心。凭良心而言，王阳明认为，发生这些乱是因为不开学校，学术不明。所以他就马上开始建学校，自己亲自考察地方。"敷文书院"就在他的亲自监督下迅速建成。他把县城的其他老师调过来，把那些想考学、想念书但念不了的都叫来，说来了不但可以学习还管饭。大家就都很快来了。

去思田的时候，他的脚已经长了疮走不了路了，到了那里以后又腹泻。这个思田地带的环境对王阳明此时的身体来说是恶劣的，空气不好，直接影响他久病的肺。加上王阳明日夜操劳，他身体状况迅速下滑。王阳明发现不错的人后，就往上保荐、保举谁做什么，桂萼那些人就不往上报，他提出建议，皇帝也不批准，就是折辱他。当时桂萼让他去打交趾①，为了宣扬大明，扬威。桂萼是当时的宰相，得有点作品。如果把交趾收复回来，他就有了一个政绩。但王阳明认为这样做是为了个人的辉煌，把老百姓当猪狗，让亿万生灵涂炭，这种事他做不来。所以王阳明死活不去打交趾。朝廷让他去镇压这个少数民族叛乱，说他们坏透了，成心不服，要杀了以绝后患。王阳明就说，人家都服了，都接受了，现在你还杀他干啥？就不该杀人家。这回完了，又没有听上级的。上级叫他做事，他用良心来衡量这件事情自己做不来。因此他蒙受了不白之冤。

二、王阳明生命的最后时刻

这时候，王阳明病得不行了要退休，朝廷一概不理。他实在坚持不了了，一面等着朝廷的批复，一面从广西这边往回走。可是朝廷就是不批准，因为有一帮人正等着这个结果：不回，就死在外面；回了，"擅离职守"也是重罪。"君让臣死，臣不得不死"，朝廷没让你撤你就不能撤，死在那里算活该。桂萼那帮人早想好了罪名，就等着他来认这个"擅离职守"之罪了。王阳明也是率性，就不服输，没有批准也要往回走。

他的徒弟们都很好。梅岭的空气很不好，过梅岭的时候，他的徒弟

---

① 古代地名，今越南北部红河流域。

们背着棺材跟老师过梅岭。梅岭过完以后，他的徒弟长舒一口气。梅岭好像交通南北气候线似的，也许过了就没事了。其实不是。下了梅岭以后，王阳明病得更厉害了。边往前走，他边问还有多远，到哪儿了？他还在等着朝廷的答复。就这样一步一挪，在"青龙铺"那个地方逝世了。

三、此心光明，心学是自带光源的灯塔

再来说王阳明的最后一句话的两个版本："此心光明，亦复何言？"与"此学才证得几分，未能与我党共成之，憾甚"。

这两个版本是两个学生的回忆，咱们也考证不出来，反正这两句话都是他最后说的话。咱们先说"此学才证得几分？"就是说王阳明一直讲究功夫和本体是一样的。用"证得几分"，就是说体验到多少。这个良知学说，一任良知而行。有良知就包打天下的这套功夫他一个人证得了。他认为身边这几个也能学到了，但是没有练成。这是他的遗憾，他不放心自己的徒弟。所以说，"未能与我党共成之"。其实就是他不放心徒弟的意思。这个看了以后特别让人心酸，这是一种最后的苍凉的姿态，很苍凉很无奈。学贯天人也架不住一死。

"此心光明，亦复何言？"学生们看着他不行了都进来了，说："老师还有什么要说的？"王阳明把眼徐徐睁开，说："此心光明，亦复何言。"

死亡是黑暗的，据说人生最大的黑暗是死亡。滓滓洞黑，或者说中世纪的黑暗，怎么都黑不过死亡。死亡是一种看不见黑暗的黑暗。心学是点灯的嘛，面对着这个黑暗，王阳明他始终在寻找光明。面对黑暗寻找光明，这是心学的定位。"此心光明，亦复何言。"这个时候就不是苍凉了，而是一种豪迈。跟这个话形成鲜明对比的，是朱熹死前的最后一句话——"一生艰苦"。这也体现了心学和理学的道路不同，两者从

这个世界汲取的意义和感觉不一样。心学是给人点亮了，也给自己点亮了。赠人玫瑰，手留余香。心学就是在传灯。王阳明说，尧传舜，舜传禹，然后再传周公，周公传孔孟，孔孟传陆九渊，而后他接过来。整个就是一个传灯史。这就带来了光明。

心学的良心是什么？良心就是一个自带光源的明镜。因为他的光源就是自己的生命。只要有口气，良知这个镜子就能够照万物、照自己。良知这么一个明镜，也是一个探照灯，还是个人的指路明灯。我们形容教育为灯塔。教育是人类的良心，社会的理性。"我心光明"其实就是根据心学给自己的一个总结，就是点燃自己也照亮别人。所以，当王阳明说"我心光明，亦复何言"的时候，也是有点豪迈的。跟"未能与我党共成之"比，要幸福一点。

四、王阳明向死而生的一生

王阳明的一生就是向死而生的。"人终有一死"，心学是想办法迎着死亡前行。你知道人生路的尽头是死亡，所以就不会像母鸡啄食一样的活着，庸庸碌碌地做个人。心学要人做个顶天立地的大丈夫，做自己的主人翁。面对这"终将到达的死亡"最好的方法就是按照自己的良心活出自己的一生，让自己少一些后悔和遗憾。想要按照良心去活出自己，就需要善良出能力。光善良没用，有能力不善良更坏。心学就把善良和能力一下子都体现出来了。这是心学了不起的地方，也是王阳明了不起的地方。

第 12 讲

阳明：以"善变"突围，以"情深"致良知

过去的学术史、思想史，乃至王阳明的研究史，都爱说王阳明一生，学有三变：泛滥词章、出入佛老、龙场悟道。教有三变：默坐澄心、致良知、圆熟化境。[①]我个人认为这种讲法不够严谨。学三变、教三变对考王阳明相关学科的研究生有用，但是对我们每一个人来说不是要点。我们要知道"学有三变，教有三变"的要点是什么，为什么有这"三变"。

用心学的方法来学就是往前找，往根上找。王阳明为什么能够平叛、剿匪？就在于他总能够找到事情发展底下的那个原因。这个很重要，可以说是一个诀窍，这是王阳明留给我们的一个智慧的金钥匙。

王阳明为什么有三变？是因为王阳明要寻找那个最能够把自己托出来的一种"载体"。他写诗能够和前七子互相唱和，轰动天下，但把他列成一个年轻的卓越的诗人，他就觉得不行，他觉得这个诗人不能跟他的精神追求相吻合。这也是他一定要变来变去的根源：一生所为要跟自

[①] 王学三变：黄宗羲在《明儒学案》卷十《姚江学案》王守仁传中提出，王阳明思想经历了前后三变，前三变指他的心学理论形成前的三次思想转变，后三变指他的心学的三个发展阶段。前三变具体指：王阳明年轻时由好"词章之学"专向求"圣人之道"；由格竹子引起对朱熹理学产生怀疑转向佛老之学；贵州龙场悟格物致知之旨。后三变具体指：起初，他把心本体与感情一分为二，认为感情的"已发之和"是由于之前的"未发之中"，即心本体。因此他主张求圣人之道以"收敛为主"，修养的方法是"默坐澄心"；此后，把"未发之中"与"已发之和"合二为一，称之为良知，强调知行合一；晚年到达新境界，"所操益熟，所得益化，时时知是知非，时时无是无非，开口即得本心，更无假借凑泊，如赤日当空，而万象毕照"。

己的那颗心对上。对不上就不行，差一点儿也不行。就这个标准而言，自己对自己下手要狠，绝不放过，要是轻易把自己放过了就是对不起自己的心性，对不起老天爷。所以王阳明是一个为了把自己的诗写好，而终生学习别人写诗的人。这是王阳明的一个特点。

最后王阳明的内心与"成为圣人"对上了，他毅然选择走上了成圣之路。如何才能成为圣人呢？怎么提高自己呢？要拿什么做标准呢？最后王阳明得出的结论是：看看你跟圣人是不是心心相印。例如，王阳明看《论语》，不是在说文解字，而是看孔子微妙的态度和角度，看你跟圣人有几分相印和相契。这叫作功夫，这才能学得好。王阳明之所以是王阳明，正是因为他有这种超人的学习态度和学习能力。

王阳明的这种学习态度和能力根源在哪儿，在于情深。王阳明多次讲到跟学生学到的东西比他给学生的东西多。他说，你们不远千里来找我，无非是想从我这里得一点东西，但你们哪知道，我从你们那里得到的东西，几倍于我给你们的东西。学生说是老师太谦虚了，他说不是。他说你们没来的时候我意绪太消沉了，精神萎靡，懒散了。你们一来，我就进入角色了。王阳明指点江山，拨开迷雾，指点别人的时候，也抬高自己。而且王阳明给学生讲课是带有艺术感觉的。有一回他讲到一个兴奋点，哭了，说徐爱①问过这个问题，他认为当时没有把这个问题讲述得那么好，现在讲出来了，而徐爱却不在了。然后，他领了学生到徐爱的坟头转了三圈。

王阳明是中国哲学情本体的化身。要给中国的情本体哲学找一个人格的形象大使，我就找王阳明。王阳明剿匪、平叛，回到老家瑞云楼上，看生他的那个地方。他指胎衣处，老泪纵横。指着被保留下来的他的胎衣、襁褓，哭了好久，哭得连鼻涕都流出来了。我当年写《王阳明传》的时候就说，没有这种感情的人创造不出心学来。他之所以能够创造出心学来，

---

① 阳明重要的一个弟子，整理过《传习录》上卷。

就是因为他的情的浓度、深度、密度、高度都到这儿了。王阳明从来不打击人们的情，而像一般的道学家就会把这个情打下去，把理树起来。王阳明截然相反。王阳明认为没有这个情就没有这个理。情不到，单说理，就是玩弄光景。

心学的东西不好模仿，因为在心学整个体系里王阳明本身就是那个密码，所以不了解王阳明一生的经历，很难解开心学的"密码"。回顾王阳明的一生，真正感人的地方就在他的"情深"。

早年有一个人通过学校找我，说要见见我。他说这么多人写王阳明的，没有一个写《告谕浰头巢贼书》的，然后我就把这个《告谕浰头巢贼书》分析给他听，他听完很是佩服。王阳明剿匪先用情感去感动他们，他坚信"人同此心，心同此理"。所以王阳明的《告谕浰头巢贼书》就像一篇真情流露的"情书"一样。王阳明不是装出来的，是当时他内心的情感到了那里，所以才能写得那么动人。他完全站在了贼的立场，说他们辛苦为贼，所获不多。穷山野岭上又能获得多少？半年下来抢一回，大伙儿又一分……说得很有力。又说，你们当年走上这条路，或为大户所逼，或为官府诬枉。官府和大户都没有好东西，都是吃人的人。当时或许是由于一时激愤就走上这条路了，他把他们的各种不得已都分析得头头是道。他送这封信的时候正好过节气，还给他们带了礼品、酒、肉、粮食，然后跟他们说，以后给他们盖房子，给他们办学校，让他们重新做人，过上"新民"的生活。

王阳明算一个"尚情无我"的人格标兵。"尚情无我"，就是把这个情推到最大。墨家尚贤，儒家尚情，然后再无我。不要有这个小我，要有大我。

王阳明有时候也出现过一些情绪波动。在受到冤枉打压的时候想自杀、想背着老爹逃跑什么的，也是因为他的情深，让他不断去面对，在解决具体的事情上"致良知"。所以他一直都是在用自己的一生写自己的诗，而最后这个诗的结尾叫"致良知"。

王阳明的"教法三变"，其实是他直觉的胜利。他是一个反对任何框框的人，因为他知道框框一开始是合理的，要把它到处推广、到处乱套，那就是杀人的枷锁。这些都是他从自己走过的人生路上一步一步，凭借良知和无畏的牺牲精神所得来的。

王阳明教法的改变靠直觉。这直觉的含义是什么？是一个真诚的直接呈现，就是直给。"直心是道场"，有了直心，才有直觉，他的教法之所以变，就是觉得那个更直，更简易直接。

有很多人说王阳明是多么伟大、了不起，也有人说王阳明的不足之处很多。"人无完人"。我们既然学习就要学习好的，我们要用王阳明的学习态度来学心学，学习提升自己的主动性和自觉性的方法。这个方法就是学习的"兵法"。

王阳明晚年，他把自己以前提出来的一些概念如致良知、知行合一等，进行了总结。王阳明说知行合一和致良知是一样的，知行合一了，就是致良知了。致良知就是在知行合一。他们本来是一体的，只是为了更好地让大家去理解，不得已才分开来分析的，其实就是一件事。知行合一也好，致良知也好，最后总结落到这个"致"上。良知每个人都具备，如何把这个良知"致"出来，很重要。总结王阳明的一生，就是"致"良知的一生。

他的好学生王畿在检点他遗物的时候，看见了王阳明给他父亲写的一封信——"给海日翁"①，这封信是王阳明在决定要起兵跟宁王开战的时候写的一封长信。王阳明这个信总归要传给他的儿子，王畿就在旁边做了一个很长很长的跋语，大概意思是说：

平完宁王以后，先生有一天主动把我们叫到一块儿来，先生很少主

① 王华，字德辉，号实庵，晚号海日翁。

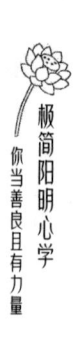

动把我们叫过来给我们讲东西，都是我们找先生问问题。先生说，什么是格物呢？把宁王平了就叫格物。要不把宁王平了，宁王把你平了，你就被物格了。什么叫致知呢？在官场和那些别有用心的官员斗智的时候要有一点私心杂念，有一点不担当（假借别人的力量来对付、搪塞），早已经成了齑粉了。"伴君如伴虎"在官场里一路走来全凭良知，反而把所有"损失"最小化，把这场无妄的政治风波度过去。什么叫克己省察呢？克己，就是出现问题永远先找自己的过错。省察，就是反思自己的毛病，查找自己没有被发现的缺点和错误。这样活一天就能进步一点点，活一天进步一点点。

中卷

心学的智慧
——知行合一，良知变良能

心学的起源不在《传习录》里，也不在《王阳明全集》里，而是在人心。心学教人学"活"，要保持心的虚灵不昧，在变易当中求得恰好，在应用中就是求变、求通，以建立与事物的价值意义通道。

心学是让人遵循内心的良知，知行合一，善良出能力来，用自我的力量来生成自我，让生命去照亮生活，而不是用生活剥夺生命，是让人们"天天向上"，每天都能活出生命的新感觉，心安理得地活出当下的智慧。

第 13 讲

心学的思想源头——"十六字心法"

一、心学的起源——人心

心学的起源在哪里？在人心。心学不在《传习录》里，也不在《王阳明全集》里，心学在我们每个人的心里。

只要遵循内心的良知，让天理到你心里边来，这时候你的心就是"天心""道心"，并且能自觉、诚意去做，这就是心学，这样你就能"自信其心"。如果让人欲来到你心里边来，这个时候你的心就是"人心""欲心"，所作所为皆是仅仅以一己之"欲心"衡量"利害得失"，这样你虽终日忙碌而"心不得安"。天理人欲不并立，天理和人欲不可能同时存在，你此刻要么是天理，要么是人欲，所以"天心""人心"不是两个心，只是一个，"未杂于人，谓之道心；杂以人伪，谓之人心"。

就在一瞬间，就在一个节点上，王阳明把心里的感觉用语言表达了出来，并且用一生去实践了，这就是阳明心学。心学将跟人类一块儿存在，就是不知道王阳明为何物的人，他"致良知"的能力可能比王阳明还高。

二、心学的思想源头——"十六字心法"

"人心惟危,道心惟微,惟精惟一,允执厥中。"①王阳明认为上面这十六个字是心学思想的源头。

"人心惟危"——"人心险于山川,难于知天"②。人心是变化莫测的。为什么说《周易》预测灵光呢?因为它不是刻舟求剑。人心无时无刻不在变,这一刻的心不是上一刻的心,所以你要想来推测人心,要想来刻画这个人心,你必须跟它一块儿变。船都走了,你还按照印来找,那就是刻舟求剑,肯定找不着了。

道心和人心,就跟天理和人欲似的,人心之险,险于山川,人心,变化莫测,变动不居。王阳明回答得很潇洒,就说:"率性之为道。"能够沿着天命赋予你的那个本性而思维的,那个就是"道心"。只要你着一点人的意思,着上"人欲",不是率着上天赋予你的天性,而是夹杂了你个人的意思,那个就是"人心"。

"道心",它是心本体,是看不见摸不着的,无声无臭,无形无象,无斤两,无颜色,所以说它叫"微","道心惟微"就是这个微,是非常微妙,很轻灵的。你稍微一动,它就会变化。王阳明整天讲"差之毫厘,谬以千里",包括他说陆九渊"粗一点","粗一点"就是没有对准这个微,不够精微、细微、精准。你要依着人心行去,按着人欲的轨道走,就有许多不安稳处,所以说叫"惟危"。他说人心的危险,危险在你按着人欲走,按人欲走,你今天不犯错误,明天也得犯错误,它就有许多不安稳处,所以叫"惟危"。王阳明这个解释,就比较积极,人心是充满考验的,要去一分人心,增一分道心。

"道心惟微,惟精惟一",增加精微的道心,这个过程也是很微妙的,

---

① 出自《尚书·大禹谟》。
② 出自《庄子·杂篇·列御寇》。

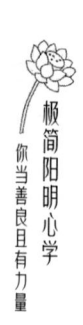

需要"惟精惟一"。王阳明说"精"和"一"是一回事，不是这个"惟精"之外还另外有个"惟一"，那这样就分作两张皮了。王阳明说的"精一"的功夫，就是在这"危"和"微"之间，做"惟精惟一"的功夫。

做功夫的标准是什么？就是十六字心传的最后一句："允执厥中。"就是说永远把住中间。这是中庸的原点。这个"允执厥中"的"中"不是指左右的那个中，也不是"上中下"那个中间的中。这里的中不是静态的中，是整体动态的"中"——心的恰到好处。

王阳明后来一再说，心学就要精一，"惟精惟一"不是往外发散，而是往回聚变。像原子弹似的，先聚变，偌大的能量浓缩成一个很小的东西，叫修得此心不动，是聚变。碰见事了，能随机而动，那是裂变。

三、心学就是易学，易学就是心学

《周易》被誉为"群经之首，大道之源"，也是"儒释道"三教共奉的经典。

王阳明多次郑重地说："心学是易学，易学是心学。"这里包含着用易理做心学功夫的意思。"寂然不动、感而遂通"，这是对《周易》本体的概括。人的本体跟《易》的本体是一致的，就是"寂然不动、感而遂通"。你修得此心不动就是"寂然不动"，方能随机而动就是"感而遂通"。"寂然不动"就是良知本体明明那样的，"感而遂通"就是事情来了就能正确地应对。

心学说"心物一体"，你的心跟物一致，你则能尽己心、尽物性，这就是尊重事物的规律。好多人不能尽己心，原因是他自己的心不通，在他迷惑的内心始终需要有一个限制、一个局限，才能保证他人生的清醒。如果外在跟他正好"合辙"了，则心通事明；要不"合辙"的内心就通不了，就"混乱"了，开始"昧己瞒心""饰非拒谏"，加固自己的堡垒，把自己的壳裹得更紧。因为他知道打破自己，自己面临的是无尽的痛苦和绝望，但是如果失去了不断打破自己的勇气，人生就很难再有突破。内心不防御，坦诚面对一切，向一切学习，然后贯通一切，这样心就通了。

道都是通的，不通不足以为道。

《易经》有三个原则："不易、变易、简易。"在"不易（良知）"的基础上去"变易（求通）"，通了就能抓住本质，化繁为简，"简易"地解决问题。《易经》为何能成为"群经之首"，因为《易经》是通道，《易经》是在承认一切客观的基础上，寻找一条通往未来的希望之路，一条活路，所以说"生生之谓易"，只有你懂了易道才能把其它经典读活了，切不可教条化。真理变成教条它立即就不是真理了，它就成了反真理的东西了。

《周易》乾卦卦辞："初九：潜龙勿用。九二：见龙在田，利见大人。"同样是这条龙，它在不同的时段，就应该有不同的生存姿态，有不同的命运。这就叫时间，时间把一般东西都变成活的。而西方哲学是把时间抽掉了变成了"直路子"，他们认为不能验证的，就不去相信。西方人不能与变化同步，所以他们始终搞不明白我们中国所说的"经脉"等理论。他们不懂，这是他们能力、方式的局限，不能说我们错了。不能证明的事实，我们不能说它"不科学"，只能说自己能力水平有限，方法、方式有待提高和进步。

《周易》讲同样一个卦，男的问是一个含义，女的问是另外一个含义。为什么起卦很重要，因为起卦要考虑综合因素，比如男女、时辰、方位等。同样是一个卦，这个时辰起的卦，跟那个时辰起的同样一个卦的含义是不一样的。这些东西都是机动灵活的。这个机动灵活的含义就是一个变字。用"变"去保持那个"不变"，那个"中"。对那些墨守成规的、网格化的死脑筋来说，变通一点，灵活一点，达到变易就很难了。在这个变通当中，还能保持对那个初心原点的坚守和弘扬就更难了。要"通权达变"才是圣人。

《周易》对王阳明影响是全方位的。前面说过，由于王阳明家学的缘故①，他有些易学基础，当年入狱，在大牢里面，他就把《周易》研究得差不多了。王阳明说："中只有天理，只是易，随时变易，如何执得？须是因时制宜，难预先定一个规矩在。如后世儒者要将道理一一说得无罅漏。立定个格式。此正是执一。"易学和心学在原理上是一套的。

王阳明学的东西很多，统而言之，他学了一个"活"。王阳明一再说，一定要活。这个活跟死的区别，可以说是阳明心学跟程朱科场理学的区别。就跟打靶一样，你打死靶是好枪手，但在战场上打的是活靶，能打活靶的那个才是高手。王阳明训练是练打活靶。

心学教人学"活"，在平常生活中以"致良知"获得"生生不息""日日新"。所以学习心学一定要"活"——无定在、无穷尽。无定在，是说不能着相，不能僵化固执地死死地把捉，这样就把真理变成了教条。无穷尽，永远不要停止修行，良知无尽头，真理没有终结时。心学是要求永远重新开始的学习学，是让人们"天天向上""心安理得"的活在当下的智慧。

马克思说："人是一切关系的总和"，所以人千万别把自己固化，别画地为牢。心学就是在变易当中求得恰好。心学在应用中就是求变、求通，以建立与事物的价值意义通道，这是个纲。学心学的人，每天都能活出生命的新感觉，所以心学家没有一个呆傻痴荼的。

---

① 王阳明的祖上就是研究《周易》的，阳明的六祖王纲，字性常，文武全才，元末世乱，往来于山水之间，时人莫知，从终南山隐士赵缘督学筮法，还会相面（旧称"识鉴"，像看风水叫"地理"一样）。他与刘伯温是朋友，后来他70岁时还是被刘推荐到朝中当了兵部郎中。他的高祖王与准研究易学也很有成就。因他会打卦，知县总找他算卦，他的倔脾气发作，对着知县派来的人，把卦书烧毁："王与准不能为术士，终日奔走豪门，谈祸福。"

《周易》是用六十四种结构图来指代人间各种各样力量的消长变化。抽象就是一种简。在思维上真正有建树的是找到了元素型结构，王阳明的心学就是。阳明心学这个元素型结构，比如说"心即理""致良知""格物"等，就是心学的元素型结构。

第 14 讲

极简入门——阳明心学核心直指

一、"良知""心即理"

1. 良知

良知即天理。良知是生命本源性的知觉，所谓"不虑而知"就是强调其本源性，这个本源性是说人人先天共有，从这个意义上说是"现成"的，但是如同命能够丢，良知也能丢。命丢了找不回来，良知丢了可以找回来。良知是意义通道，是自由恒通的，它本身必须虚灵才"通"，不通不是道。天理其实是规律的意思，也是佛教说的"自性"①"法尔如是"，道教说的大道，大道恒通，恒通就是大道。

王阳明说良知之道是至简至易、至精至微的，孔子说："其如示诸掌乎！"就像眼看手掌似的，人于自己的手掌何日不见？但你要问他掌中多少纹理，他便不知，这就好像良知二字，一讲便明，谁不知得？但是你要是真能够见这个良知，却谁能见得？就好像这个手掌似的，你要问有手没有，谁都说有手，要问手的纹路是什么，说不上来。学生说手掌是有形的，良知是没有方体的、更加难捉摸的。

---

① 《六祖坛经·自序品》：祖以袈裟遮围，不令人见。为说《金刚经》，至"应无所住而生其心"，惠能言下大悟，万法不离自性。遂启祖言："何期自性，本自清净；何期自性，本不生灭；何期自性，本自具足；何期自性，本无动摇；何期自性，能生万法。"祖知悟本性，谓惠能曰：不识本心，学法无益。若识本心，见自本性，即名丈夫、天人师、佛。

良知就是中心地带、平衡状态。一旦你有了私欲、己欲，有了来自外界的一些牵绊，就会出现反应。这种反应往往是过犹不及。你能及时地察觉到过和不及，这就是中和，这就是良知。

那我们如何才能体认良知，确定它存在并且是正确的呢？你只需要诚意去做即可体认，这个完全取决于自己在做的时候意有多诚，是能否做到"一念不生"，不要在自己良知上多添一念——歪曲、模糊、拉扯等，来遮蔽自己的良知。

"只是有根"，禾苗它就能长。有根本的学问，也像这有根的禾苗一样，能自己成长，不用发愁它不长。王阳明说："人，谁没根呢？良知就是人的天植灵根。"良知，就是上天种到我们心里面的灵根。这就是"天命之谓性"，所以说人人心中有良知，老天爷对人是一视同仁的。每个人都给你种了灵根、灵觉，自生生不息。灵根和地里面的秧苗一样，它也在生生不息，它也在长，但是若着了私累，我们自己不来做存心养性的功夫，而成天把心用来满足人欲，着了私累，这就等于把灵根砍了、遮蔽了，等于把那个芽给它摁回去了，使它不得发生。这是用我们经验世界里面眼能看到的例子来说良知也是一个灵根，而且谁都有。它自生生不息，是我们自己对不起它，把它左一下右一下地憋回去了，把它挡住了，让它不得生发。我们整天说复性，复其心之本体，就是让灵根得以生生不息，别把它盖住了，别把它砍倒了。

有一天阳明喟然长叹，陈九川问："先生何叹也？"王阳明说："此理简易明白若此，乃一经沉埋数百年。""良知二字，实千古圣贤相传一点真骨血也。"

以下是王阳明创作的《咏良知四首示诸生》，大家没事可以多读多体味。

其一

个个人心有仲尼，自将闻见苦遮迷。
而今指与真头面，只是良知更莫疑。

其二

问君何事日憧憧，烦恼场中错用功。
莫道圣门无口诀，良知两字是参同。

其三

人人自有定盘针，万化根源总在心。
却笑从前颠倒见，枝枝叶叶外头寻。

其四

无声无臭独知时，此是乾坤万有基。
抛却自家无尽藏，沿门持钵效贫儿。

2. 心即理

心即良知、良心。良知的的口语表达就是良心，偏感性，如，"你没有良心！""你那良心叫狗吃了！"良知偏向于书面表达，更多时候是以一个哲学术语出现。

"心即理"的"理"是天理，"心即理"，不是说心就是理，这个"即"字，我们今天讲"它就是"，用在这里，就是心包含着理的意思。心包含着天理，不是说心本身就是天理本身。此心无私欲的遮蔽，即是天理，不须外头添一分。

"心即理"这个思想路线是有其传承的，这个话头不是王阳明的发明，王阳明没有首功。在明朝，在王阳明之前，薛瑄、陈白沙、吴与弼这些当时的大儒，他们都反复地强调过心和理是一，当然他们也都属于心学这一系。但"心即理"这个提法，是从陆九渊开始非常响亮地提出来的。

王阳明自己说，龙场悟道的时候，"良知"二字就盘桓在胸中，但老是出不来。王阳明是觉得天理太大，没个把手，然后他把天理炼成良知。你要说天理，就好像是成了老天爷的理。你的理我的理，全人类的理，它就比较辽阔。要说良知呢，就是属于自己的，你就着下面讲，你推也推不了，就成了自己的。所以用良知代替天理，对人的修为，对人类的精神建设是一个推进。

既然心即理，便来心上做功夫，不去袭义于外，便是王道之真。保住了王道就杜绝了霸道。"袭义于外"是从外面找义、取义，都会滑向霸道。仁义内在是孔孟之道，仁义外在是霸道。义在外建立所谓的正义、大义、大事业那些高大上的东西，都易流入霸道，大家都来实行王道，社会会减少杀伐，减少劫掠，这是和平论的一个出发点，但是很难。这是我的立言宗旨。

二、"意""诚意"

1. 意

我们人这个"主体"的心（良知）遇到事物就会有所应，这个"应"就是"意"，这个"意"就是良知的"知"，这个"知"是什么意思？就是知觉。

这个"意"就是良知与事物之间建立的一个符合"天理（良知）"的"道路"。而这个"道路"就是我们人这个"主体"和事物之间建立的"价值意义通道"。"人欲不碍天理（良知）"，那么这个"价值意义通道"就会"恒通"。"人欲遮蔽天理（良知）"，那么"价值意义通道"就会扭曲、变形、阻塞等，这样人就慢慢在迷失自己的人生方向和价值意义，时间久了，"价值意义通道"到处堵死，人的精神就开始陷入"绝望"，生命就会感到"空虚无聊"。最后只能"心为身役，身为事役"，虽终日忙碌而不知为何，只有眼前的利害得失，看不到远方，因为没有出路（价值意义通道）。最可悲的是自己良知不断在软埋，生命的感觉不断被扭曲、丧失，自己每日所做的事情自己的生命是无感的，最后会产生一种对世界、自己的无力感。由此可见"诚意"的重要性。

2."诚意"

什么是诚呢？"一念不生是谓诚"。不要在这个"意"上多添一念，就是"诚"。

有人说"至诚前知"，达到至诚以后就可以预先知道。"至诚前知"就是孔子说的"不占而已"。圣人不贵前知，圣人是不提倡练这个神通的，圣人不以这个为宝贵，"祸福之来，虽圣人有所不免"。圣人有好多事，他要是提前知道，他就能避免了是吧，你看孔子在陈蔡绝粮，他就没有避免了。圣人只是知"几"，"几"，就是征兆。就是刚刚产生点萌芽，一般的人看不见，圣人知道那个微妙的地方，遇变而通，遇见变化了以后他能通过去，只知道目前的那个微妙的征兆就能随机而动，有这个就够了。你要有个前知的心就是私心，就是为了趋利避害。

三、"物" "心外无物，心外无事"

"意之所着为物也。"意和"物"是同时出现的，可以说它们是一体的。我们所认识到的"物"只是我们的良知对物的"觉知"，所以说"心外无物，心外无事"。无事物来与我相见，则我的良知就不能对事物觉知，那么这个事物就和我没有关系。

"汝未来看此花时，此花与汝心同归于寂。汝来看此花时，此花颜色一时明白起来，便知此花不在汝心之外。"你不来看这朵花的时候，这朵花和你的心，它俩同归于寂。你的心也不知道地球上有这朵花，这朵花也不知道地球上有你那颗心。那么花和你是没有关系的。你来看花时，你的良知觉知到了"花"，这朵花对你来说存在了，这朵花对你来说有了价值与意义。

心和物怎么才能成一个呢？怎么才是一体呢？要害在这个"诚"。《中庸》里讲不诚无物，心里要是没有诚，你聊天也聊不好。《中庸》把它作为天、地、人的一个本体，也是通天彻地的绝大的力量，贯通天、地、人的一个绝大的力量，以诚为神了。《大学》说明明德之功，也是一个诚意。你要没有诚意，你那明明德，也是知行分离，也是作秀。

四、"格物""致知"与"致良知""知行合一"

1. 格物

王阳明说："先儒解格物为格天下之物。天下之物，如何格得？且谓'一草一木亦皆有理'，今如何去格？"先儒是朱熹，天下之物怎么格得过来？一草一木各有其理，又怎么去格？就算你都格了，"纵格得草木来"，如何反来诚得自家意？就算解决了客体问题，怎么能提升主体？这三问，是对朱子格物说的致命三问，贯彻了人是目的的启蒙原则。

王阳明说："我解'格'作'正'字义，'物'作'事'字义。"这样就回到身心上来了，《大学》之所谓"身"，即耳、目、口、鼻、四肢是也。你要想修身，眼要非礼勿视，耳要非礼勿听，口要非礼勿言，四肢要非礼勿动，这叫修身。你"要修这个身，身上如何用得功夫？"心是身的主宰，是心让眼去视、去听、去说、去闻的。所以想修身，就从自己的心上去体证，让你的心体廓然大公，没有一些不正的地方。主宰心一正，身就正，所以是修养学，不是科学。修身在正其心，所以格物就是格心，你把心中的不正格去了，就致了知。

你要正心，本体上什么地方能用上功呢？"必就心之发动处才可着力也。"就从心的发动处着力，心一发动就不能无不善，它要静静的就无善无恶，它要一发动就不可能还是无善无恶，就有了善和恶，打草惊蛇似的，把蛇惊出来，然后你再对付这个蛇，就是那个着力处。着力处就是诚意，必须意要诚，意要不诚干什么不行，意要不诚，你连快乐都没有。你看那些官当大了，钱挣多了，还不开心的，就因为缺少一个诚字。好多人不懂感恩也是缺少一个诚字，意之所发即无不诚，得先保证意的诚，所以诚意是心学的逻辑起点，体系的原点就这个意思。意无不诚了，这些本体如何不正？意诚了，本体就正了。所以你要想正心就要诚意，功夫到了诚意这时候才有了着落，要不然不算数。

格物是诚意的功夫，你的意诚不诚，不能自己鉴定，就在你格物的过程当中锤炼提高，你是真诚还是假诚，看你格物的效果怎么样。王阳明后来说，物格了才能叫意诚，没格了不能叫意诚，这有点实践是检验真理的唯一标准的意思。

我们人这个"主体"的良知（心）遇到事物，如果是诚意的状态，知和行它就是合一的。如果不是诚意的状态，有了人欲之私，知和行就分离了。人们之所以偏离了良知之意，是因为受到了外界的影响迷了路，符合天理的意被破碎为鸡零狗碎的私心杂念。所以"知行合一"全部的修养功夫就是"诚意"，减去这些后天加在人心上的"欲障""理障"。

2."致知"与"致良知"

"致知"的"知"是"良知"，所以"致知"就是"致良知"。

什么是"致良知"呢？每个人凭着良知一打眼就能分辨正确和错误。正确的就坚持，错误的你就改正，就完了，就那么点事。致良知是让心在本来面目上保存延长，就是"大人赤子"，即你虽然是个大人了，却保有赤子之心，把心体保住了，你就不会丢了自己。

诚意的根本在哪里呢？诚意的根本又在致知，诚意的根本不是你自我感觉，有些人自己一辈子活在自我感觉之中。

良知便是独知时，别人不知道但我自己知道，这时候我自己要诚，你知得善，却不依这个良知便做去，你知得不善，却不依这个良知便不去做，这个时候良知便被遮蔽了，这就叫不能致知。这个致知是找良知，对自己来说这个致良知是在自己心体上实现良知。要说在事事物物上致良知，那是把你体证到的良知落实到事事物物当中去。所以说致良知有一个向内的，有一个向外的，有这么两个方向。但是良知是一方面，这个致的功夫是诚，也是一方面，说内外是为了区别，为了方便说法。

你知道了善，知道了恶，你是不是去做，你不去做，你的良知就被遮蔽了，就不能致知。我心良知既不得扩充到底，则善虽知好，却不能着实好了，这时候就看扩充的意义了，扩充是知行合一，这是一个别致的说法。你有了良知但不去扩充它，不在实行的时候把它扩充到底，就是善虽然知好，但不能着实好了，恶虽然知恶，却不能着实恶了，这如何得意诚？有时候要求不严格，含糊一点，一个缝隙产生了，就会招致许多恶而来。所以这时候一定要意诚，所以致知是意诚之本。

然而不是悬空的致知，不是没有涉及事实、没有涉及事物、没有涉及对象的悬空的致知。致知在实事上格，你还得在事上磨。如意在于为善，便就这件事上去为，意在于去恶，便就这件事上去不为。

这种诚意实现了，那我心良知就没有被私欲遮蔽了，得以致其极，这时候就达到极致，良知达到极致，所以意念发出来了，就好善去恶，无有不诚。诚意功夫，它的下手处在格物，格物首先是格意念，是格心。若如此格物，人人便做得，这样我自己内心里面格物，结果就是人人可以为尧舜，圣人可以学而至，就是这样学，圣人之道，吾性自足，是因为这样才自足。

3. 知行合一

"知行合一"的"知"是"良知"。"诚意"是"知行合一"的起点。诚意只有放在知行合一的链条上才能够思辨，才能够变成一种学说，"一二三"地这样来论述，不然的话，诚意就变成了以手指心、以心指手的一种状态，只有自己知道的内心的、内证的东西。跟知行合一放在一起，就变成可以显现、展示和论证说明的一个哲学命题。所以王阳明一定要讲知行合一。

有人怀疑"知行合一"，可能不合一，大经典《尚书》中还说"知之匪艰，行之惟艰"，意思说知道不难，做到难，这显然是知行分离的啊！王阳明先把知限定为良知，又推论是因为人们不肯致良知才有了这种分离的情况。知行合一为什么这么难？因为利益驱动比良知驱动要更有力量。许多人都是被利益驱动，而不被良知驱动，所以说知行合一是成本最高的。知行合一有时候需要你用做人的全部的代价为条件，才能去实行它，落实它，知行合一比蜀道还难，所以《传习录》里对知行合一可以说是频频回望，再三致意。

王阳明说"知行合一"，正要人晓得一念发动处，便即是行了。发动时候有不善，这个不善已经是不善，你要将不善的念克服，把它消灭。而且要彻根彻底地，不要使不善的念头潜伏在胸中。"知行合一"学说的宗旨，是要把思想里不善的念头也给消灭了，而且从根上拔了，类似的东西不要再让它长，这才是知行合一。

五、"不动心""事上磨"

1. 不动心

什么叫不动心？不是你用另外一个心来控制这个心不让它动，良知正是"不动心"本身，所以不动心就是不要违背我们的良知。你的所做所为不合"良知"了心才会动，合了"良知"事过则了，心还是不动。

王阳明说，"孟子的不动心"与"告子的不动心"，所异只在毫厘间。告子只在不动心上着功，硬要把这个心捉住，像警察抓小偷似的，要它不动，他是想用另外一个心来控制这个心；孟子认为此心原是不动的，只是自己对外有太多的疑问，被外在拉着跑了，因此孟子主张"集义"就是心志要高，即"吾善养吾浩然之气"，且要通过不断学习来打通自己的内心，当心成了通道，外在就无法扰动了，这时候才会体认到心之本体原是不动的。

你要知道"天加福是逆来的"，别人的毁誉，你都能不受影响，其他的事更不能让你动心了，这就叫修得此心不动。你要真是着实用功的话，别人骂你，也是在帮你。他欺负你了，就是让你去毛病，涨功德，处处得益，处处都是你的进德之资，是你的资粮。他毁谤你，欺瞒你，都是给你送粮草来了，都是让你继续提高自己。你要是不用功，心动了，这些就都是魔，而且终会被累倒，总会被这些牵牵绊绊、风风雨雨拉垮。

2. 事上磨

"事上磨"是"不动心"的试金石，也是"知行合一"的训练场。行不行、真不真，事上见真章。有了事上磨，在现实中碰见事儿了就能顶得住劲儿，就不会临事便颠倒了。所以说"人须在事上磨，方立得住"。

"事上磨"，是心学的一个核心功夫。"事上磨"，磨的不是事，磨的是心。王阳明有时候说是"心上磨"，你拿镜子照东西，照不清楚，怎么办呢？你是去擦那个东西，还是过来擦这个心镜呢？东西擦得再亮，我的镜子是模糊的，也还是照不到。只能把镜子擦亮，所以"心上磨"是擦镜子，把心镜擦亮。从老师那里得到指点，自己在心里面反复地磨，这就是传习。

事事皆学问，王阳明由科举而从政，在政务上磨炼，增长见识，修养德性，不妨碍求得真学问。最怕"坐枯禅"，一味追求清净，遇事便乱，把知识学死，终究功夫不上身，死不见道。圣贤是圆融无碍的，《华严经》讲的"理无碍""事无碍""理事无碍""事事无碍"四个法界，是修行的四个阶段。功夫要到最后一步：事事无碍法界，任何事都透得过，毫无挂碍，才算得上成佛。我们凡人总是活在"矛盾"与"碍"中，活在自我的计算能力范围内，不断颠倒着目的与手段，又总觉得会顾此失彼，因而患得患失。唯有圣人可以打通为一，不计得失，不分彼此，真正做功夫，在事上磨炼，从而能知行合一，天人合一。

六、"良能""内圣外王"

1. 良能

良知、良能互根互动，好像阴阳鱼合成太极，而且不是静态的平面图，而是涡轮状的，动静一体、彼此难辨。良能是本能、良知是本知，人们都忘了"本"，被各种习性牵缠遮蔽。致良知的意术的基本功是：静坐收放心（阳明一生坚持静坐，在官衙里一旦得空就静坐），克各种私心杂念。这叫作"慎独"、良知就是独知时。静下来能够见"体"，动起来能够见"用"，静如站桩，动如打拳。纯真的良知是觉悟性，不关乎思想、利益的直觉，没有附着物的知觉性。

2. 内圣外王

"内圣外王"就是良知成良能。"临事无失"时就是良知成良能了，一遇事变成一种本能反应，如同武功那一出手便是。

内圣外王的"王"一定要读"去"声，也就是我们常说的第四声。内圣外王是一体的，而人们一直习惯把这个分为两回事，说"内圣"是修炼成一个艺术品、花瓶似的，一个没有任何瑕疵标本似的；"外王"就是出来打打杀杀的。王阳明自己就说过这俩是一回事，外王是你表现出来的，内圣是你自己内心的修为。

王阳明在衙门里面，没有公事的时候就静坐，静坐就是一种超越，摆脱眼前的骚扰回归自己的本心。这就是在修炼"内圣"的功夫。正因为王阳明在这种静坐当中，产生了一种"静明"，所以每临大事有静气，处理问题就不冲动做决策。这种静使他能拿出最好的方案来。你说这个到底是"内圣"还是"外王"呢？这是一个整体，既是"内圣"又是"外王"。

王阳明所悟的"格物之旨"就是把朱子的从外面做功夫变成从内心里做功夫，就是把认识论变成伦理意志。这样做的魅力就在于把做人与做事"简易直截"地等同起来，找着了实现"内圣外王"这个儒学最高理想的通道。如果你真诚的话，每天都可以觉得自己走在成圣的路上。其基本功夫就是"狠斗私心一闪念"，一分钟都不能放松，"如去盗贼，时将好色好货好名等私逐一追逐，搜寻出来，定要拔去病根，永不复起，方始为快。常如猫之捕鼠，一眼看着，一耳听着，才有一念萌动，即与克去。斩钉截铁，不可姑容与他方便，不可窝藏，不可放他出路，方是真实用功。到得无私可克，光光只是心之本体，便是廓然大公！自然感而遂通，自然发而中节，自然物来顺应"。放手行事自然无往而不合乎圣道。

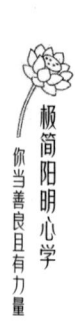

七、三观

我发现当下流行讲"三观",好像一个不先摆出自己"三观"的人,就不配讲有自己的思想,可是现在很多人一旦确定了自己的"三观",这个人就"死"了,因为他拿着死观点、死观念,教条主义式地指导自己,不管怎么弄都是"死路一条",自己死不可怕,可怕的是它还蛊惑很多人和他一起"赴死"。非要说王阳明的"三观"是什么?良知就是王阳明的"三观",它是统一的、活的,这个不能分开说,也分不开,分开就"死"了。

八、"信入""理入"

王阳明说子夏笃信圣人,就是把圣人的话当教条,这叫"信入",我相信它,然后我就进入这个轨道里面了,一般人能够笃信圣人就已经很不简单了。

曾子是每听到圣人的教训就反求诸己,反求诸己就是从自己心里面找,相当于"理入"。王阳明说笃信也不错了,然而不如反求这个更切。这个切是什么意思呢?就是针对性更强,更能切中肯綮,更妙、更厉害、更重要,就是我从理上明白,我从内心里边把自己彻底说服,把自己的问题彻底解决了。

"安心之法为上法。"如果我面对一种传播很广的学说从心里面接受不了,过不去,这个时候就要抱着"不信的态度去相信",既然我心里接受不了,只能说它不适合我,所以要在继续寻找的路上去体味。切记不能局限在"旧闻上",即旧的权威上,粘在那个旧的说法上,痛苦不堪而又不能自拔,来凌迟自己鲜活的生命,要有"改道超车"的勇气,来追求那个符合自己的、真正的、正确的东西,总而言之,要走自己的路。

阳明学说的宗旨就是:"精"是"一"之功,"博"是"约"之功。"精"做到没有私心杂念,为了什么呢？是为了恢复心体的大全,"博学于文"是为了约之以理,我学了好多东西,是为了让理更好地走进我的内心。"约之以理"在王阳明体系里叫自律,不是他律,是道德律令,是我自己内心的一种需求,我博学于文是为了解开疑惑,验证、确定自己的内心更加精纯。

第 15 讲

通俗易懂——解码心学的奥秘

一、通才是道，不通就不是道

阳明一生功夫在"打通"自己的内心，自己内心通达了，再看"儒释道"三教思想也自然"贯通"了。通了才是道，不通就不是道。

王阳明提了一个纲领，"只要解心。心明白，书自然融会贯通。"这是王阳明龙场悟道验证过的。他悟了道以后默忆六经，都通，都能跟他印证，就跟心印似的，能对得上，都能融会贯通。若心上不通，你光去书上去找文义的通，即使你解释通了，那也叫意见。这个意见是偏见的意思，等于你的私人意见、个人看法，不是公理。你好像通了，其实又多了你的个人的偏见，对心体来说，不是营养。

阳明心学的理论几乎"无一字无来历"：心即理，吾性俱足，有孟子的性善论、陆九渊和禅宗的明心见性。致良知，有《孟子》《大学》《中庸》的同类表述。能将我心与天理合起来的道理则有"儒释道"三家的共同的"万物一体"学说。王阳明也曾想过各种想法，也沿着各种路子走过。他发觉已经有的那些现成的思路、现成的词语以及那些现成的思想体系都是有限的，都不能达到与时俱进、与时俱化。也正是因此，他毅然改道超车，最后用"致良知"三字真经，打通了儒释道三教的通道，走出了自己的路。

王阳明说，凡观古人言语，看古人的话，就是在以意逆志而得其大旨。"以意逆志"是孟子提出来的理解圣贤思想的一个解释学原理。"以意逆志",其实就是等于用你的思想去接近圣贤要说的那个境界,掌握他的精神实质。你要是拘滞于语词,拘滞于表面的意思,那么靡有孑遗,靡有,就是基本上没有了,没有什么?没有孑遗。

然而,王阳明能够在"此时此刻"搔着广大思想爱好者的痒处!奥秘在于恢复了圣学的艺术感染力。他本人将圣学艺术化了,并能艺术地在"儒释道"三家通用的走廊上取我所需地酿造着心学之"蜜"。他说:"圣学,心学也。"一方面表示自己在高举圣学的大旗,更是在说圣学就是唤醒人自身的心灵感觉。

心学是"儒释道"三教的精华,阳明用释道的功法完成了儒家的使命。王阳明说比如有三间房,佛教来了,好,给你一间,住东边。道教来了,也给你一间,住西边,我只要保住正中这一间,就行了。王阳明说这正是人们对待二者的态度,他认为这不对。来了就来了,佛来了请进来,找个地方给他住,道来了,找个地方给他住,但这三间房还是我的。就跟这个一样,你要着了相,采取一种对抗的态度,反而损失大。

有人问:佛教,它也要养心,但是它不能治天下,这是为什么?王阳明说,我儒养心未尝离却事物,只是顺其天则自然就是功夫。释和道是旁观天下,儒家是担荷天下,所以提倡心物一元,要离了物,心也不存在,我们是不离开、不拒绝事物的。佛教是要尽绝事物,然后把心看成幻象,无明的发用,都是幻的,如幻如梦,渐渐进入到虚寂去了,便与这个世间没有交涉了,所以他不能治天下。王阳明对佛的理解就是修身养性,修炼思维。把功夫练成了,回来为广大同胞做点实事。

"释道"对王阳明来说,都是为儒家的人生观、价值观服务的。王阳明学好这些东西是为拯救世道人心,为了完成他来人间的使命。这个使命就是叫作"觉世行道",就是走自己的路去,用自己的方式去唤醒民众每个人都有的良知,然后让每个人督促着自己长进。"苟日新,日日新，又日新。"人活着一天比一天有长进。儒学和心学追求就是这个，而且这种快乐叫作"精神灿烂"。

"儒释道"三教合一，在王阳明这里三者是有机的，而且在王阳明这里只是起点。所以说王阳明心学是个有机体，而这个有机体的核心就是良知，而良知就是打通万世万物的通道。

二、心学是心灵解缚学

阳明摸索出来致良知之路，是要让心回到"无善无恶"的纯真地带，从外在的观念之网中解放出来。

对于不研究天文、地理，只关注人性的中古人文观念来说，关于人性的定义是这观念之网的"纲"。然而关于人性的定义也只是短暂的士民协议。谁垄断了这个制定话语的权力，谁就是这个时期的真理发射者。真理是人说的，而人是能够说出任何"真理"的。没有人愿意承认自己只是在铸造偏见，于是人类意识的万花筒便成为各种打扮成真理模样的偏见方阵的集合体。所以，心学要求复归心本体以摆脱假象，回到纯真，还我清白。

这，很难很难，比孙悟空要跳出如来佛的掌心还难，因为须广泛改组人的意识结构。王阳明将"心"论证为先验的直觉，既独立于实用，也独立于道德，因此能够让人走出"意必固我"的洞穴，走出闻见道理加给你的井蛙之见，这才能日新日日新地"自力更生"。你的"自性"能够成为"心王"，你就成功了。心学是把理性快乐化的感性学、身心学、成功学。心学近事远看、远事近看，高度随机，又绝对万变不离心宗，从而真诚地沿着大道中行而进。

三、心学"让人十字打开"

在短视频上看到过一个教授说,既然王阳明心学这么牛,怎么还上不了官方教科书?你看朱熹就能上,所以说这个程朱理学多么多么伟大。我很少看这些,也很少评论。但是我觉得,他说得不好。

程朱理学这条线索对中华民族有作用吗?是很有作用。但上面短视频里发出的这种赞美也是滑稽的,根本赞美不到点上。大程是心学的头,小程是理学的头,所以这个程朱理学不能混在一起讲。小程和朱熹做出了一个重要的思想贡献。任何理论,包括朱熹格物致知的理论,属于科学线条上的。也有人为朱熹惋惜,说如果沿着朱熹的思想一直走,说不定我们很早就能科学发达的。这说的是良心话。因为朱熹的格物致知是能走出一条科学的路来的。从横轴看,在认识论这条路上,朱熹是推动其发展的。因为先秦也好、唐宋也好,儒学就是围绕着圆圈在自循环。能打开一个前进的路径是功不可没的。

陆王心学的贡献是什么?陆九渊说,孟子对此提到过"让人十字打开"。"让人十字打开"这个话特别有感觉。我们光在地平线上爬那是不行的,必须十字打开。一个人要是把自己的十字打开,就有了牟宗三老先生说的一条立轴,也叫纵轴。这个立轴就像是横轴的统帅,有了这个统帅你就可以统领横轴上的一些知识积累了,活出自己的高度。所以说程朱陆王他们合起来,为中华民族的认识,包括思想、人格的整个大的图谱支起了一个很好的框架。

练武功的朋友们都知道,站桩就要站出一个十字劲。你要是个偏劲,就成纸人纸马了,一推就倒。站成十字劲了,才能够支撑八面。这是从体育锻炼的角度来说的。而从程朱陆王的纵轴、横轴的大思想结构的角度来说,一个人必须十字打开,必须站出十字劲,才能够立于不败之地。首先要做到不可被战胜的,你打我但打不赢我,而后我再谋求去打你。

这是一个兵法上的常识。也就是先站稳脚跟，竖起脊梁骨。这好像成了一种道德教化了，里面包含着一种人性建设的基本原理。每个人都在各自的水深火热中挣扎，对于王阳明这种个别的人，他也挣扎，不过他挣扎的力气比较大，一下打出了地平线，突破了水面，上去了。他想成圣的十字劲让他能突破地平线，突破主流的水面，能够成功。能够站起来，立住了，传下去。这个东西就靠王阳明他自己。他很小就给自己定下成圣的志向，干不成就等于白活了，加上自己身体不佳，他不断催促自己一定不能白活，时间紧，外在困难多，没有时间去周旋，因此他毅然回归自己的内心要自个儿成全自个儿，所以他干什么都有这么一个自觉性、主动性。

四、心学简易直接

心学区别于理学的一个风格性的标志就是——简易直接。这个简易直接的显著特点是什么？就是不穿着袜子洗脚。理学，包括再往上的汉儒的汉学，不但穿着袜子洗脚，而且穿着皮鞋洗脚，隔一层再隔一层。说是"春江水暖鸭先知"，但这个肉和这个水已经打了好几层隔断了。这是没有意义的，是人软埋自己的一个常用通道。根本原因在于忘了初心。那个初心就是光着脚洗脚，别穿袜子，别穿鞋。这就是简易直接。别穿靴戴帽，这个东西直接就来了。而讲话一穿靴，一戴帽，你就知道，这是套话。

心学在解决具体难题中也是简易直接的。我当年最喜欢王阳明的一句话是，杀鸡要于咽喉处着刀，别拔鸡毛。王阳明嘲笑程朱理学，"今日格一物，明日格一物"，就相当于是拔鸡毛。我把意一诚，心一正，在咽喉处着刀，一刀就完事了。你鸡毛拔完了，那只鸡可能还活着，还可以照样游走在宇宙之内。

例如，发洪水的时候，长工揣一块菜干粮趴在树上了，他那个东家弄了块最大的元宝揣上也上树了。洪水来了老不走。树上是安全了，水在底下漂。一天以后，这个长工咬一口菜干粮，嘎嘣嘎嘣的。那个东家拿了元宝他咬不动了，要拿这个元宝买长工的菜干粮，长工不卖。这个时候，菜干粮就不是一口粮食了，是决定了生和死的东西。三天三夜之后，地主怀揣那个元宝见财神爷去了，长工把菜干粮吃了活了下来。这就是一个简易直接的比方。

五、心学是善良出能力

我们痛苦是因为我们无能，人的能力从哪里来？王阳明说是从人人具有的心力来。心无力谓之庸人，而歹徒强盗心力高强却天良丧尽，这个问题怎么解决？怎样才能心力强天良盛呢？王阳明说知行合一，静虑息欲致良知。致良知的人是善良有能的人，是能够善良出才能的人，是拥有善良之才能的人。静虑息欲这个办法的要领是摆脱思维定式（成见、定见），从而明白活泼地做出个最好来。

要想活出本真的人之味，就必须从沉沦的泥淖中超拔出来，去蔽解缚，明心见性，恢复自性的自然生机，从而超凡入圣。用扩张良知的方法，即用自我的力量来完成自我，让生命去照亮生活，而不是用生活剥夺生命，"今日良知见在如此，只随今日所知扩充到底；明日良知又有开悟，便从明日所知扩充到底。"全提向上，不为任何外在的功利目的丢失"自我"，又不陷入那种束身寡过，一事不为的怯懦小儒的可怜境地；要从心髓入微处痛下自治功夫，既抗拒循规蹈矩之虚伪，又拒绝龙拿虎掷之欺骗。告别颠顶糊涂、竞奔险狭、自私自喜、自暴自弃等自己活埋自己的活法，不做世俗的奴隶、境遇的奴隶、情欲的奴隶；自力更生，增强自己的善良和能力，当你的善良能够给你超强能力的时候，你就活出自己来了。

王阳明说，世上的人，都因为把生身命子看得太重，就是活命哲学，不问当死不当死，都是委曲婉转，贪生怕死，就是拐着弯也要找借口活下来，这样，把天理都丢了。一旦能够忍心害理，何者不为？若违了天理，便与禽兽无异，便偷生在世上千百年，也不过是做了千百年的禽兽。这话说得好，学者要于此处看得明白。

六、阳明心学是办法学——兵法思维

阳明心学比较突出的特征是什么？王阳明的思维方式和生活方式以及他的一个行为方式，都具有一个共性的东西就是"兵法"。

他建功立业的时候，用的是兵法，这是他兵法思维的展现。兵法首先侦察地形，不把地形侦察好，那怎么用兵？然后必须了解敌人的情况，了解敌人的情况，最现成的办法就是用间谍。王阳明剿匪主要是用间谍，平叛宁王主要是用的反间计，要不然怎么能以少胜多呢？这都是兵法。过去那些呆儒，就是迂腐的章句之儒，觉得兵法是暴力，不是好东西，多不高明啊，多么野蛮！王阳明就辩护，孔子就说了有文事必有武备，没有武备的这个文事，站不住脚的。中国哲学的奥秘其实就是阴阳，阴阳思维就是兵法思维。无论是日常生活，还是领兵打仗，王阳明是把心性智慧与兵法思维打通了的，他一生都在用出世的精神做入世的事业，把自己活成了一位圣雄。

七、阳明心学的奥秘——凡事从心里过

心学的奥妙就是变，这个变的源头在哪里？在这个心上——心之力。王阳明为什么找到良知以后，他就放心了，他的理论就自洽了，就是因

为良知生发出来的良能。什么叫良知呢？就是能知道真理的那个能，就叫良知。关键在这个能上下功夫。这个能是什么？能是上天赋予我们的一种人性。

关于人性，张载、陆九渊还有王阳明说，人性本来跟天地是一样的。我们越活越轴，我们的私心杂念，我们的各种习气和毛病让我们活成了一个不像人样的情况，这时怎么办呢？就是要突破自己。

王阳明心学的"致良知"之道，高度强调道德的自我完成，并因为这种追求相当纯粹反而建立了救时济世的事功，并不像以往那些艺术品的君子那样，讲道德就什么也不干了，不是两张皮，而是一种精妙的贯通：超道德而道德化，超实用而相当实用，真诚至极又机变至极，高度恪守道德又相当心智自由。将一生变成了自觉改造自己、自觉改造社会的觉世行道之旅。每一天都不白活，无事时成圣，有事时成雄。

王阳明5岁后才开始说话，形成他内倾型性格。从心理学角度说，王阳明是个问题少年。五年不能开口说话，让王阳明学会了凡事从心里过。

王阳明之所以是王阳明，很大原因就在于他5岁才开始说话。这个这么重要吗？就这么重要。他5岁才开始说话，开发了他耳朵的功能。圣人的"圣"字，其古字形模拟一个人竖着耳朵听人讲话，本义近于聪，指听觉敏锐。《楞严经》①中讲耳朵有一千二百功德，眼只有八百功德。因为眼睛可看前面、看左、看右，后面看不到，耳听能听环绕声，能听看不见的东西。古人以为圣者闻声知情，通于天地。圣人善听，通过听能发现很多我们看不见的东西，耳朵能占领那个看不见的地方，可以向看不见的地方开枪。奥秘就在于此——看不见的会决定看得见的。

---

① 《楞严经》全经名《大佛顶如来密因修证了义诸菩萨万行首楞严经》，是佛教的一部极为重要的经典。在《法灭尽经》上说：末法时代，《楞严经》先灭。

庄子说"可以见者物之粗也"。我们能够看见的是什么？我们能看见的永远是相，若见诸相非相，才见如来。你要老在相上活着，就永远找不到来处，也不知自己的去处，肯定是过不好一生的。因为你着了相，那个相又很大，就像柏拉图说的像蚂蚁爬大象似的。我们人是蚂蚁，这个象你能爬得过来？朱熹的格物要求我们今日格一物，明日格一物，然后格尽天下之物，从而豁然贯通，得到通达的理，这就好比是蚂蚁爬大象，到死都爬不完。人生也有涯，知也无涯。王阳明说，认死也格不完天下之物。

王阳明小时候不会说话。正是因为他说不出话来，所以他只能听，听完他不能及时地和外在互动，只能在心里自己琢磨和体会，这就叫"过心"。我们小时候都是耳朵进来，嘴巴立即表达出去。这也是古人讲"为己之学"和"为人之学"的区别。"为己之学"是给自己学习，是入心。"为人之学"是道听途说、现蒸热卖。荀子说了句很刻薄的话，说这样的人耳朵和嘴之间，四寸而已①，这样浅薄。

我们平时一定要"存心养性"，就是要时时保持自己的良知，保持一种警醒的状态，别放逸，别放松自我改造，这样就可以养上天赋予我们的本性，时间久了，自己先天能量就会越足。大事小事，张嘴说话你都用心，不能麻木不仁。我们现在说"那个人他说话不长脑子，说话不过心"，说"他就是个直筒子，你别往心里去"诸如此类话的时候，都是描述一种不过心的状态。过心和不过心，就是你受不受你的精神最高端那部分支配整合的一个要害。

有人问王阳明："你那心学是啥东西啊？装神弄鬼的。"王阳明就一笑说："我给你举个例子吧。我学习书法一开始是临摹。"由于王阳

---

① 君子之学也，入乎耳，著乎心，布乎四体，形乎动静。端而言，蝡而动，一可以为法则。小人之学也，入乎耳，出乎口；口耳之间，则四寸耳，曷足以美七尺之躯哉！古之学者为己，今之学者为人。——《荀子·劝学》

明有关佛学的认知启蒙较早，所以他非常喜欢临摹怀素的帖子。王阳明心情不好的时候就喜欢临摹怀素的《自叙帖》，怀素的狂草可以给他一种疏解。王阳明说："我一开始就是照猫画虎，只怕跟人家那个不像，结果它老不像。后来我拿起笔来，不急着写，我就在心里面想，心里有了字形，我再落笔写，一写就出来了。"这是王阳明自己的比方，用今天的话来说叫权威论证。王阳明5岁才会说话，心里过了好多东西。他会说话以后，大人一说什么，王阳明很快就把下面的话说出来了。他爷爷就问他："你咋知道？"他就说："你那会儿跟他们说的时候，我记下来了。"这就是"心学"的一个起脚地——过心。我有一个佛学师父就说："话到嘴边含住。"就是让你过过心，看一会儿你还想不想说。一会儿想说，那可能就说了。你要是两个钟头以后就不想说了，这话就不该说。这个心就是干这个的，"心之官则思"。

"心不是一块血肉"，不是生理上的，凡是有觉知处就是心，心就是觉知力。觉知性是不虑而知的直觉，眼能看耳能听，手足能知痛痒，都证明觉知就是心。这个直觉是觉悟之源，是精察内心和万物的根，是人之为人的基元，比如醒来、开悟，这些靠的都是知觉、觉知、直觉、良知。

八、心学是性命之学

心学就是性命之学，性命之学就是想把这种生活的细节思想化了，把思想生活化，它是个周流，使自然行动变成一种有意义的行动，这是心学是生活方式这个核心特点的显现。

我们要把握着这个核心，我们说话时，一个表情也要能跟周围的人随时交流和应对，要做到把一个自然的东西变成一个有意义的东西，还不做作，还要有这种凛然一觉的精警，时时提示自己的这么一种诚意。

有了这个诚意，去掉傲的毛病，不自欺地面对经典里的每一句话，自己默默地在那里学，往心里面流，这种审美的情愫，或者道德的善感，积累自然成长，这个过程就叫"集义"。

一个学生感叹：私意萌发的时候，良知也能知道这些是该去的，但就是赶它不走。王阳明是个好教师啊，他回答说："你萌时，这一知处便是你的命根，当下即去消磨，便是立命功夫。"你私意萌动时，你自心中能够知得它的知处，这是你安身立命的根据。"当下即去消磨"，用这个知去消那个萌动的私意，这就是立命的功夫。常说心学是安身立命的功夫，过去选择学问，一定要确证这是安身立命的学问还是混饭吃的学问，要严格区分开。现在不讲究了，都是混饭吃的。除非对自己有高要求，有志气的，讲人性尊贵的，才讲究这安身立命的功夫。

九、心学不是万能的

心学是"胜物"。所有的心法都是想着如何胜物，都想造成"我顺人背"的时势、时机。都想不等于都能。能够如此的也未必是能力够如此，也许正好"机运"使得如此了。单靠心法未必能奏全功，还要看大形小势，心学主要是想解决一个开端正、感觉对的问题，具体操作该咋样就得咋样，如打仗就得按打仗的套数来。

十、"知""行"是"合一"的，为何总是被分开说

古人既说一个知又说一个行，为了什么呢？为了针对社会上两种常见的现象：

一种现象是有一种人就是懵懵懂懂、任意去做，盲人骑瞎马，夜半临深池，"全不解思惟省察"。古希腊哲学讲反省，未经反省的人生不

是真正的人生。现在任性地活在自我感觉当中的，不知道天高地厚、天圆地方的人就属于这种"全不解思惟省察"，他们最后办到一个什么呢？办到一个"冥行妄作"，"冥行"就是在黑暗中乱碰，"妄作"就是不管最后的结果。对这些人就侧重说个知，你让他先学会"思惟省察"，先有了觉知，对事物有个觉知，对你的心有个觉知，从你对心的觉知然后知物性，然后知天，然后知命，所以说知心、尽性、知天、知命，对这类型的，必说一个知，如果要不说知让他去行，他就更盲人骑瞎马，更是胡撞乱撞，这是没有头脑的类型。

另一种人是茫茫荡荡，悬空思索。这派人好静，就是全不肯躬行实践，只是在那里揣摩影像。王阳明有个徒孙叫李贽，李贽嘲笑知识界、思想界、学术界"一犬吠影，众犬吠声"，第一个狗看见一个什么影，"汪"一叫，剩下的狗其实没看见那个影，但是也跟着那个狗叫"汪汪汪"，一会儿狗叫连成一片了。这些悬空思索的，因为不落地，整天在那儿画饼，叫作模拟影像，没有实体，只能摸着墙上的投影，听着没有实体的信息。所以必说一个行，方才知得真，这是古人不得已的一种补偏救弊，是针对不合理现象的一种分析。"若见得这个意时，即一言而足"，明白了古人把知和行分开说，来辨析，针对的是两类错误，你见了这个意就明白了。

今天人们把知行分作两件，指的是什么？王阳明整天跟这种现象斗争，直到鲁迅还在继续斗争，这叫作二重道德，就是知和行故意地歧出，"言行不一""知行不一""心口不一"，"你等我五分钟"，五十分钟过去了，还看不见他，他说等我五分钟的时候，他就根本没有想用五分钟结束。这个二重道德，自己是一重，我要怎么怎么样，利益最大化，轮到对对方的时候，他要利益最小化。

东西方文明有一个共同的主题，"不要撒谎"，一撒谎，心就破了，撒了一个谎后面还需要一千个谎来圆前面这个谎，最后自己都不知道

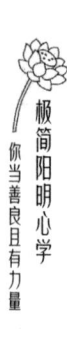

哪句是真哪句是假。所以"今人将知行分作两件去做",指的是这种明确的、故意的言行不一、知行不一,这才叫"道术为天下裂",就是理论和实际脱节,教育和社会实际需要脱节,人的真诚被虚伪异化得越来越厉害,虚伪把真诚挤压得越来越小,只有到快死的时候良知最后一现。心学上管这叫作"渐灭",就是说心灯都灭得差不多了,到"人之将死其言也善"的时候,"嘣"一下子,才亮闪一下,这个现象才是心学真正要对付的。

如果你知道了"知""行"是"合一"的宗旨,你就说两个也没关系。你要是不领会这个宗旨,就说一个照样也没用,也是一场闲说话,解决不了你思想的问题,你功夫上不了身。"知行合一"关键在"诚"不"诚",诚则知行合一,不诚则知行歧出。

十一、人生的价值意义应该是怎样的?

"世界上没有两片一模一样的树叶",何况人呢?儒只在分量上较量,是小市民习气,所以流于功利,这种计较是功利主义的。只要除去了计较分量的心,每个人尽着自己的力量和精神,只在此心纯天理上用功,抓住这个舵,沿着这个用功,即人人自有,个个圆成,便能大以成大,小以成小。虽然雷锋是个战士,是个班长,但他也照样是圆成,是一个不朽典型。不要羡慕外面的东西,不要向外去求,我性具足,你自己都有的不要去和别人比较。当你做到了这一点,你便做到了实实落落的、明善诚身的功夫。你要让自己明明德,让自己诚意诚身(《大学》讲诚心,《中庸》讲诚身),你才能提高自己的德性水平。

后来的儒不明圣学,不知道从自己的良知上体认,纵向提高,却横着去求知其所不知,求能其所不能。一味只是希高慕大。不知道自己是桀纣心地,动辄要做尧舜事业。如何做得?你不去改造自己的世界观,只知做大,那是做不成的。你自己是桀纣的心地却要做尧舜的事业,这是自相矛盾的。终年碌碌,直到老死,竟不知成了个什么?可哀也已。南辕北辙没抓住根本,所以这样的人是很可怜的。

第 16 讲

心学进阶 —— 真学心学要亲证和彻悟

一、良知亦有起处？

一个学生问王阳明："良知亦有起处？"良知有没有起处。王阳明说，良知没有开端，也没有终结，也不会停息，万古一日。就是因为它没有起处，没有起处又无不起，所以"心之本体，无起无不起"。人在妄念起的时候，把良知丢了，良知依然在那里如如不动；一个糊涂人、一个混蛋，他的良知依然在，这是一种超凡坚持，不然的话，良知学说就不能自圆其说，良知学说就没有那么伟大、那么有力量了。

答顾东桥书就索性说良知、天理，永在人心当中，要是不坚信这一条，就成了彻底的虚无主义了。这个社会现状不合理，但是现状不等于应该，所以还可以望豪杰之士把良知发扬光大。人不知察，则有时候就是昏蔽，有时候放弃，但是实体都永远在，我们要做的就是存养，存心养性。有时候被遮蔽了，但是良知本身的光明一分也不少，只要你能够反求诸己，回到心里头，你一找就能找着。你要说良知有开端，有起，那就有终，有在，有不在，那就不叫本体了。建立本体论是良知对中国文化的一种拯救，可惜未竟其志。

二、真学心学要亲证和彻悟

良知是共同价值，个人的良知是具体的，还得自己找，不然，良知也成了套路。

良知就好像太阳，无心照物，但是无物不照。无照无不照是太阳的本体，良知本无知，你们却要求它有知。本无不知，你们却怀疑它有不知的东西、不知的时候，只是信不及耳，就是因为不坚信，就是你还没有建立信仰，你还没有信入，还没有进去。这话的宗旨是要对良知建立信仰。这种精神学问，有信入这样一条路，只要你信它，你就进了多一半了，跟立志一样，志一立得，就得了多一半了。信人、理人，都是人，"信为道元功德母，长养一切诸善根"①，信仰坚定才能追求真理。

信不是盲目地去信，信需要感觉上的呼应，就是"道交感应"，这样你的信是"不信而信"，自然而然。

王阳明说这个悟，从文字上解说，叫解悟。你受到触动，你心里面产生了反应，那个叫作亲证，就是亲自证得，但是这个还不算彻悟。

这个亲证相当于什么呢？相当于一碗水，你从河里面捞回来它特别浑浊，你把它放在这里，过一会儿杂质沉下去了。清水在上面，泥在下面，好像很清澈了，你好像获得了一种亲证，心里无限清凉，觉得我开了悟了，因为我看见本来了。但如果你再扔个石头块，或者拿个筷子一搅，它又"混浊"了，这个"清澈"又站不住脚了。

啥叫彻悟呢？彻悟就是说，一杯水清澈了，再也不会混浊。就是人在世上，经了世事磨炼，被打倒还能爬起来，依然不改变。再被打倒再爬起来，越发坚强。这个叫什么？这个叫彻悟。

想要达到彻悟需要在事上磨，磨出来的这个意念是你的营养液。电

---

① 出自《华严经》。

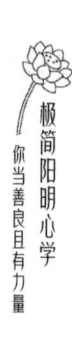

影中一个很感人的画面，坏人看了也会掉眼泪，你看他掉眼泪的时候，会觉得他应该是个好人啊。但他从这个电影场出去，他就又变回去了。你读了《论语》以后，跟原先一样，你这叫不善读书。但如果你读完《论语》以后，跟原先不一样了，你出去碰见土匪，碰见难民，你把土匪平了，给难民救济了，回来更加坚信《论语》了，这才叫善读书，这个才叫彻悟。很多人说读圣贤书没用，是圣贤把我骗了，如果你不能按照圣贤书上去行，不是圣贤书没用是你没用，不是圣贤把你骗了，是你把圣贤给骗了。

今人将知行分作两件事去做，先去讨论知，待知得真了，再去做行的功夫，这种情况将终身不行。你终身不行，你就会终身不知。你不去实践，不去行，怎么能证明它是你的呢，这是终身不行亦终身不知。你并没有真正跟它融为一体，这不是小病痛。

三、心学让你做自己的主人翁

在动画片里，哪吒往那儿一站说："我命由我不由天。"这个"我命由我不由天"就是自己做自己的主人翁，这是心学所主张的，也是心学所接受慧能祖师禅里的一个核心。我在《王阳明大传》里写过，王阳明他就怕白活。王阳明是个病人。他的病使他特别着急，就怕来不及，有点操心强迫症。"真诚恻怛"的"怛"就是这种操心强迫症。他学兵书不拿它考试，完全是一种自主性、自觉性的为己而学。这样反而能学成，能学到肚里。

王阳明志气大，不想当一个白填陷[①]，他认为像他父亲那样活一辈子的人，也是白填陷。大明朝王阳明见过的官员车载斗量，都差不了多少，活着跟死了，死了跟活着一样的。因为他们没有拿出自己的作品来，没

[①] 白白浪费，自我活埋。

有创建精神上的里程碑。所以王阳明他要打一场独立战争，一定要拿出自己的东西来。他在写自己的史诗，一生都在写。

四、学习心学志气要高，心的姿态要低

志气要高，心的姿态要低。这就叫"地低成海，人低成王"。你每天都在往下挖，最后你就成了大海了。

有些人每天都要虚荣，要变态自尊，说什么话都要显得他比你高。你说这个是灰色的，他非告诉你，它还有点黑。反正他不同意你，就是这种变态自尊让他以为好像获得了瞬间的胜利。但是，他把自己的学习的机会掐断了，把能让自己提高的那个线头去掉了。

我们这一代人，做学问起步都差不多。随着改革开放，很多学者认为商机难得，要下海，趁着形势大好要先挣一套房子给孩子，然后再回来继续做学问。我们这代人中抱着这种念头去下海做生意的老师很多。但是如今，没见有一个回来接着做学问的。他再也回不来了。就算他那点功底还在，但是他的心气已经不在了。他后来挣钱了，不用发愁了，但是做学问的这个沟渠已经堵住了。

王阳明心学要改变的是什么？改变的是我们对这个世界的感觉方式。这是根，别的都不是根。你对这个世界的感觉方式改变了以后你就可以改道超车。他在那儿哇啦哇啦叫唤的时候，你不用急，你睁开眼睛也看不见，但是你能感觉到，他的那种虚。真正的东西是看不见，摸不着的，只能感觉到。

比如有人问一个大龄女孩："你不想结婚吗？"女孩说："我当然想结婚。"那个人接着问："那你怎么还不找？"女孩说："找了就是感觉对不上。"好多人给她介绍，她看得见，摸得着，但是她想找的那个感觉出不来。感觉就是这么个东西，它就是看不见摸不着，但是它确实存在。这比那种看得见，摸得着的更致命。搞对象，拿个表让对方来填身高多少、体重多少、家产多少、学历多高等，这些是没有什么用的。还得现场看一眼，看看感觉怎么样，这个才是关键，这个叫简易直接。所以直觉就是打眼一看。

鲁迅站在十字街头抽烟，一群马队跑过来，栽倒了，鲁迅不管。一群人走过来，摔倒了，鲁迅也不管。你说鲁迅麻木吗？鲁迅属于那麻木的看客吗？那绝对不是。鲁迅就是恨这种麻木的看客。他不管，是因为他要再往深里看。他要揭示出来国民的灵魂所在，要写出这个社会的瞒和骗，写出这种沉默背后的根源。鲁迅《祝福》里面那个主人公祥林嫂，她是一味地低，也没有低出觉醒来。只有志气高的人在低姿态中才能保持主动性和觉知性，这叫道在低处，高了就"糟糕"。这才是心学的学问。

五、学习心学的窍门——时刻保持心的"虚灵不昧"

我们要尊敬万物，要保持在一个尊敬万物的状态里，那么在这种状态下你的精神空间就会自然拉开。你见一个老师，你尊敬他，那么他说的话你就能入心。如果没有这个尊敬的态度，见到一个老师，还没等老师讲几句话，自己内心就想，你看，还不如我水平高，就这样还能当老师，你这么一想，他说啥你都记不住。所以人时刻保持在尊敬万物的状态是很有必要的，但是也不能过度。

理学强调一个尊敬的"敬"，把尊敬讲得最响亮的就是程颐和朱熹，他们的座右铭叫"居敬持志"，这是理学的一个功夫。老吊着一个"敬"字在心里头，就容易装。这等于在你心中又加了一物。这个心是一个虚灵不昧的，你非要给它加一个东西，加一个"敬"它就不自由了，也就不灵了。这样下去不知不觉就会给自己戴上很多面具。

意识到这个问题后，王阳明这一派就提出一个解决办法，这个办法是什么呢？把心里加的东西弄掉，恢复心的虚灵不昧，这个时候心是"静"的，那么我们就走向那个静，待在那个静里，你发现此时的你是自由快乐的，此时你的内心会对万物自然起"敬"。"静"与"敬"就是一字之差，却延伸出来两条路线不同的思想。

我刚开始站桩的时候，怎么也入不了"静"，我就和师父说，干脆我背《心经》吧。师父说不行，你背《心经》也是在想一物。心不着一物，要走到那个安静的"静"里。

学习阳明心学应该保持什么状态呢？就像鸟儿在天上飞，鱼儿在水中游一样，它是一个自自然然的、活活泼泼的有生命的东西，不能做成那种刻板的、教条的、僵化的、呆滞的，那样学习阳明心学，人就成了枯木石灰了，那他所学的就不是心学了。

六、学习心学着力处——要在"根"上着力，"能"上下功夫

王阳明说，"为学须有本原""须从本原上用力"，就像种树，你得从树根上下功夫，你不能在树梢上做文章，这样才能长进得快。

王阳明打过一个比方，你家要娶媳妇，你从东家西家借得东西来，娶媳妇事儿办完了，把东西还给人家，两手空空。但你要是给自己培根，即便没那么大的经济力量，买三张桌子、两张凳子，用完了以后东西还是你的。你从根上学圣人之道，应付科举考试，科举考试完了这些知识还是你的。从根上用力，一是长功夫快，二是你也完成了自己的积累。

心学是方法学，培育的是"能"，能看见茶杯的是我，所看见的是这个茶杯，心学是从"能"上提升我们能感觉的感觉。理学是研究"所"，就是对象，在物上找理就是跟"所"走。"所"知的是已发现的自然结果，我们都在那个"所"上死记硬背了。光速是多少？某个电视剧是哪一年的？死记硬背这些东西，对于提升我们的能力没有用的。所以要在这个"能"

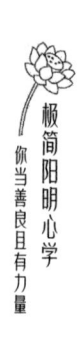

上下功夫。

我一再强调，学心学要学这个"能"字，我们把自家的宝藏弃之不顾，拿着银碗出去讨饭。我们不是不能成为圣人，是因为我们不肯"能"。王阳明这个平民思想家的亮点就是强调人人都可以做到"能"。"不能"是因为众人不肯，不去致知，王阳明说上知下愚不移，不是不能移，是不肯移。圣人只是以"能"，能在这个"能"上做功夫，能把这个"能"释放出来。怎么是培养"能"的功夫呢？王阳明首先讲究戒掉人欲，恢复本来面目，用减法。众人"不能"是因为众人不肯致知，何等明白简易。人不肯戒掉自己的习气，在建立自我上不断努力，从而浪费了好多宝贵的东西。所以超越性的思想让人无我，儒家尚情无我，一有"我"，就成了把自己往小里做的一个小人。

七、学习心学的心态——真诚面对当下，自力更生

学习心学就要真诚地回到你的内心和当下，切不可以"打肿脸充胖子"。你要做好当下的分内之事，今日做到这个程度，就沿着这个程度扩充你的仁义道德，明天再进步一点，就沿着那个程度扩充你的仁义道德，人练武功也一样，这两天进步快，过两天进步慢，很正常。前些日子，你能举一千斤了，今天怎么举不起来了？举不起来，没面子啊，硬要努着，强作一个没有破绽的模样。今天，你的份限没到举一千斤的状态，你却硬举，那肯定会受伤，等于拔苗助长，有可能把韧带拉伤，把胳膊的肌肉也损坏了，等于把前些日子举一千斤的那些功夫也破坏了。这不是小过。人都有虚荣心，都爱打肿脸充胖子，这是好些人的常态。就好像有些上市公司老总，本来没钱了，但还要装出一副有钱人的架势，勉强做出一个没破绽的模样，这都是社会上那些不修行人的常态。比如走路的人，遭一跌蹶，起来便走，不要欺人，作不曾跌倒的样子，摔倒就摔倒，

起来再走呗，不要做出没摔倒过的样子。

有人曾采访我，问对"躺平"怎么看？我就说，古往今来"躺平一哥"是诸葛亮。躺平二哥就是王阳明了。他到了龙场，不躺平也得躺平啊。他这一躺平，反而是好事，撂到底了，反而靠自己站起来了，然后就绝地反击。悟道也好，开窍也好，他突然就明白了只有自己能成全自己。这个叫恢复了主人翁的责任感，恢复了主人翁的意识心。

良知，是自己的灵根。万事万物面前，你只要别欺它，别自己骗自己，按照良知行事，你就可得安稳。你不欺它你心就很安稳，安稳了以后，你精神上就能获得一种洒脱感，你就可以克服焦虑，克服各种你左右不了的力量给你的压抑。

王阳明说："学问也要点化，但不如自家解化者。"老师点化你，不如你自己解化。自己解化是一了百当，自己明白是最重要的，别人不可能一直点化你。自己解化是自己证出来的，修禅宗的自己证不出来，不要靠师父说，师父说了，自己就白干了。必须自己去证，证出来是自己的，自家解化长自家的功夫。

所以我说心学是自力更生之学。只有自己靠自己，靠心头那一点良知。王阳明说过很狂的一句话，"千圣皆过影，良知是我师"，圣人都跟过影似的，我真正的老师是良知。而且越是艰难处，越能激发和唤醒良知，这个时候千万不要空过。

八、要有格竹子精神——勇于进入"痴狂"状态

王阳明格到第六天的时候，他的心和竹子，就像"庄周梦蝶"描写的一样，互相交换了。蝴蝶亦周，周亦蝴蝶。这个时候，心就是竹子，竹子就是心了，这个时候就通了。心即理就是没有阻隔了，就是跟物跟对象一元化了。

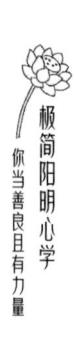

提升感觉的能力，要用王阳明格竹子的这种工作状态。王阳明格完竹子以后，没有用语言总结下来，只将其作为一种念头，一个种子留在了那里。王阳明格竹子这种行为，给人的感觉叫什么？叫痴。咱们常说书痴、花痴、武痴，也就是不疯魔不成活的意思。

当你看一本书，比如《周易》，看了也看不懂，觉得跟天书似的，王阳明就能看通，而且能在锦衣卫大牢里面把它看通，他靠的就是这种格竹子的劲。"格"不出满意的答案，就不放弃，就豁出去了，就是要拿出这种劲儿。全身心地投入其中，这就是进入忘我的状态了。不忘我，就发挥不出最好状态。所以一个人面对一件事情能不怕死就是进入忘我状态，那个时候他的本能就会发挥出最大的能量。

大伙儿都熟悉《聊斋志异》，我讲《聊斋志异》的时候，是从"礼赞痴狂"这一主题切入去讲的。什么是痴？我认为痴就是拼了身家性命，"砸"进这个状态里面来，没有这么一个痴的状态，你活不出自己想要的生命状态，同样，也写不出自己的诗，搞科研也搞不出新发现。

稻盛和夫做京瓷，一开始他只是个很初级的普通工人，为了京瓷能达到他追求的完美程度，他日夜奋战，连家也不回。其他事情一概都不管，中国话叫"死磕"，这就是"痴"。什么都不管了，就为了把这个难点突破。这股痴劲真是一个宝，《聊斋志异》就把痴写通写透了，男子特别想爱恋那个女孩子，但是，受到空间、时间的阻隔和家长的阻挠。他看见一个鸟就想，如果我要能像这个鸟一样，我能飞到阿宝旁边去就好了。他心里这么一想"心方住念"，胳膊变成翅膀一下就飞起来了，"振翼已达女室"，就到了阿宝那里了。阿宝一抚摸这只鸟，这鸟儿就重新变成那个男子。这种痴情能突破障碍，这是精神胜利法，这也是心学的逻辑。

什么是狂？我认为狂就是不顾。王阳明自身就是证明，别人说，你别讲学了你就可以当大学士。王阳明说，我宁肯不当大学士，我也要讲学。这些名缰利锁诱惑不了我，我不管，我不要，我不顾。爷不要了！要有这股劲。

进入痴狂状态后，那个感觉就容易突破。我们平常的状态属于衍生状态。痴狂的状态，是一个根本性的状态，它不是衍生的。把自己的诗写出来，靠的是这个根本性状态。有时候化用别人一点，那叫衍生。唐代诗人李贺的"雄鸡一声天下白"，毛主席改成"一唱雄鸡天下白"，就把那个激昂的情绪带了出来，后面就是毛主席自己的东西。这个衍生状态和这个根本状态，是互相触发的。人必须有根本性的状态，这个衍生状态才有价值。像我们普通人，比如街道大妈，说了一辈子废话，都处在衍生状态，说不出一句原创性的话。她说的都是她外婆教她的。

人一旦陷入思想的漩涡，必须达到疯魔的状态，才能够成活。

九、如何提升感觉的质量——"心地法门，念头功夫"

人的感觉有很多，如何提升自己感觉的质量呢？用王阳明的原话，就叫做"心地法门，念头功夫。"这个心地就是善良，你永远培养你的善根，这个心像土地一样，它能长出任何东西来。经历事情后仍然保持心地善良，这个过程就是在不断优化心这块地。然后呢，你得管控你的念头，即"意牧念头"。意变成意念的时候，就成了一个有组织状的感觉。它不再是一个瞬间变化的感觉，而是一个牢固的，持续的感觉，那个叫意念。

有两个师兄弟，平常练武的时候本事不相上下。这回你把我摔倒，下回我把你摔倒。就是来回这么互赢，差不了太多。后来其中一个当了兵，上了战场了。战场实战了一圈活着回来了，弟兄俩再交手，上了战场的就把没上战场的那个人轻松撂倒了，这也叫意念。平常哥俩练谁都不下狠手，所以意念始终是不到位的。即使平时的技术练得再好，意念不到也没用的。战场上一枪见生死，这叫意念的力量。这个意念的力量就是极限蹦出来的，打破常态的。

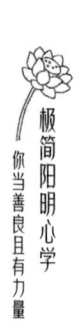

打破常态就会形成一种超常，超常确定化以后，又形成一种新的常态。这个新的常态，就是功力。但是我们很少有面对生死的机会，没有谁一天就经历几生几死的，所以接受得更多的是日常的训练。这个时候怎么练？就是通过艺术。过去我就观察过，有水平的老师，都有一项业余爱好。一个语文老师爱好体育，他的体育能力就能跟体育系的老师持平。我就发觉业余爱好是提升能力的一个根本点。就是"知之者不如好之者，好之者不如乐之者"。业余爱好抛开了外在的利害得失，是自己潜意识真诚喜爱的流露。你作诗有感觉是因为什么？一是，这诗是你自己内心的感觉；二是，因为我们的思维主要靠语言。写诗，读好诗，能提升你的语言能力，语言能力提升了，你的思想边界就扩大了，思想纬度就提高了。语言是思想的直接现实嘛，王阳明讲了："言之无序，心之不存。"你看现在打官腔、说车轱辘话的那帮人，他没心了，所以那种状态叫空心。

遇事情按照良知的感觉去行事，过程中不断往良知上"调"，就这样坚持下去调着调着就得体了。外在的事情和良知一致了，人的整体感觉就会被瞬间拉升，自己内心会瞬间充能，感觉到这个世间是美好且有意义的，而这个提升的机会，每一分钟都有。你跟阿猫阿狗在一块儿待会儿也能提升。猫狗的感知力很强，你带着爱意到它们跟前，它们就向你走来。你要是心存歹意，想到跟前一下抓住它，你试试，你往它跟前一站，它"噌"一下就走了，这就是一种超语言的感觉。

十、阳明心学转"他律"为"自律"

王阳明说做了一件好事后，你要说这是我的心让我做的，你是不能找外在原因，说我做了一件好事是天气让我做的。心外无善、心外无仁、心外无义，王阳明说这些好东西都是人自己的心让自己做的。王阳明承认了心外无善，也就承认了心外无恶，这个恶也是由你的心发出来的。即"存天理、灭人欲"，这个过程就是留给大家。

阳明心学和理学在大方向上都是儒学，也都讲"存天理、灭人欲"。不过王阳明的"存天理、灭人欲"和理学家是不一样的。理学最大的"罪状"就是"存天理、灭人欲"。阳明心学中啥叫天理？啥叫人欲？例如，你饿了，你想吃东西，这叫天理。如果一个东西你明明不喜欢吃，你还要去拿，然后随意丢弃，这就是人欲。再例如，《红楼梦》中刘姥姥到贾府，吃的茄子需要二两银子。一个茄子怎么可能值二两银子？这个茄子里面要包着肉，这个肉要拿什么油过了，过油以后放上去，还加上各种配料。所以加上各种东西，这一个茄子就值二两银子。二两银子是什么概念？够一个庄户人家吃一年窝头。所以这样吃茄子，就叫人欲。一个人要饿死了，想吃一个窝头，你还不让他吃，那也叫人欲。

阳明心学它的本意是把他律道德换成自律道德。不是给别人看的，也不是让别人评判的，是自己凭借一颗良心来评判的。

十一、面对具体事情要拿出自己的解决方案

很多人学完阳明心学说感觉它离自己很近，又很远；感觉它很简单，又很玄。这个时候需要"事上磨"，面对具体的事情必须从自己内心出发，广泛收集信息，拿出有结构的东西来。这个结构性的东西一旦出来了，就跟三角结构能支起一个房子似的，形成一个结构后，它就不再是单根一个条了，单根一个条，一踹就折。支成个三角形就踹不折了。

王阳明特别懂这个道理，他到赣南去开府以后，很快就开始招募民兵。他知道大明朝部队的情况烂透了，整个军队就上不了阵。要整顿该怎么办呢？就只能练兵。"兵民是胜利之本"。不能让明兵自己在家自顾自地练，要组织起来一起练。一旦组织起来，就有力量了。

如何证明自己所学是正确的呢？一定要去事上磨。世间事情千变万化，很多事情没有依据，只能凭借自己良知的感觉，广泛收集整理信息，之后诚心诚意地去做，这样才能亲证。这样做叫"道理上身"，过程中自然会获得"道交感应"，是真是假，"如人饮水，冷暖自知"。

第 17 讲

心学突破——终极参悟与功夫实修

一、立志突破自我——大人造命

张载说:"为天地立心,为生民立命,为往圣继绝学,为万世开太平。"想要突破自己必须得立志。儒家有一个非常高的定义,叫大人造命,大人是造命的。这个造命指的是什么?就是通过精神的提升,改变你在这个世界的状态。这叫大人造命。怎么才成为大人呢?你得破这个小我,才能成为大人。你破一份小我,就成一份大人。

其实儒家这一套,就叫主动地思想改造。我最早见这个"慎独"二字,是从刘少奇《论共产党员的修养》里面看见的,刘少奇让共产党员提高修养的办法就是提倡慎独,那会儿我觉得慎独很神秘,带有一点西方的忏悔诗里面独自忏悔的意思。后来才知道,慎独就是王阳明说的,良知就是独知时,这个时候,天不知道,地不知道,娘不知道,老婆不知道,谁也不知道,就是自己知道。省察这个时候的念头的正邪、对错、善恶,这个时候绝不放过,慎独是干这个的。这是要破除我们的自我中心,王阳明说这叫自恋。中国文化不研究天文,不研究地理,就只是研究人。所以形成了一种自恋癖。

王阳明说,"立志如种树"是一个很好的比喻,立志用功就如同"种树然,方其根芽,犹未有干",从本源上用功。根芽现在没有干,它将来会有干;现在没有枝,将来会有枝;有了枝就会有叶,有了叶就会有花;

有了花就会有果。所以你不要想那么多，初种树根的时候，只管栽培灌溉，你别想树枝怎么还没出来，树叶怎么还没出来，怎么还不开花结果。

有一个"一个鸡蛋的家当"的笑话，鸡下蛋，今天一个蛋，明天一个蛋，可以把蛋卖了钱再买只母鸡，五十只鸡再下蛋，下蛋卖了钱就可以买头牛，牛耕了地，挣了钱财就可以买地，买了地以后，地多了就可以再娶老婆了，秀才看见一个鸡蛋想啊想，想了一大堆，这时在一旁的老婆勃然大怒，一拳把他那个鸡蛋打破了。秀才这种想法叫作跟自己做买卖，跟这个世界也做买卖，是受利益驱动。树、芽是自然的，你别树还没种呢，就想怎么卖果实，那叫玄想合一，就是乌托邦似的畅想了，这个乌托邦是个可怜的乌托邦。只有老老实实地下栽培之功，知识不长进，就好好地做功夫，别出花样。"立志如种树"，但行好事。

二、如何立志？

陆澄问："怎样立志？"

王阳明说："只念念不忘天理，久则自然心中凝聚，好像道家所谓结圣胎。然后可以进入美大神圣之境。"

刘宗周说阳明的贡献是昭示了天理可以提住心，以保证心不坠落。这是与阳明心心相印的话。所谓立志是确立意识的方向，无志之人的精神状态是低级的，因为他的意识没有方向。立志是心体的发动，也是心体圆成的奠基。心性是受自我内驱力支配的追求体系。立志就是给这个体系定个方向。

问题的精微处在于：怎样念念存天理？刘宗周的办法是慎独，阳明也说过谨独、慎独。阳明打的比方是道家所谓的结圣胎。一念不息地提住心，就是"凝聚"。民国时的但衡今说："阳明此意，犹是主一之义也。凝聚二字，则是功夫。与（禅）宗门之一心参话头，净土门一心念佛，道家之一心注守丹田，一也。"这是平实之论。阳明在养心功夫上就是直接运用了释道两家的成功经验。刘宗周这样感佩阳明："万善在吾心，赖先生恢复。"万善从心，主一就是拿住本心练功夫，练得动静皆定、廓然大公、物来顺应，就可以做好各种本职工作，并在这个过程中成就伟大的人格。

立了志你就肯移，改变自己，上智下愚，不是不能移，是不肯移，天理人欲，明明白白，不是不能去、不能从，是不肯去、不肯从。怎么才能存天理去人欲呢？只有靠立志。王阳明说，你们立了志听我讲才会句句受益。如果没有志气，只是一块死肉，茫茫荡荡，麻木可惧，只能退回去活在旧窠臼中，混饭吃。除非对自己有高要求的、有志气的，有人性尊严的人，才讲究安身立命的功夫。

三、王阳明的圣人之志

立志是王阳明教学育人的核心主题之一，追求圣学，首在立志。立志是"种根"的事，世人因循苟且，随俗习非，最终平庸地走向末流，皆是因为没有立志。

王阳明引用二程的话："有求为圣人之志，然后可与共学。"先有成圣之志，才能与之共同求学，讲学。人若真有成圣之志，必然会思考圣人之所以是圣人的原因。难道不是因为圣人的心纯粹关乎天理而没有私心杂欲吗？我若想成为圣人，也只有让自己这颗心纯然归于天理而没有私欲。

接着往下推进，王阳明说要想"去人欲，存天理"必然要寻求"去人欲，存天理"的方法。方法在哪里？当然是要向圣人先贤学习，考证精研经典。要向先贤学习成圣的学问方法，则必须专心致志，听从前人大德的教诲，即便言有不合，也不得弃置一边，必须"从而思之"，跟随前人的学问边修行边思考。思考过后，若还是不能通达，则"又从而辨之"，在对比、考证、思辨中求解，但不能动不动就怀疑前人的经典。王阳明此套学习方法来自《中庸》："博学之、审问之、慎思之、明辨之、笃行之"，朱熹在《白鹿洞书院学规中》也将这五"之"列作为学之序。"之"都可作"诚"来解，都是用"学问"来"尊德性"，都是通过学习来落实择善固执。"学""问""思""辨""行"，简言之，就是知行合一。知难，须做学问，须思辨博审。行更不易，须努力坚持。王阳明自己是狠狠下过"道问学"[①]的功夫的，他本人十分尊敬朱熹，苦读理学著作，"格竹子"把自己都"格"吐血了，但最终还是发现与朱熹的"格物致知"之理，有"不合"处，后来于百死千难中，独创心学体系。但此前下的一番苦功夫绝不可省，没有继承便没有创新。

四、君子不器

王阳明的学生问：子路的理想是用三年的时间，武化一个不大的城邦，让百姓得到军事训练，知道礼义，从而抗衡周边大的诸侯。冉有的理想是用三年的时间，让一个方圆五七十里的小邦富足起来，进行礼乐教化。公孙赤的理想是当个司仪，主持祭祀、外交活动。这些实用的作为很有意义，但为何圣人偏偏赞同曾点"似耍"的观点，是什么道理？

阳明解释说，那三个的选择太具体、有限了，偏了一边，干了这个就干不了那个了，只是"器"。曾点"似耍"有着自由自在的意蕴神采，志向符合"君子不器"的圣训。强调君子不器的孔夫子是"以道救世"，以主义干预现实的，不想成为某个军事政治寡头的工具。

---

① 《礼记·中庸》："君子尊德性而道问学。"意谓君子既要尊重与生俱有的善性，又要经由学习、存养发展善性。

五、切勿"意必固我"

王阳明剿匪平叛能打赢，用他的话说是"不动心"，不动心就是没有人欲干扰了，没有意必固我了，从而按着战争的"性"来谋划安排，符合了客观规律，获得了心灵自由，取得了胜利。

有必要单独解释一下"意必固我"。《论语》："子绝四：毋意、毋必、毋固、毋我。"朱熹解释四者的关系是"起于意，遂于必，留于固，成于我"。"意必"常在事前，"固我"常在事后，"我"又生"意"，循环无穷。朱熹的解释很精彩。"意"的具体化便是许多人的"我以为"——人都活在"我以为"中。"意必固我"就是自私，自私是所有道德的天敌。去人欲主要是去自私。所有的修行都要狠斗私字一闪念。

想有出息的人千万警惕自己的"意必"，有"意必"就有"固我"。张载说，这四样有一个，就与天地不相似了。人与天地一体，如果你固执僵化、以自我为中心，就不能与天地相似了。

按说"胃"统治时代在今天已经过去了，这个"心"统治时代是需要心学的时候。可是我们的心学没有复兴，这里头有各种原因。其中有一个很重要的原因，就是没有人再像王阳明和他的好学生那样做功夫了。弄好了就是能解释正确，弄不好了连解释正确都做不到。王畿是王阳明最喜欢的学生之一，他30岁的时候磕头拜王阳明为师。他有一个同学名气大得很叫唐顺之。他很自负，把王畿叫到旁边说："你坐在旁边啊，你看我处理问题。你看我比老师还高明。我心学已经上身了。"王畿就在旁边喝茶，看着他。一开门就有各种重大问题需要处理，由于王畿在身边坐着，唐顺之努着劲地处理，处理完了以后，他问王畿说："怎么样，可以吧？我心学学得好吧？"王畿说："你差多了。"唐顺之一听这话，心里不服了，说："我处理得这么漂亮。怎么就差多了？"王畿说，件件事情，你处理得是漂亮，太漂亮了，不过这是故意的漂亮，这就是"过"。

你为了显示"漂亮",你才做这么漂亮的。唐顺之听王畿这么一说,就不再说话了。为了显示你英明,你没等人家把话说完,一下就把人家顶回去了,这个又违背了老师的教导。这个事上你犯了意必,因为你官大,你就命令人家。

王阳明说的,天下万事就是人情和事变。然后事变也在人情中,无论处理啥事,你都在跟人打交道,跟人打交道就是处理心和心的关系问题。心是洁静精微的,差一点就差一大截。就是差之毫厘,谬以千里。为什么讲"惟精、惟一",原因就在这里。唐顺之水平高,地位也高,他感觉也好。但是王畿就指出,就差那么一点。客观地说,唐顺之比一般的那些官员要好得多。就比一般的那种平庸的,没有恶迹也没有美誉的那些官员都好得多。但是他要跟心学所要求的比,还差好多。

六、如何"克制"不正确的念头?

每个人都能够直觉到自己的"念头"是善或恶,是或非。我有一个念头,谁也不知道,我也没跟任何人说过,但是这个念头起来了,而且这个念头是不善的,就一定要克下去。

不好的念头要从那个念头起处扼杀。所以说"不怕念起,只怕觉迟"。净土宗有一个秘诀,你一起"妄念(不好的念头)"就念"阿弥陀佛"。例如,夜里起来想抽烟,可是没烟了,"我想去买烟"这个念头一起,怎么办呢?你别接着往下想了,你马上念"阿弥陀佛",那么"我想去买烟"的念头就会被打断,过一会儿,烟瘾上来了,念头又起来了,这个时候继续念"阿弥陀佛"。就这样你起一万个想去买烟的念头,就可以念一万声"阿弥陀佛",那你就积累了万声佛的功德。

心学也是这样。心学提供在你恶念初起的时候,把它克下去。你要坚持克它。

克制自己不正确的"念头"真需要下功夫，不是嘴上说说。阳明路过一个地方山水特别好，并且有一处现成的院落。他说，"把它买下来养老多好啊，等我打完这仗回来，我就在这儿安家"。王阳明起了这么一个念，但当时一想，人家肯定喜欢，咱夺人之美不合适。也没说，就往前走。过了一会儿，又想，"这宅子多好啊，买了它吧"。他马上又打下去。这就是"克念"。就这么一个念头，又不伤害人，王阳明觉得这个与良心不和，就不该有。就这样王阳明在心里不断"玩弄"这个念头，折腾了大半天，不知怎么这个念头就跑走了，起不来了。

王阳明平完宁王以后，好多人上书检举揭发王阳明，王阳明不以为意，觉得无所谓。有一天他知道他的一个好学生也告密揭发他，王阳明知道后勃然大怒。他觉得天下人都可以告我，你告我，我真是接受不了。王阳明立即觉得自己"失态"了，然后马上把这个念头克下去。王阳明就去干别的事情了，在忙碌的空隙又想起来这件事情，心里怒火又起来了，一时冲动准备去找这个学生。王阳明又立即转念一想，不能找。就这样王阳明用这件事情来修炼自己，最后他不起反应了，证明克念成功了。

七、怎样处理好人际关系？

要想处理好人际关系要破"小我"。很多人一张嘴就是"我、我的"，就算你是团长，别人也会躲着你走。这种团长肯定不是好团长，真正好团长是替士兵着想的。必须破我成佛，破我成圣，破我成良好的人际关系。这个破我需要切实地去下功夫，功夫到了，别人就会收到你的亲和，你跟他就容易同心共振了。居高临下害死人，是招人嫌的第一个元素。

八、如何更好地沟通？

一个记者去农村，看见一个大嫂正在喂孩子方便面，就说："哎呀！方便面没有营养，吃方便面对身体不好。"那个大嫂看了看他，不好意思说啥。记者还接着给这个大嫂进行了"科普"讲座，一个人只拣他知道的说，这就是人的虚荣，是浪费生命最常见的伎俩。他以为这是他的高光时刻，"人之患，好为人师"就是这个意思。大嫂后来实在没办法了，就轻声不好意思地说："今天他过生日。"假若说，方便面是一物，吃方便面是一事，这个时候因为记者居高临下，他就失去了这一物，也就误判了这一事。所以说心物相通。那诚从哪儿来？从"情大"上来。情何以大呢？把小我破了，情就大了。别以为自己是大地方来的记者，就觉得自己经得多，见得广，知道方便面没有营养。只要有这么一点自大的东西就不行。所以说，《坛经》里边讲"莫轻初学，莫重老参"。给那位大嫂开讲座的记者，我相信他其实也是好意，想沟通感情，结果，一下子弄巧成拙了。人犯错了不怕，怕的是不知道自己错了，以及知道错了还不去改正。

有些学者不研究天文，不研究地理，就专门研究人与人之间的关系。我们研究伦理学，研究出来了一个"二重道德"，研究出了一个"双标"——口是心非，对人是一套，对己是一套。在宫廷里面得心应手的，就是这些谄佞之徒，奸佞之辈，这些人就是用的二重道德。鲁迅要批判的就是这个二重道德，他靠的是文学。王阳明的做法更根本，王阳明从根上就要干掉这个"二"，所以他讲"心物一体""知行合一"，必须要一。"一"离开"一"了就是"二"，有了"二"以后就有破绽了，很多荒唐事情都是从这个破绽上发展起来的。"千里之堤，溃于蚁穴。"意思就是这个"一"不可破。这个"一"靠什么来练呢？就靠提住心，要精察。特别对领导来说，你不能以领导的姿态去指导工作，没有调查研究没有发言权。

九、从心出发，智慧、勇敢地拥抱不确定性

不知大家发现没有，现在学校的教育都是有确定性的，都趋向于"标准答案"。但是，我们习惯接受一个有"标准答案"的教育之后，一出校门面对的几乎全部都是没有答案的。

加缪认为这种没有答案的不确定性就是人类的荒诞。人在面对荒诞的时候，很多人是无助而悲凉的，但是加缪不是，他反而说荒诞是希望的诞生地，如果没有荒诞了就没有希望了。在中国，面对不确定性还给你希望，还不唱高调的，就是阳明心学。心学为什么这么有阐释力，这么有影响力，就在于它首先承认不确定性。人一定要立志。立下志以后，在面对不确定性的事情时，生命就有了张力。要是没有这个志向，你就很容易被这个不确定性干扰，每日活得迷迷糊糊。

以前的燕京大学校训是"因真理，得自由，以服务"。大学不只是让学生学习科学文化知识，更重要的是要培养学生的道德品质。在大学学的是那些技能型的东西，很快就会过时。所以燕京大学的校训就很好，这自由不是因为蛮干得自由，不是因为你任性得自由，而是因为追求真理才得到自由。

所以大学主要学什么？要学真理。"真理"不是一条躺在那里首尾相接"自圆其说"的河，它也是活的。它就跟中国的"道"似的。

我们一定要在道德上，从根上培养孩子们这种爱心、好奇心，培养他们面对不确定性时的韧性、生命力。人不经挫折长不大，不经世事就永远天真。有些人六七十岁了，还说孩子话。这也是他幸运、可爱的地方。你得了自由以后不能去自由放荡，这就没有意思了，这也不可能。当你拿了这个真理，得知了给予你的能力，你还要再回来服务。

十、静坐时"念头纷飞"像演电影一样怎么办？

一个王阳明的学生问王阳明,我静坐自省的时候,往往会不自觉沉溺于自己纷杂的念头之中,这个念头刚一起来时,还能把它控制住。念头连续起来,像演电影一样,这就迟了,克服就难了。这个时候只有用另外一个念头,覆盖它。

王阳明说不对,这太麻烦了,何需如此？你只要在良知上做功夫。学生说,那个时候正好良知不起,良知的镜子,打不开,正因不能自知,觉知性没有发挥作用,所以才被念头控制着,念头像演电影一样演着往下走。王阳明说"我这里自有功夫,何缘得他来"。你不用再用一个念头去覆盖那个念头,因为你那功夫断了,把良知毙掉了,念头就发展壮大了,这个时候最简单的方法就是继续用良知的功夫便是了,你何必用一个念头去覆盖一个念头？驱狼吞虎,这虎跑了,狼又来了。

学生说,这个念头牵扰的力量很大,知道丢它不去。王阳明说,这时候就要拿出勇来了。如果你没有这种肯担当的大勇,其他都是空的。要想摆脱念头的牵绊,你就要有勇。其实这个"勇"的含义就是"义",要杀去一部分东西,那"义"是杀的意思,把勇气、胆气放出来,修心练胆吐光芒,把胆气放出来,你用功久了,就有了这种"勇"了,有了"勇"以后,"义"就出来了。

"胜得容易,便是大贤。"意思是你在这里头鏖战再久,自以为很辛苦是吧？其实那是你无能。胜得容易那才叫高明。王阳明这话说得很漂亮。

十一、不要想着"断念",要"正念"

王阳明的一个学生九川说"近年因厌泛滥之学",就是讨厌那些流行的、乌渣渣的东西。"每要静坐，求屏息念虑"，把念头平息掉，结果，不但不能把念虑平息掉，反而念虑更多了，怎么办？

王阳明说："念如何可息？只是要正。"念头是不可能没有的，你只是要让它正。

九川说："当自有无念时否？"就是说，也应该有没有念的时候。

王阳明很坚定地说："实无。"实在没有"无念"时。

九川就起了疑情，既然这么说，"却如何言静"？

王阳明说："静未尝不动，动未尝不静。"静动，是阴阳互根的。念头是活泼的，它是在浮动的，念头跟天机不息是一样的。

这天机从来没有断过，天命在流行，天机在运演。生生之谓大德，它总在生生不息，不会停止的。人的念头也是一样，人不可能没有念头，除非死了。你只要念头正就可以。

第 18 讲

心学智慧——善良出能力来

一、心学重在培养心之力

有些人为啥脆弱？因为他只有"我"，所以他就脆弱。我看一个小视频，几条狗去欺负一只小猫，那个猫妈妈毅然冲出来，一下就把当头那条狗给撞后退了，结果那几条大狗跑了。我们一般都觉得，猫是打不过狗的，但是它为了救它的孩子，瞬间进入忘我的状态，它的气势立即攀升，此时的它不惧与这几条狗一战，这个就叫心之力。我小时候听老人讲过，平时狼进了母猪圈，母猪一定会被狼咬死。但是当母猪生了小猪的时候，狼再进来，母猪能把狼按在地上，这个就叫心之力。

阳明心学就是让大家寻找自己内心和外在事物之间的感觉，那种感觉建立了，你就会进入忘我状态，心之力就会提升，就像王阳明格竹子。

现在很多人得幽闭症、抑郁症、焦虑症、强迫症等，这些症都有一个特点，叫心无力。一个人一旦丧失了对生活的感受能力，你给他什么样的日子，他一定都过不好。所以要想克服各种症状，把每天生活过出新感觉，就一定要从培养心力开始。

二、如何才能心物相通？

"心外无物"，心和物是相通的。但是怎么才能通呢？必须"诚"。

你不诚，心是心、物是物，它们之间是阻隔的。

诚从哪里来呢？从这个情字来的，为啥叫尚情呢？让情做大。

例如，有一个人的孩子得病了，他忙于自己的研究不去管。就是给他大把的时间他也搞不出真正的科研来，因为他背离了善端。对自己的孩子都不能"情深"，就会出好多问题，首先他所丧失的就是诚。他的一切都是围绕"我"转的。

三、怎样培养心之力呢？

怎样培养心力呢？应先培养同情心和是非心。

怎样培养同情心呢？培养同情心就是培养一个人的仁爱之心。当同情心变成了一种爱子的心的时候，那就不是同情了，就是大爱力了。猫能把狗吓走，猪能把狼按到地上，凭借的就是对自己孩子的爱。

我有个师父叫永修，他说的一句话特别好。"提起一个善念是给自己一次机会。"现在很多人讲"看破不说破"叫成熟，我觉得这个很庸俗，因为这依然还处在冤冤相报的状态里。如果能转念去想，看破不说破是提起一个善念，而提起一个善念也是给自己一个机会，这样就好多了。

孔子说的"仁"本意就是这爱字——仁者爱人。"仁"还有能生的意识，它是活的。我们说的桃仁、杏仁，把它们的种子种到地里，它就能长出新苗来。有生命就一定有感觉，我们不能把自己变成麻木不仁的人，失去生命感觉的人，是怎么都活不好的。所以说中国汉字是伟大的，我们通过学习汉字，深入剖析，就能从中提升我们的心性，能提升我们的思想。就这么一个字一个字地抠，就能抠出该怎么在世界上活着，所以"一字一乾坤""字以载道"，这个是真的，绝不是假的。

怎样培养是非心呢？培养是非心就是培养面前一种社会责任感。在人群中每个人都是平凡的人，但是在大是大非面前如果有一个人挺身而出，这个时候他一下子就鹤立鸡群了。这个不是为了虚荣，这个是他人格的力量。爱是产生责任的一个力源，正确的"是非观"也是一个力源，面对邪恶，你如果掉头、沉默，下一轮这个邪恶就该打到你头上了。人们要没有这种正确的是非观，那么人类就会陷入恶性循环。知识分子是社会的良心，人类的理性，而心学就是为"正确的""好的"提供这种能量，让"良知"发挥出最大的能力。

但是，王阳明曾多次跟他的同学们讲，在家里面不需要是非太明。在家里头是非太明，这不成了神经病了？心学是非常灵活、精微的，所以千万不能把是非给"橛定住"，尤其在亲人之间，这个更要去注意。在不同的环境，面对不同的对象，以及不同的时段，乃至于不同的天气当中，都要灵活应变，心学要求大家要能"随机应变"，而这方面做得最好的就是易学，所以王阳明多次说"心学就是易学"。没有标准是可悲的，有了标准而不知道变通是罪过的。人要拒绝"抬死杠"，抬死杠，就拒绝了成长的机会。我们要有"包容通达"的智慧，这才是在解决问题，在日日新。

四、心学是善良出能力——快速解决"内耗"

胡塞尔晚年回忆时说，我小时候有把刀，老嫌它不够锋利，我就老磨它。磨啊磨啊磨，最后把这个刀磨没了。他就自嘲自己的现象学，磨刀不误砍柴工，最后把刀给磨没了。一只狗也没杀了，这只鸡也没宰完，却把自己解构了，这也是一种讽刺。心学让人当下有力量，不需要想太多，想太多，往往会偏离越多，自我消耗也会越多，就是我们今天流行的说法"内耗"。凭借自己的良心，一打眼，是非善恶了然，道路明晰，该怎么办就怎么办，去做就可以了。

尧、舜、禹后"公天下"变为"家天下"，整体大环境充斥着"利害"

二字，所以很多人都是无原则的"趋利避害"，乱七八糟，稀里糊涂地活。善良的明白人看到如此"大势"，大多是"望洋兴叹"，发一些正确的唠叨话，奴隶一般地活着，用现在流行的词语叫"社畜"。

所以，只有一颗童心不行。光有一颗童心，往往被欺骗、被捉弄、被坑害、被当了炮灰利用了的，就是那些只有一颗单纯的童心的人。童心以外，还必须得有两只霹雳手。就像《智取威虎山》里小战士跟老大爷聊天时说到的。老大爷说："你们会修铁路、开火车吗？"战士说，"我们拿起枪来能打仗，拿起家伙来能干活。"过去唱："一颗红星头上戴，革命红旗挂两边。"再加上这两只手，你说干啥咱们就干啥。这两只手说的是能力。

五、如何摆脱奴才的理性，发挥良知的智慧？

宁王起事的时候，费宏正在丁忧。宁王派人去杀费宏，没杀成，结果把费宏的哥给杀了。按说费宏跟王阳明应该是一个战壕的，而且在开始的时候，费宏也帮助王阳明联络人，起到出谋划策的作用，然后王阳明把宁王平了以后，不知道什么原因，费宏就死活跟王阳明过不去。

真正给王阳明暗中使绊子，让王阳明不能入阁当大学士的主要阻力就来自这个人，但是这个人还给王阳明写了墓志铭，这就看出了官场的虚伪。王阳明一辈子就只剑拔弩张地写过一篇文章，指名道姓地给皇上上书，弹劾一个官员，就是费宏。他不是因为别的，是因为费宏不允许皇上给他去世的父亲赐字。按照道理皇上应该给王华赐字，结果费宏从中作梗。所以王阳明怒了，然后王阳明上书历数费宏柄国执政的各种罪状，剑拔弩张、点名道姓地弹劾了他。他实在"克"不下这口气了，为何呢？因为这个念是正确的，王阳明去抗争是义正词严，那个叫正义感。

良知是个直觉，这个正义感就来自这种直觉。如果碰见这种事情时不发声，一味分析各种利害关系，就是奴才理性，奴才理性一定造就奴才，这样自己的良知就会"遮蔽"，在具体事情上磨良知的智慧也发挥不出来。王阳明不是给他父亲争个人的名利，而是这里面有个大是大非的善恶问题，他是在为这个国家正本清源。

六、如何让自己的"良知"有力量？

清朝那些思想家们，也崇拜过心学。后来面对的形势复杂了，又说心学不行，说心学立意单一，就靠——"致良知"三个字，用这三个字治这么大的一个国家，是治不动的。并且他们还说王阳明整天打仗，哪有工夫做学问，所以他的这个学术体系没有那么深厚的学理支撑。

这都是学问家说的呆头呆脑的话。心学不是做学术做出来的，心学是做功夫做出来的。王阳明一再强调，本体（良知）和功夫（致良知）是一体化。从良知出发，在具体的事情上一直保持这个良知，最后回到良知，这是一个整体。做功夫做什么呢？就是恢复本体。本体是什么呢？是让你做出功夫来，这就叫内圣和外王。这个本体就是内圣，功夫这一套就是外王。它们是一而二，二而一的，没有功夫就没有本体。为何在具体事情中，有人的良知就能显现出来，有人显现不出来，取决于这个人本身的能量。这个能量是什么？能量从哪里来？从功夫中来。

做功夫就是保持本体不变，针对具体的事情去学习，并且能以变通的方式来处理收集来的知识，去解决问题。比如打仗，为什么搞地形勘察？为什么搞敌情侦查？为什么研究民情风俗？这些知识储备越多越好，这就是"知己知彼百战百胜"。不研究这些，只是闭着眼睛做决策，拍着脑袋做决策，那不是等于往敌人口袋里钻吗？

龙场教条的第一条叫立志。把立志作为灵魂的发起人是陆九渊①。他讲立志讲得比较突出，如"宇宙即是我心，我心即是宇宙"。陆九渊的这句话何以成立呢？你立的志大于宇宙，那么你心即是宇宙。立大的志不一定能成多伟大的人，但志立不起来就肯定成不了。这也是阳明心学自己给自己造命的过程，自己内心立的志就是自己内心的"大人"，大人可以救自己的命，也可以造命。

有了诚意以后，良知涌现，良知涌现你就确立了是非标准，确立了是非标准以后，你要打铁就打铁，你要当间谍就当间谍，跟水一样，遇圆则圆，遇方则方。但是如果没有诚意，确立不了良知，就会随波逐流，在滚滚红尘当中很快就会被淹没了。这是心学使生命纯洁，使生命有力量的一个原理。

---

① 陆九渊是宋代心学大师，与王阳明思想相近，常合称陆王心学。

下卷
——内圣外王
不动心，事上磨

"内圣外王"就是良知成良能。每个人凭着良知一打眼就能分辨正确和错误，如何把正确的坚持到底，这个最见心学功夫。

处理事情的时候，不要动摇良知的知觉，这就是"不动心"，这要求自己的内心必须达到"通达如空"的境界，万事万物在心内无碍，通行无碍就如空，"空可生明"，明就是圆通，事情来了在内心转一圈，"圆通了"，事情就是有了出路，生活有了希望，生命就有了光。

第 19 讲

王阳明的成事心法：改道超车走自己的路

一、改道超车——走自己的路

王阳明改道超车的行事风格，其实是最值得一谈的。他在确立自己学说的时候，就是在改道，不再沿着之前那个道。不然弯道超车能超朱熹吗？朱熹那是何等人物？王阳明对朱熹本人非常尊敬，而且朱熹活着的时候是受打压的，学说被宣布为伪学。所以朱熹浩叹："尧舜周公孔孟之道，何尝一日行乎天壤之间。"他也是个逆行的英雄。但是朱熹死了以后，又被元朝统治者推崇，他的思想被作为统一全国人民思想的统编教材。这是被统治阶级利用了。

王阳明当官也是在改道，官场都争着当皇帝的奴才，王阳明就偏不，他坚持自己的良心"以道事君"，忍耐前行。

朱熹是科场理学培养出来的，而这样的体系培养出来的人，大多数是《儒林外史》里面写的范进、周进这类人。当然有能干的小人，也有能干的好人。但从总体上，这个体系教育培养出来的苗，大部分是庸吏，这个"庸"就是汉娜·阿伦特说的"平庸的恶"，他们失去了良知，就知道按规定办事。所以荀子当时是主张君子当官的，就是因为"君子不器"，他能"以道事君"，能够理解规定的意义，做起事情来能够围绕着立法的精神来变通。所以君子当官是有好处的。荀子主张君子要多去当官，不然的话那些大字不识的酷吏就会把各种大小权力把持了，老百姓会更苦。

朱元璋小时候看戏，看宦官蒙蔽皇上，皇上尽做错误决策。所以朱元璋就说，不能让宦官干政。第一，他从数量上严格限制宦官，让他们做的也都是需要出力的粗糙的活。第二，他不许宦官读书。他知道宦官要是会读书了，也会替皇上批字，那就不好办了。结果宦官不能读书，朱元璋就对像刘瑾、魏忠贤这种大字不识的人根本就没有任何戒惧之心。这些人干起坏事来更没底线。朱元璋不许宦官识字，这好像从逻辑上断绝了宦官从中把持朝政的可能。但事实上来了一个土匪，叫刘瑾。皇上坐在前，刘瑾立在后。皇上是坐着的皇帝，刘瑾是立着的皇帝。他大字不识，打起王阳明板子来更是潇洒、放肆地打。王阳明对现实是看得非常清楚的，所以王阳明透得过。一般人透不过，就成了怨妇，高喊苍天啊，大地啊，为何好人没有好报啊。王阳明难能可贵的地方就是他透得过去，有效地遏制这些东西，跟这些邪恶势力斗智斗勇。这个时候你要是不跟他们同流合污，保持一个好名声也容易。一跺脚，一辞职，一宣布就完了。但王阳明他不，他要按照自己的内心走自己的路。

王阳明在剿匪的时候也在走自己的路，不会按照一般的节奏走。原先那边土匪埋好地雷，垒好滚石，等到官军一上山，便往下一推、一炸，死伤会很大。但王阳明宣布撤退，不杀了，等明年开春别的部队来了再打。于是，王阳明的队伍真撤了，领了学生唱歌、练兵，土匪们就松弛下来了。等他们松弛下来以后，王阳明再领着那几个兵，在四五点天快亮的时候上山。土匪还正睡觉呢，就被突然袭击。诸如此类的事情很多。王阳明这种"横来竖去"是一种博弈论，他会投放一个让你意外的元素。王阳明跟朝廷和其他官员的这场博弈中建立的意外元素就是书院。他知道朝廷不会重用他，他也并未死心塌地去给朝廷当走狗，而是另开一个小场子。你把我怎么着了都无所谓。啥事儿都有过去的时候，但是我的火种会通过书院往下传。他的选择是横来竖去，能透过去，忍耐着做。遇到事情，我们要能透过去，这样才能走出自己的路。

二、不动心，事上磨

马克思说思维的最高阶段是具体，因此，在面对处理具体事情的时候最见心学功夫。

王阳明的学生问：在处理具体的事情上，我们要知道思虑限度，这样才不偏到有上去，也不偏到无上去，这样对不对。

王阳明说大体上差不多，算是没有跑偏，但是你悟得不深，没有深入到原理里面去，所以你还认识不到位，这是老师的职责了，老师要帮助学生找到那个最好的。王阳明的回答挺巧妙，他说人所思所虑的只有一个天理，更没有别思别虑，没有说不让你思考，没有说让你去追求无思无虑。"同归而殊途，一致而百虑"，这就是说不是无思无虑的，它是有"百虑"的，思虑要定点定在天理上。

天理只有一个，你还有什么好琢磨的呢？天理本身它就寂然不动，感而遂通。"寂然不动，感而遂通"，这也是《系辞》里面的话，王阳明也纳到验证天理上来说，"学者用功，虽千思万虑，只是要复他本来体用"，每个人有每个人的角度，每个人有每个人的需求，每个人有每个人琢磨的地方，但是只有一个宗旨，就是恢复到心本体上来，建体致用，不要用私意去安排思索，你不要头上安头，用狭隘的偏见去安排出一个东西来，在天理探索上不能加得分毫。

王阳明平了赣南匪患后，他就设酒犒劳跟着他的学生。学生说，老师，你请我们干什么？我们也没有冲锋陷阵。

王阳明一辈子没有掌握多大的权，40多岁才开始有一些权力。原先他在的地方都是管几个科员的清水衙门，用不着费多大的心思。而后来他整天发谋布策，安排各种工作，在这些事情上也没有任何经验，都是靠心性直觉行事。

王阳明说:"刚开始时,我登堂处理问题,尤其是有所赏罚时,有些紧张,不敢有丝毫的大意率性,我平常跟你们讲圣人、经书,讲得头头是道,做起事来怕与我平时给你们讲的不一样,生怕对不起你们。所以,那段时间我登堂处理完那些事情,内心还不安,在考虑是否有哪些没有做到位,跟你们在一起时,还想着那些事,反省赏罚分明公正否,想着如何改过。最后我感觉做发兵、布阵、安排粮草、调集民兵各种工作,跟上课一样轻松、自在,不用'费心'加减,这才心安理得,这时候我才知道我对了,所以我应该感谢你们。"

老师都是这样的一个谦虚态度,学生们还有什么好骄傲的呢?这跟有没有冲锋陷阵没有关系,而完全就在心里头。在心里头,人情的、世上的事情是万种头绪,万般变化的。这个"事变",用各种排列法、分列法也列举不完。那要从哪儿控制呢?从人情上去控制,"事变"在人情中。那人情要从哪儿控制呢?一人一副心肠,一人一副头脑,你根本也没法控制,你也不可能去控制。但难道就没有办法了吗?那肯定不是。这办法就是往回找,找决定产生情的这个点。这个点,现在我们姑且说它叫心吧。你先把这个原点搞定,把出发点搞定。出发点端正了以后,思想就端正了,态度就端正了。处理问题就自然知道什么是正确的,什么是错误的了,也就不会倒行逆施、一意孤行,怎么倒霉怎么使劲。往道德上说,这是修养心性;往工作方法上说,是思维技巧。

打完仗,才只是恢复到正常情况,如何安置"新民",并把他们教化成良民,就成了王阳明新的工作重点。新民成分复杂,有的心怀反复之计,面从心异,假装惊恐,暗中准备东山再起。对这种人一味仁慈,既害了他们,又毁了别人。所以他继续战备,杀企图再作乱者。他跟孔明一样,事无巨细,都认真对待,生怕有一丝纰漏从而前功尽弃。这种活法本是好累好累的。但他还能从容讲学,不管多么忙乱,他都能一派从容。

王阳明有了领兵实战的经验后,后面遇到宁王叛乱,王阳明以最小成本,给平定了,这一票干得确实漂亮,成就了他一生最大的事功。这一仗是心学的最好的"广告",心学绝不是空谈心性,它也有事功精神。

三、在办事中传道

王阳明是"纵横"打开的人,具备了"十字劲",这样王阳明的生命就具备了一种张力。王阳明豪迈而又豪迈得忧伤。要一路豪迈就成了二百五了,一路忧伤就成了林黛玉了,自己把自己送走了。这都是不对的。就跟伟大的剧作是悲喜兼容的一样。一悲到底的不是好作品,单纯的喜剧档次也高不了。好的剧作必然是悲喜兼容的。王阳明豪迈起来不睡觉,领着人马去抓土匪。他带着队伍走在最前头是很豪迈的,但打完仗都高兴庆功的时候,他又很忧伤。他觉得这是在杀人,让生灵涂炭、百姓遭殃。他的仁爱情怀和担当意识正好形成了一个稳定结构。你要以建功立业为功呢,就可能走向酷吏;要以同情民众为功,天天给老百姓送水、温暖什么的,就成了世间的一个过客。只有他这种,既杀伐决断又柔情似水的,就能够形成一种优美的弧线。

一般的打仗,从秦始皇以来就开始用首级作为记功的单位。打完仗下来,你说你多么了不得不算数,得从后面的囊里面抖人头。打个比方说,一颗头换十亩地,两颗头就是三十亩地,三颗头就更多,然后会被封爵。所以说秦朝人打仗,只要囊里头抖出头来了,就有哗哗的银子。这样的做法鼓励了杀人的行为。王阳明就先把这一条废了。光嘴上说不能滥杀无辜没有用,不说滥杀无辜却拿人头记功,也就产生了滥杀无辜的这种活动。所以他把这一条废了,不再以首级记功,这样才可把滥杀无辜取消了。这就是王阳明的人道情怀,是王阳明柔和的地方。他以良知办事,遇到不合理的就立即更正，这就是在处理具体事情中传了大道，这样的道理是可视化、可感知的，对大家的鼓舞是切实的，这比讲管用多了。

王阳明在办事中传道。这个就叫做"知行合一"，也叫"致良知"，也叫生活、工作、思想、学习，各种修为的一体化。

第 20 讲

内圣外王的奥秘——"建体致用"

一、心学是内圣外王之学

心学是内圣外王之学，外王不是做事情的时候称王称霸，而是在做事情的时候只施行王道不施行霸道。

牟宗三先生就曾说："中国人有道德精神与艺术精神，而缺乏事功精神。儒家讲内圣外王，内圣讲得非常透，但外王却始终不够，亦即是事功精神不够。中国从墨子起即讲事功，到后来法家，南宋的浙东学派，再到民国胡适之等，总有一股要求事功的暗流。但要求事功是一回事，而事功精神又是一回事。总要求事功，而事功精神不具备，故事功总是出不来。"而王阳明能建立事功，正是先完备精神，聚集心能。

王道心学不是从天上掉下来的，也不是头脑里固有的，是修炼出来的，是在战火中拿命蘸着血谱写出来的。

王阳明把宁王捉了，宁王没能把他捉了。就是因为他比宁王算得更透。他自己就说，宁王要是把我捉了，就等于物把我格了。我把宁王捉了，才叫我把物给格了。外王需要真刀真枪地干，并非唱高调，说大话。董桥说："唱高调如同放屁，谁都会。"董桥凭这句话就可以活五十年。他这句话说了也够五十年。至少除了像我这种的人，还有人知道董桥。现在的人最会唱高调。"那几个小山贼不就是小黑社会团伙嘛，下一道命令，冲上去就把他捉了。"这都是唱高调，不知道这个的险恶。在王阳明去之前派人去过两次了。第一个战败背了处分。第二个一看弄不了，便装病。千辛万苦地混到那个层次，一看这个活拿不下来，因装病被撤职了。前任那个领了部队上去了，结果被土匪打得抱头鼠窜，下一个就不敢上了。在这时候才叫了王阳明去。哪里像别人说的那样，一道命令下就能摆平。在几省相连的地方，匪患几十年，从这里打跑那儿去，从那儿打跑这儿来，几次派过两广的少数民族狼兵。他为啥叫狼兵呢？因为手段比较狠辣。王阳明坚决不用狼兵，这叫良心。他就领了自己手下的兵上去，用智谋平息事态。

所以内圣外王也不是说嘴，还得到事上看。《坛经》里面有句话说："如果能够见性，抡刀上阵也能见性。"你盘腿坐在那儿不叫坐禅，那叫坐腿。有的人练瑜伽时腿盘得好着呢，但你跟他说禅宗的一点道理，他一句也接不上来。因为他的思维没打开。

二、闲则成圣，乱则成雄

王阳明平了宁王叛乱，立下如此大的军功，却没有因此飞黄腾达，反而迎来了人生的至暗时刻，逼着他不得不再次完成"超越"。亲近皇帝的宦官说王阳明是宁王真正的同党，他是要和宁王一块造反的，结果发现不成，才把宁王捉了。羡慕他功高的人和本身就看他不顺眼的人，结成了神圣同盟。他们说，抓宁王有什么难的，派个知县就把他抓了，王阳明没那么大的功劳。他们硬生生把刚立下举世大功的阳明，狠狠戏耍了一番，还一直要把他打成叛党。通过艰难周旋，此前九次想辞官回家养病的阳明，这次终于奉旨赋闲在家，一待就是六年。

英雄总带有些许悲情。常人面对如此大起大落，蒙受如此不白之冤，大抵是要一蹶不振的，但王阳明不是。他总是转化心境，把握住自己。正所谓祸福相依，当年被打四十大板，发配龙场，绝境中成就了阳明的"大悟"。如今平宁王事后，被各种诬陷，本是含冤赋闲在家的六年，结果却成了阳明一生最畅意而辉煌的六年，是完成"超越"的六年。失之东隅，收之桑榆。"奉旨讲学"的王阳明，生徒猛增，心学大发展，一代宗师到此也修成正果。

平乱剿匪是一时的事业，讲学功在当代，利在千秋。我们的心学大师总有扭转现实磁场的能力，于至暗处散发光明，生意无穷。从而，闲则成圣，乱则成雄。

三、内圣就要超越现实

这个内圣的特点是超越现实。他不是摆脱责任，而是摆脱现实的磨磨叽叽、消耗人的这一套东西。李叔同有个对联写道："人在事中，心在事上。""人在事中"就是我们该干啥干啥。但是心，要在这个事的上面。在事的上面，就能看清方向。人在事中，就是脚踏实地，一步一个脚印地往前走，一定还是要回归到生活的小事当中来。

王阳明说，良知在声、色、货、利上用功，不是说良知本身包含了声、色、货、利。初学的时候要先学打扫，把声、色、货、利这些私心杂念都扫除了，扫除了以后，你功夫熟了，声、色、货、利冒出来以后你自然能应对，就是顺而应之，还不累。这就似大乘佛教，在事上磨，你知道它是声、色、货、利了，你就知道怎么对付他了，你的良知在声、色、货、利上用功，就是格它们的过程中，越发诚意，得到了至诚的境界，这时就是天地交感了。声、色、货、利之交无非天则流行，声、色、货、利各安其位，即天则流行，你去了声、色、货、利就没有物质生活了，就非复人类了，这是个合理的度的问题，良知在上面用功，这世界就丰富多彩。所以内圣是积极地面对现实，又超越现实。

四、内圣外王的奥秘——"建体致用"

内圣外王，其实就是一个建体致用的道理。建体就是要良知，致用就是致良知。"圣人无所不知，只是知个天理；无所不能，只是能个天理。""无所不能，只是能个天理"，怎么"能"个天理？就是用天理来直觉！不然的话天理怎么"能"？所以学心学要在"能"上下功夫，我这颗心"能"天理，就是将天理落实到了直觉，从而在任何时候我都会用天理主宰我的感觉思维，这样才叫有了本体，心学建体致用，就是建这个体。

王阳明一生天真要拿良知来打天下，在他那个有限的局部战争里面他打赢了，再扩大就不知道了。但是，这个良知是很天真的。咱们常说一个人"太天真了"。在"太天真了"的人那里，理想主义就变成当然合理的了。那些人没有错，说得都对，但都是一个理想主义的对。可现实是复杂的、险恶的。王阳明何尝不知道现实的险恶、宫斗的卑鄙龌龊，不知道江湖上那些土匪的难缠难斗，但是他依然坚持他的天真，依然要致这个良知。依然要用良知来改变这个世道。马克思说，以往的哲学都是解释世界，我的哲学是要改变这个世界。余英时给知识分子下定义就是用的马克思的这句话。余英时说："真正的知识分子，是社会的良心、人类的理性。具有这种改变世界的担当和使命，他才算一个知识分子。"不然的话，社会的良心、人类的理性就是一个空标签。王阳明就能当得起这个。

为什么我们今天要学阳明，在企业里面用心学来搞企业文化建设？其实说白了，就是让我们活得有个人样。通过释放这种人性的力量，来提升我们的效率，而不是用反人类的方式来保证效率。这个时候既公正了又有效率了。既是人性化的，又是有效率的。这就是内圣外王的奥秘。

建体致用，就是说你把你自己本质、能动的方面做好，然后再去用它，这是对的。因为体用是一回事，不能说马静下来的时候是马之体，跑起来的时候是马之用，这不对。马不动之时，也是体用一体的，跑起来亦是。

第 21 讲

此心不动，随机而动

一、此心不动，随机而动

"不动心"是个很高的境界，修得此心不动，方能随机而动。修得此心不动，是心体不动；方能随机而动，是打仗的时候就打仗，做买卖的时候就做买卖。王阳明在《传习录》里面不讲他打仗的这些事。他觉得这个事情有不可言者，他也不屑于言。但是王阳明打仗能够成功，完全得力于他的修为所使他产生的这种行事风格。

有人问王阳明："用兵有术否？"他说，有啥术，就是不动心，不动心就能够看见事情最根本的东西。看一个事情，别人都看见了皮，比如宁王有多少兵，要打哪里了。而王阳明就能看见这个事情的真正节点和未来拐点。这就是"此心不动"，然后再"随机而动"。

宁王要起兵造反的时候，王阳明本来在丰城县，然后就回到吉安，举起勤王的大旗。先用间谍，让宁王怀疑，迟滞他的战机。也不跟他硬打，避其锐气。而是让宁王出来，在沿路上攻打他。宁王受挫以后，他的老巢南昌城空了。王阳明再回来突袭南昌，又把南昌打下来了。宁王也是个糊涂蛋，不会用兵。他的谋士们说，不要管南昌，去打南京。那个宁王却说，你家没有在南昌，但我的家在南昌。南昌怎么能丢？他就折回来，再来救南昌。这就犯了兵家大忌。王阳明设了伏兵，在鄱阳湖就把他捉了。

不动心是纲,叫建体致用。建了这个心体以后,才能够有各种妙用。这个心体为啥不动呢?不动就是因为他能达到空的境界。

有个老师傅指点我说,"你这个拳,有了。但缺了那个空劲。你有了那个空劲呢,你的拳才真正地成熟了。"所以功夫到了某种时候,就出了那股空劲。思想、文化上也是一样。维特根斯坦的哲学为什么比罗素的高,就是因为维特根斯坦有那个空劲。保留一些东西暂时不能条理化,那么他的那个空的、灵的、明的通道打开了,叫空生明。一般的精人都是在事上算得精,但可能在这个地方上算对了,那个地方就算不对。一生算总账是劳劳累累,胜负参半,一生艰苦。王阳明是50多岁死的。但他死得不冤枉,因为他每一分钟,都在做自己的主人翁。

一般人不能如实观照,我们在思考一件事情时,会有很多外在声音来干扰自己的内心,自己能看到的也只有表象,所以无从分辨决断,从而迷惑了本心。王阳明不动心去客观分析事情,就能看见这个事情的真正节点和未来拐点,毕竟人的能力有限,所以还需要根据事情的发展"随机而动"。这个心体如何才能不动呢?必须达到"通达如空"的境界,万事万物在心内无碍,通行无碍就如空,"空可生明",明就是圆通,事情来了在内心转一圈"圆通了",事情就有了出路,生活有了希望,生命就有了光。

二、如何才能做到此心不动,随机而动?

在心情很宁静时已经感觉到心里头有了一种智慧的惬意,但一碰见事了,就又乱了,这叫纸人纸马,上不得阵。坐而论道,天花乱坠,迈步执行,寸步难行。王阳明说原因是你只知道养静,把静作为作战目标,呼吸也好,念头也好,只是养"入静"。

"入静"其实是个手段,不是目的。而目的是克己,不是来求清闲,是来克服自己的毛病。克己的入微功夫是慎独，把别人不知道的只有自己知道的毛病、念头也通通去掉！这是在灵魂深处的事上磨。有了事上磨，在现实中碰见事儿了就能顶得住劲儿，就不会临事便颠倒了。所以说"人须在事上磨，方立得住，方能静亦定，动亦定"。

事上磨是心学的一个特点，它跟主静的道家、佛家主张的不一样。佛教、道教是"不作"，没有担荷天下的使命，只在静中解脱，在静中养生。这是儒家区别于二氏之学的一个实践性的品格。王阳明后来发现学生容易喜静厌动，不特别提倡入静了。王阳明的事上磨是知行合一的口语化。事上磨就是格物致知的功夫，格物是诚意的功夫，实践是检验真理的唯一的标准，是践履之学。

我当年写王阳明的时候说王阳明是只鞋，他所有的东西是用脚走出来的，不是用嘴说出来的。用脚走出来的，他碰见事儿了就能够顶得住，不但静的时候是定的，有定力，动的时候也有定力。王阳明说过，他听到宸濠起兵作乱的时候，正和江西三个大名士说话呢，这个消息传来以后，那三个大名士突然茫然自失，叫他们喝水也没反应，问他们话也不回答。王阳明说这三个人都是平常很有名的，碰见事来了，茫然自失。所以说平时那些聪明、名头在碰见考验时，顶不住，立不住。应该把克己的功夫贯彻到始终，静也要克己，动也要克己，然后你就静也能定，动也能定了。

三、良知"坎陷"，事上磨

文学训练我们的感觉，乃至于训练我们的思想，文学是提升我们的感觉和思想的一个简易、直接的通道。但是你别把这个当真，你要在世上跌跌打打地磨炼自我。人们常说患难见真情。不经过患难，看不见真情。一路顺风顺水，身边都是亲朋好友。当你碰到灾难，遭到打击的时候，还能上来扶你一把的，那个才叫亲人。

中国人因为是个熟人社会，农业文明四季循环，他就在这个反复的验证当中，就能够产生出正确的判断。在事上磨，也是解决这么个问题。事上磨必须配着什么？必须配着人来做。要是顺风顺水地去做，谁都能做。但是太顺了以后，良知就出不来。所以牟宗三整天讲"良知坎陷"，就是良知经过坎陷以后，缺民主就能出民主，缺科学就能出科学。因为他这个话题比较大，我也不予评论了。但是他说得对。

坎和陷是用了一个卦——坎卦，坎卦就是说碰见磨难。就是说一个人真正谦虚的时候，都是倒霉的时候。当一个人顺风顺水的时候，虽然嘴上说谦虚，但他心里并不谦虚。他倒霉了，就不那么狂妄自大了，他就真谦虚了。谦虚了以后，他就能够接受新的信息和能量，然后他就能够自我更新。所谓自力更生，"自力"就是靠着主人翁的自觉意识。"更生"就是面对苦难的时候，重新地焕发出来。摔倒爬起来还不算，摔倒还得跳起来。

事上磨靠韧性。王阳明说，整天讲知行合一也容易烦。这个东西一旦成了一个成语了之后，它就成了华舌丽口，就不出感觉了。骗子也可以说知行合一。后来王阳明又找了一个词，叫事上磨，他觉得"事上磨"比"知行合一"就更出意思，这种做法叫——换字面。你说孔夫子这个称呼不好听，就换成圣人，这是最典型的换字面。

当年我买的一本《绍兴三百名人录》里面有一段对话，青年人问鲁迅，怎么才能搞创作？怎么才能够提高创作水平，提高创作能力？鲁迅回他一个"韧"。当时的我觉得鲁迅说得不对，搞创作需要天才。这个天才是最重要的，韧不重要。但是随着自己的不断成长，越来越觉得鲁迅说得对，同样一句话，同样一个人，在18岁的时候，跟50岁的时候对它的理解是不一样的。当我过了50岁以后，我才佩服鲁迅先生。只有"韧"，才能走到最后。

格奥尔格·勃兰兑斯在其著作《十九世纪文学主流》开篇中说，文学艺术这一块。一开始起跑的时候，百万大军，没有一个年轻人不写过两句诗的。半夜里睡不着了，给暗恋的对象也要诌两句。总而言之没有一个人没写过的。赶到最后，到希腊小庙殿堂门前，能走到门口的就剩下那几个。这里面其实最重要的就是"韧"。王阳明所说事上磨，忍耐着做，就是说的这个韧。为什么鲁迅就说，他觉得看有些人在操场上跑，即便他落了后，但是仍然不到终点不止，而且很多人不但不嘲笑这个人，还为他鼓掌。这一部分人是中华民族的脊梁。这说了一个什么呢？就是说了在事上磨而且是反复磨。

世事洞明皆学问，由科举而从政，在政务上磨炼，增长见识，修养德性，不妨碍求得真学问。最怕"坐枯禅"，一味追求清净，遇事便乱，把知识学死，终究功夫不上身，死不见道。圣贤是圆融无碍的，《华严经》讲的"理无碍""事无碍""理事无碍""事事无碍"四个法界，是修行的四个阶段。功夫要到最后一步：事事无碍法界，任何事都透得过，毫无挂碍，才算得上成佛。我们凡人总是活在"矛盾"与"碍"中，活在自我的计算能力范围内，不断颠倒着目的与手段，又总觉得会顾此失彼，因而患得患失。唯有圣人则可以打通为一，不计得失，不分彼此，真正做功夫，在事上磨炼，从而能知行合一，天人合一。

"事事无碍"是大境界，其难就难在这个"随事尽道"，心学强调百姓日用即为道，道是无处不在，不是只有追求圣贤之学，才是"上道"。陈继儒说："人有一字不识，而多诗意；一偈不参，而多禅意。"行行皆可入道。芸芸众生，有人以艺术悟道，有人以商业行道，大道相通，道通为一。通则不痛，痛则不通。"随事尽道"就是要把万事万物中的道打通。然后做什么都一样，做什么就能成什么。然每个人的命运不同，因缘不同，机遇与时代更是不同，也只能一切随缘起用，具体问题具体分析，时时刻刻都恰到好处，即是入道，即是中庸，即是致良知。

《周易》有"随"卦，"随"是"从也"，也是选择，更是实用而恰好的智慧。随才成就，随缘尽性，随事尽道。悟到、做到一个"随"字，便是领取自己的天命而有所作为。家书中，阳明跟表弟们讲，"随"举业，亦自无妨圣贤之学。参加科举，不妨碍求圣之路。而那些原来没有圣贤之志，虽然不参加科举，天天只谈道德，也只是得了个"务外好高"的病而已。王阳明也借用程子的话："不患妨功，惟患夺志。"来告诫表弟们，参加科举不用担心其妨碍实现成功的人生，只是要当心，别把科举当目的，消磨了远大的志向。我们熟悉的西方圣哲，卢梭抄乐谱维持生计，斯宾诺莎靠磨眼镜片坚持做学问，卡夫卡一辈子也只是个写字楼小职员，卑微的现实处境，并未夺取他们的雄心壮志，更没有妨碍他们成就属于自己的伟大事业。王阳明自己是把成圣和成雄的路，合并为一了的。打仗和讲学齐头并进，在仕途上磨砺悟道，真正知行合了一，也就从心所欲不逾矩了。

第 22 讲

自肯担当常快乐活出生命的觉性

一、把每一天都当生命的最后一天，提起生命的觉性

"把每一天都当生命的最后一天"是个什么意思呢？我的理解是提起生命的觉性。就是我们人为什么为了一分钱，为了一点蝇名蜗利，就要奋不顾身地去追逐，去拼抢。因为他忘了还有一个"死"在前头。人们今天攻击"苦难是最好的老师"这种说法，好像这句是在美化苦难、歌颂苦难似的。这句话其实看怎么说，看谁来说。如果那些给你制造苦难的人，掉过头来让你歌颂苦难，这是没有良心的表现。但是那些诚恳地告诉你，让你在苦难当中面对现实、直面生死的人来说，其实说得就没错。

直面生死这套学术体系来自佛教。《坛经》里面讲，法达常年颂诵《法华经》。慧能说："我不识字，你给念念。"法达念到"诸佛世尊以一大事因缘出现于世"，慧能说，"止"。什么大事因缘呢？就是如何面对生死。千说、万说，更多的比喻和故事都是要解决这个问题。佛为什么让人解脱？就是拿生死来说事。人们之所以活着这么蛮憨、这么愚昧、这么以自我为中心，是因为没有看见前面的生死。

死亡是人类自原始人以来就思考的一个问题。伊壁鸠鲁说："死对于人是不存在的。我活着的时候没有死，我死了的时候已经不知道了。"这是唯物主义的态度，这种态度有其合理性。佛这个态度告诉你，面对

生死，要谋求解脱。如果不谋求解脱，就还要再轮回。禅宗再加上王阳明心学改造的基本态度是什么？加紧修行，加紧修炼。

　　为啥苦难反而是老师呢？孔子读《周易》有感："作《易》者，其有忧患乎？"他如果没有忧患，他为什么来做《易》呢？这叫"生于忧患"。这个忧患是面对苦难的答案。心学把这些东西都凝聚到一个直觉问题。它为什么比那些支离的、东拉西扯的学问对我们更有用呢？在于它训练你用直觉来回答这个问题，不用东绕西绕。因为所有的问题都是我的问题。所有的问题，大不过一个生死，千万不要架空度日。面对小坎小难的时候，也不要架空度日。大的苦难和忧患来的时候，你更不要架空度日。

　　心学就是在面对苦难时，像火箭升空一样，一节一节升华出来的。如果不打王阳明四十大板，不发配他三千里，就没有龙场悟道。正德领着边将、京官和还有宦官去抓王阳明，包抄王阳明的时候，逼着王阳明在百死千难当中逼出一个良知。王阳明在那个叫爹不应、叫娘不灵的时候，只有用自己的良知出来抵挡。他忠心保正德，正德要杀他，他还劝正德："快回去吧，这余党还在谋杀你，对你不安全。"热脸贴一回冷屁股，再贴一回冷屁股，这么贴还感动不了东家。东家还要整他，还要把他整成叛党。这个时候他怎么着啊？他说了，如果再有一条缝他背着老爹就跑了。事实上，天壤之间哪有这么一条缝呢？这个时候逼出了他的良知，就一任良知而行。这个良知让他保护江西人民。江西人民经过旱灾、水涝、宁王叛乱，还有蝗虫作恶，狠吃狠喝。王阳明作为地方官还来应酬他们，还要保护江西人民，因为他这时候认识到民心不可失。

　　王阳明做得特别好，跟王阳明可有一拼的就是方志敏。一看方志敏，我就想到王阳明，他们都是江西的。"假如我还能生存，那我生存一天就要为中国呼喊一天；假如我不能生存——死了，我流血的地方，或者我瘗骨的地方，或许会长出一朵可爱的花来，这朵花你们就看作我的精诚的寄托吧！在微风的吹拂中，如果那朵花是上下点头，那就可视为我对于为中国民族解放奋斗的爱国志士们在致以热诚的敬礼；如果那朵花是左右摇摆，那就可视为我在提劲儿唱着革命之歌，鼓励战士们前进啦！"每当我看到这段话的时候就忍不住流泪。用牟宗三老先生的话来说，那个时候啥都没有了，就剩下良知了。这个时候，所谓苦难和辉煌是革命党、革命人、革命志士仁人的一个共性。所有的这些志士仁人都有这个共性。相反的，那些贪权的、腐败的、因为权力而万分放纵的人，都是他的反面。这些道理小孩都知道，但是有些人就偏不知道，为啥？他的良知被蒙蔽了。

二、每个人都做自己的主人翁

我们应该援之以手，还是援之以道？援之以手，救不了两人，援之以道，能救一片，能救一代又一代。所以王阳明一定要坚持用讲学这种方式来启蒙。让每个人都找到自己的良知。让每个人都做自己的主人翁。

就做自己的主人翁这一点来说，我命由我不由天。但是话又说回来了，这个命是咋回事呢？周易说的那个命，就是用八字给你框了一个范围。有些人叫有命无运，比如说，《红楼梦》里面的元春。你说她没有命，她能当皇帝的妃子。能当皇帝的妃子这不是命好吗？但是她去了一个看不见人的地方，郁闷，早早就死了，这叫有命无运。所以这个命不是一个终极的解释。

《了凡四训》讲"命自我立"，你多行善积德就可以改命。你命里不好，你命不长寿，但能做好事，就能改命变长寿了。就是说用这种来号召人们做好事不做坏事，这种故事多极了。我小时候特别信这个。《济公传》开头，那个人的面相"螣蛇纹入口，将来必主于饿死"，吓得不行，说怎么办？赶紧做好事，做好事，那个螣蛇纹就不入口了，就没有饿死，这叫改命。

我命由我不由天，是你在选择的时候给自己定的。人活着就要自己改造自己，做自己的主人翁。这是心学为什么在韩国、日本的大众那里获得共鸣的原因。如果在体制内能够顺风顺水的，就会觉得理学很好啊。只有在普通人这里，心学会给他一种力量，给他一种希望，给他一种信心。这个信心是自己对自己负起责任来，自己成全自己。

三、王阳明是一个在不确定性中活明白的人

王阳明是一个和我们一样又不一样的人。和我们一样，是说我们有的缺点他都有。就像马克思对她女儿说的"所有人类有的缺点和弱点我都有"。女儿问："你最喜欢什么颜色？"他回答："红色。"还问："你最容易原谅的错误是？"马克思回答"轻信"。诸如此类的，就是说马克思也是个人，他也是个普通人。王阳明也是，他是一个在不确定性中活明白的人。

"鹰有时候比鸡还飞得低。但是鸡永远飞不了鹰那么高。"王阳明也是一样。别人有的他都有。但是他所拥有的，别人就没有了。这也是博弈论，要看比什么。王阳明讲究"悟"分几种。一种是从文字上解悟。他自己总结这个开悟，说必须悟了以后才起修。悟了却不开悟，就是一种低水平重复。为什么王阳明跟我们一样又不一样呢？他跟我们一样的时候，就像鸡一般在地上趴着找这个谷粒吃。但他又能像鹰一样飞得高，而我们飞不起来。我们飞不起来是因为我们翅膀没力，鸡的翅膀就没有那个力。鸡的翅膀短，筋也不够。王阳明翅膀的力从哪儿来的？从学习中来。王阳明向他的学生也深度学习。这说明王阳明这个人志气大，聪明。只有智力障碍者才不跟别人学习，只有智力障碍者才只给人家上课。聪明人永远听别人上课，跟人学一句是一句。怎么从鸡变成鹰？就是别想鹰也别想鸡，踏踏实实地好好学习，然后就有天天向上的时候。

四、常快乐是真功夫

王阳明的弟子九川在赣州病倒了，王阳明提醒他要把病当成一物，你来格它，别让它把你格了。病这个物很难拿平，你觉得如何呢？九川很实在，说"工夫甚难"。他疼着呢，他有病，他精神不健全，心神意志顶不出来，所以感觉到甚难。王阳明就说了一个概括的话，这句话也是心学的宗旨之一——"常快活，便是功夫"。这病是让人不快乐的，愁苦忧梦，使心思不得其正。

心这个器官大，眼这个器官小。你要以心为大，以心为重，以心为主。所以王阳明教了一种功夫、技巧，此时他不讲万物一体，他讲的是一种剥离，把病痛和你的心剥离开，当成一物，这时候你的心就成了祖宗了。你快乐，你从那病痛里面就解脱出来了，你不再被这个病折磨了。所以"常快活，便是功夫"，把病当成一物来格，应该成为今天养生的新口号。要不然好些人虽然没死，天天跟死了似的，已经提前"死"了。变被动为主动以后，就找着自我了，找着魂了。

此话还有一个配对的话："胜得容易便是大贤。"你克服自己的私心杂念，克服自己的痛苦情绪，克服外在的压抑带给你的心灵的损伤。你能把这个胜过去，你胜得容易便是大贤。

第 23 讲

王阳明未能齐家

一、王阳明不搞大男子主义

钱锺书说王阳明怕老婆。这事特别好玩。我后来就一直找王阳明怕老婆的证据。第一，钱锺书不会瞎说，钱锺书之广、之博、之杂碎那是举世无双的。一般人看书看不过钱钟书，但是钱锺书能找到王阳明怕老婆的证据，怎么我就找不到呢？没办法。原先我概括为，相关记载被王阳明的徒弟给删光了，这话不对。为什么呢？钱锺书看见的也是被王阳明的徒弟删过的东西，所以肯定有些东西我没看到过。我们相信钱先生的判断。因为他也是根据别人记载得出的。

王阳明为什么怕老婆呢？大概是因为，结婚的那一天，王阳明不入洞房，跑了，跟铁柱宫道士打了一夜对坐。结婚入洞房，新郎官跑了。后来人们就给他遮掩。就说婚礼进行完了以后，王阳明才出去打对坐。这都是"粉饰"的话，信不得。他为什么怕媳妇？就因为他那个婚礼没有完成，他就跑了，对他媳妇内心有亏欠感。由此可见，王阳明的个性不羁，不受任何束缚和羁绊，包括婚姻大事。

王阳明和他媳妇的感情不是很深，为什么这么说呢，因为查阅各种资料没有查到王阳明写过想老婆的话。王阳明常年在外，和媳妇在一起的时间很少，如果感情好，怎能不表达对媳妇的想念，但是看了年谱，以及各种传记材料也没有他对夫人的思念。

我们通过一些叙述也可以大概了解一二。

王阳明修阳明洞其实就有躲他妻子的意思。但是王阳明很仗义，在封建的男权社会，王阳明从来不搞大男人主义。王阳明怕不怕老婆具体不清楚，他应该是敬老婆吧。敬老婆的表现之一，可以躲着走。

王阳明在北京当官，他媳妇就想跟着王华的船一块儿到北京来。王阳明给他爹写信，说最好不要领儿媳来。但是最后，他媳妇跟着他爹来了。但是他媳妇到北京的时候，王阳明走了。

还有一个事实，二人没有生孩子。王阳明在他老婆死以前没有娶过继室。这是王阳明跟他夫人的情况。具体的没有文字记载，我们不敢瞎猜。

王阳明这么聪明的人，他能完全跟家里面处理好关系吗？不见得。

这个情况王阳明没有处理好，就说明他这个时候把心学给忘了。心学大师把心学忘了，这是很正常的。这是常有的。他要拿出对付别人的那个劲来，心学就回来了。我跟一个老师下棋，他一输了就说"我把棋谱丢在家里了"。他给自己遮羞呢，就是说这盘输了是因为他把棋谱丢在家里了。哪有照着棋谱下棋的？所以他把这个情况幽默化了。

二、王阳明未能齐家

王阳明死了以后，他家里就乱套了。按书上记载，他有六个夫人。这六个夫人各有一股小势力。王阳明让他的学生来管理家务。学生魏廷豹是个大夫，负责给王阳明家里人看病，他也信仰心学。于是王阳明托魏廷豹管理家务。王阳明活着的时候，压着阵，魏廷豹管得很好。王阳明谢幕了，从世界这个大舞台上下来了。为什么用"谢幕"这个词呢？因为说他圆寂吧，达不到这个程度；要说他死了，就显得不尊敬。这时候语感很重要。

王阳明死后，他那六个夫人，争夺权利，胡宗宪从他子弟那里买到了王阳明当年评注的那些兵书,他拿那个兵书指导去打倭寇。王阳明家里乱到把这些东西都拿出来卖,可见乱到一定程度了。所以说王阳明在齐家这一块,由于种种原因,并没有成为一个光辉的楷模。这倒是让我们看见了一个真实的王阳明。

  他去征思田,临走前身体都坏成那样了,在杭州又跟一个年轻的女子结了婚。我觉得他对这个最小的夫人,是不合适的。那体现了封建士大夫的那种腐朽的阶级价值观。李鸿章75岁了,还娶个18岁的女孩。因为他身上有癣,娶个小丫头给他挠痒痒。康有为从外头流亡回来,给他赠个小妾,他笑而纳之。苏东坡那么有情有义的一个人,拿妾换了一匹马。有次他喝酒,看到一匹马好,卖马的说,你拿小妾换吗?苏东坡说换,然后自己牵着马就走了。顾炎武挥手就把女婢打死了。这些如今看来不可思议的事,却是当时真实的事例。

附　录

月亮的答案

　　王阳明在《传习录》中说："此道本无穷尽，问难愈多，则精微愈显。圣人之言本自周遍。但有问难的人，胸中窒碍，圣人被他一难，发挥得愈加精神。"

　　这也是王阳明的经验谈。道学、心学是精微的，不像 PPT 教学那样能够量化，能够像自来水管那样一拧就开。它是问难愈多精微愈显。大叩大鸣，小叩小鸣，一问一答，就更加精神了，这精神就是精彩，发挥得更加精彩了。

　　人文教育就是这种互动式的，它不是灌输式的。王阳明说过，一个小嫩芽你用一桶水浇，反而会浇死它。所以学生不问，老师只能等着。

一、草、木、瓦、石等，它们有良知吗？

　　问：周老师，草、木、瓦、石等，它们有良知吗？我听您讲课，关于良知你有很多解释，这个问题初学者容易迷惑，周老师能给大家说下吗？

　　答：以前王阳明的学生也问过王阳明这个问题，王阳明说："人的良知，就是草、木、瓦、石的良知，若草、木、瓦、石无人的良知，不可以为人的草、木、瓦、石矣。"我们拿草治病，我们拿草当茶喝，为什么？就是因为草里头含有和人能成为一个世界的属性，不然的话，你拿它当茶喝就不行。比如说，我们吃发馊的剩饭就会闹肚子，但是常年做乞丐的人吃了剩饭也不会闹肚子，为什么？因为我们已经跟馊饭不是一个世界了，我们跟好饭是一个世界，好饭吃了养我们的身体，而乞丐呢，他跟馊饭啊、剩菜啊已经是一个世界了，他吃了就不会闹肚子。

所以说，草、木、瓦、石要是没有人的良知，就不可以为人的草、木、瓦、石。岂止是草、木、瓦、石，天地无人的良知，亦不可为天地。天地如果没有人的话，就是寂天寞地，天地万物与人原是一体，一体就是我刚才讲的一个世界，要是没有人的话，谁来仰天的高，谁来俯地的深，天地人三才，是一套的。天、地、万物与人原是一体，其发窍之最精处，是人心的一点灵明。要不然就是黑天彻地，有了人以后，这个世界就开了，天地鸿蒙，有了人就开辟鸿蒙，天地就开辟出来了。风雨露雷，日月星辰，禽兽草木，山川土石，与人原是一体。这是从宇宙论角度论证万物一体，论证心物一体，所以谷、禽兽之类皆可以养人，药石之类皆可以疗疾，只为同此一气，故能相通耳。你把草当茶喝，同此一气才能相通，要不是一气就喝不了，喝了就有反应。这就是一体，天地一体，万物一体，这是一个辅证，人是个小宇宙，宇宙是个大整体，都是通的。

在不同的语境里，良知的指涉不一样。上一条说良知是天，前面说过良知是造化的精灵，这里说良知只是个是非之心。你怎么拿是非之心去造化万物？这成抬杠了。只能是说在不同的语境里，王阳明对良知有不同的说法。

二、圣贤追求功业吗？

问：周老师您好！请问圣贤追求功业吗？

答：圣贤不是不追求功业、气节，但是，他"循着这天理"，成就了功业、气节就好像是格了物致了知，主要是完成了自己的人格追求。最后就"不可以事功气节名矣",最后并不拿功业、气节来说事。这句话是王阳明的自画像。就是说，我是循了天理。你说立功什么的，我是循着天理做出来的，不是说为立功而立功，最后拿立功那套说我，也不重要。所以《传习录》里面没有一句自己的功业、气节方面的话头。

这是王阳明了不起的地方。今天人们学习王阳明，主要是因为他立过功。因为他立过功，所以他的东西有用，学习这一套东西，就可以像他那样成功。这是好多人学心学的一个不言自明的原因。王阳明这句话也回答了这方面的诉求，让你别从建功立业的角度去追求，你只问合不合天理。如果你合了天理，那些功业气节都是自然结果。

三、道理本有厚薄，有前后、轻重、缓急的差别吗？

问：周老师，事物千变万化，我们如何在变化中知道自己的做法是对的呢？所以虽然有时候是按照自己良知行事，但是内心还是有矛盾。例如，我爱花花草草也爱小动物，我看小动物去吃花花草草就觉得心疼，但是都是这样，难道本就该如此吗？

答：王阳明说，道理本有厚薄，有前后、轻重、缓急的差别。比如说身是一体，你用手足保卫头目，保护眼，你这就是厚头厚眼，薄了手，薄了脚，就是对手脚薄，对眼、头目厚。其道理，就应该是这样的。有这种偏差的是适宜的。禽兽与草木同是爱的，用草木去养禽兽，心怎么又忍得呢？人和禽兽也都是爱的，万物一体嘛，但宰禽兽以养亲以供祭祀、宴宾客，你心又忍得？至亲与路人同是爱的，但箪食壶浆，谁吃了谁活，吃不上就死，不能两全，那你怎么也得先救你的至亲，不救路人，这就是薄厚啊。所以说，这些道理，只该如此，就是义。

所谓厚薄，他是良知上自然的条理，不可逾越，这就是义，义就带有坚持原则的意思，顺着这个条理就叫理；你知道这个条理就叫智；你始终保持着这个条理，就叫信。有标准、有等差，你按着这个薄厚的标准，获得天下人的信任。

四、在做的时候，善会打折扣、会变形怎么办？

问：周老师，您说诚意的功夫在善念上用功。这个善念其实大家都知道，就是要做好事，就是要心存善念，但很多人在做的时候，这个善会打折扣、会变形。您今天说诚意的功夫在善念上用功夫，那么"诚意"和"善念"他们之间到底是怎样的一种关系呢？

答：这个"诚意"的本质是不自欺，就是不违背自己的良知。"至诚就是至善。"所以说诚意的功夫要在善念上用功夫，你的意诚不诚，只说无凭据，需要在"事上磨"，这个时候自己可以清楚知道自己的善念"打了多少折扣、变成了什么形状"。

王阳明讲《大学》的时候，他说一定要以诚意为先。大学上有一段话是："格物、致知、诚意、正心、修身、齐家、治国、平天下。"这个就是"三纲八目"中的"八目"，"三纲"是指"明明德，亲民，止于至善"。王阳明给它改成："诚意、正心、格物、致知、修身、齐家、治国、平天下。"先诚意，意诚则心正，心正则物正，王阳明说格物就是正物。最后你心正了，而没有能"正物"，那么你的心也能得到反面的启示，心也得到了"良知"的滋养。

人的良知就是一个测验器，你的念头是善的，你的心里的感觉就是正能量满满，给人一种向上感。起了善念以后，各种信息场，都是积极的向上的。有些人为啥保持不住自己的善念。有两个原因：一个是自欺，另一个是意志不坚固。王阳明说别小看这个"诚"字，这个"诚"可以说是"圣凡之别"，圣人和凡人的区别就在于能诚不能诚。

王阳明一再说，什么叫良知？良知就是"真诚恻怛"。王阳明方方面面都是个真实的人。包括他克服自己的那些杂念，别人不知道的，他也会拿出来跟别人说。这就是真人。敢于面对自己。其实这就是诚。这个过程就是一个诚的过程。这时候，再冒出念头来，也是善念多，恶念少。这个时候善良就成了弥散型的一种心态了。恻隐之心的恻，就弥散开来。无缘大慈、同体大悲、大慈力的这一套就来了。这一套来了以后，他就负上责任，就操上心了。所以"真诚恻怛"这四个字，能够治疗今天的空心病、忧郁症、自恋什么都能治疗。你别想你自己，别觉得你自己是个宠物，老老实实地过好每一天，真诚恻怛一点。

五、当自己心里空空的时候，需要在心里存一个善念吗？

问：周老师，心无恶念时，此心空空荡荡的，这个时候要存个善念吗？

答：以前王阳明的学生也问过这样的问题，王阳明说，你"既去恶念，便是善念"。王阳明解释善和恶也是这样，你把恶去掉了就是善。怎么存天理？你把人欲去了，得到的就是天理。这个是很漂亮的，很有艺术性的。"既去恶念，便是善念"，这就是心的本体。比如日光被云遮蔽，这云去了以后光又复现。"恶念既去，又要存个善念"，你这是头上安头，在日光之中，又再添上一灯，这是画蛇添足了，在阳光底下你再举个煤油灯，不成了笑话了？这就是心学漂亮的地方。

六、人在世间，在各种角色中"切换"怎么才能不累？

问：周老师，我接着问一个问题：我们身在人世间，在外你是老板、领导、员工、朋友等；在家是一个父亲、丈夫，或者妻子、母亲。我们每天要在不同的角色里面切换。在这个切换的过程当中，怎么能保持自己的那个"诚"呢？

答：这个问题，其实是倒果为因。如果你真诚的话，你就能够做好每一个角色，而且还不累。每个角色都有它的"道"，这就是我们常谈的"五伦之道"，切换到哪个角色，只要真诚跟着你的心去走就可以了。

我有个朋友，他是画画的。那会儿刚开始用微信的时候，他有两千多个好友。我问他你累不累啊，维护这么多关系，还干别的吗？画还画不？他说，哥，只要你真诚就不累。因为他这个真诚已经成了和朋友间的一种互信了。彼此不问候，对方也不挑剔。对方有事来了，他立即很真诚地反应。所以他维持这两千多个朋友关系，也并不觉得累。

七、人都有拖延、逃避的心理，怎么去克服呢？

问：您曾说"狠斗私欲、实现本质、放大良知"。但这个私欲，也就是人的欲望其实是很难克服的，有些是天生带来的欲望。明知道这个欲望可能会给你带来一些不好的结果，但你就是克服不了，或者就觉得，先推迟一下吧。人会有这种逃避的想法。怎么去克服自己的这种私欲呢？

答：立志、择善。首先要立志，要自己给自己定个高指标。为什么叫狠斗私欲呢？因为私欲是很难克服的。那什么叫私欲呢？"过分"的欲望叫私欲。我饿了，我吃个窝窝头，这叫私欲吗？这不叫私欲，这叫天理。我不好好吃这个普通的窝窝头，我一定要配龙虾煮它，鲍鱼烩它，差一点东西我就不吃它，这就叫私欲。所以一定要把握好这个度，这个度是活的、精微的，只要你时刻守着自己的良知，"不动心"，不去往上面加自己的念头，你就能把握住。过和不及都是私欲的表现。面对邪恶你不敢站出来，不见义勇为。为了自保，丧失了正义感，这也是私欲。王阳明是反对把人欲和天理分开的，王阳明说，人心和道心是一个心，人欲和天理是一个东西。区别在哪儿呢？就在过和正好。正好了就是天理，过了就是人欲。正好就是道心，过了就是人心。所有的修为就是为了保持住这个正好。这个只有自己知道，老师都看不出来。

既然老师看不出来，为什么学生要来亲近老师呢？因为学生开始学习时各种问题毛病太多，需要不断地得到老师的指点、点拨。王阳明的教学是随地指点良知。比如说，父母死了，必然要伤心，这个时候哭，就叫天理。但是孔子说了，哀不毁形。你要过分地哭，把自己哭死了，这就过了，这时候人欲的表现就是满足了自己沉溺在痛苦之中的这种情绪，违背了做子女的责任。这也是不对的。

八、怎么判断这件事对自己是重要的？

问：专注聚焦做好最重要的那一件事。我就很好奇，做好最重要的那一件事，你怎么判断这件事对自己是重要的？以及怎么能够专注在这件事上呢？

答：我们讲过王阳明爬山。当时学生比他年轻，比他身体好，但是气喘吁吁。为什么？他一开始爬就看见高处。王阳明呢，爬上去也不累。为啥？王阳明说，我只爬一步，我只爬这一个台阶。他有一千个台阶，我也是爬一个台阶，所以我不累。这大概就是专注的意思。专注，这样就不累。王阳明读书、做事也是一样，他特别主张专注。我讲痴狂那个痴的时候，痴就是专注，不疯魔不成活。你不专注永远突破不了思维的边界。你专注了，你才能突破窠臼，一定要专注。

至于哪一件事对自己是唯一的、最好的？大概可以这么说，你现在做的这个就是唯一一个最好的。别骑着马看骡子。贪多嚼不烂是另外一些有点小聪明的人没有成功的根源。他们觉得自己有小聪明，不肯踏踏实实地做事。谁才能达到顶峰呢？笨人能达到顶峰。大伙儿都聪明的时候，那个笨人，不投机取巧，就是死磕的那个，他最后成功了。那些聪明的，见风使舵的，去追时髦、赶浪潮的那个，最后都流走了。笨笨的那个人，最后战胜时间了。所以大家伙要勇于爬这座愚人山。这个话说得好，一开始，第一波淘汰的是笨的，聪明的肯定能把笨的淘汰了。赶到聪明人成堆的时候，就不比聪明了，就该比笨了。这个时候专注大概就是笨的意思。

九、"信息碎片化"时代如何保持自己的专注力？

问：周老师我追问一个问题，就是现在短视频盛行，很多让你放松的方式就为了让你娱乐，让你放松，不让你思考。信息量爆炸，一天有非常多的新闻、事件发生。在这样的环境下，怎么能够保持住自己的专注力呢？

答：我曾在寺院里看见一个师父，他用智能手机看微信，刷短视频。我说："师父，修行人不是六根清净，要屏蔽和远离这些东西吗？"那个师父说："你找到自己的本心了以后，刷这个也不受影响。"

我们不要去搞"精神纯洁运动"。王阳明说，如果秦始皇出于公心的话，他焚书也是对的，但他不该出于私心来焚书。王阳明有一个精神纯洁理论，叫拔本塞源，就是把这个毒根拔了，把这个思想污染的源头堵住。让我们生活在没有这种恶浊的精神污染的纯净的天空里面，让孩子喝到没有污染的精神之水。这是个美好的愿望，美好愿望的实现一般都是在"彼岸"。

良知常明，此心不动，万事皆利于我，皆能为我所用。我过去也是盲目抗拒。我觉得看书很好，为何还要看手机呢？结果后来我刷出好些好东西来，我就开始转变自己的观念。我一边上厕所，一边听了一个讲西方哲学的东西，而且讲得还挺好。我就觉得这比我抠着书看还有收获。是否见溺取决于你的志气，看你的主动性和自觉性。如果说，什么新闻我都看，这些东西哪有完。

十、如何较为正确合理地去立人生之志？

问：周老师，王阳明说"志不立，天下无可成之事"。现在很多年轻人都会苦恼一个点，就是没有人生目标，我不知道我要干什么，不知道这份工作是不是我要做的，有些人觉得这份工作可能我不喜欢，但是我喜欢的东西我也不知道是什么。能不能给这些群体提一些关于心学方面的建议？到底应该怎样去立志？其实大家都知道，立一个志向，志向要高。但是具体操作起来，对现代人来说是怎么个立志法？

答：以前我就说过，要把职业和事业分开。职业是用劳动换取生存资料的；事业是自己给自己干的。把这个分开以后，我觉得世界就清爽了。我们小的时候扛大个，干苦力，腰里插一本书。扛大个很高兴，扛一天大个那会儿能挣三块六毛钱，那是巨款了。但是，扛大个就是扛大个，腰里掖那个书，就相当于诗和远方。扛大个得脚踏实地地扛，你一脚踩不实，就把腰给扭了，把脖子给拧了，工伤很多的。这个是职业。要把职业和事业区分开，在你心里头别让它们矛盾纠结。因为一旦为此矛盾纠结起来，能干的不想干，想干的又干不了，就会痛苦、内耗。这样就进入到一种消极的不作为状态。这样的人生就是"打折、变形"的人生，这样很多机会你就错过去了。如果你是乐观的，积极的，你在这个状态里面，总能够发现新的契机和可能，每天活出自己的新状态。

要立什么志？就是"我改变不了这个世界，我可以改变自己"。我要提高我的学习能力，提高我处理事情的能力。提高改善我的情绪、生命质量的这个能力，这个是推卸不掉的，你别怪爹娘，也别怪老师，如果这方面不行，就怪你没本事。你不能做一个没有本事的人，一定要把自己管理好，你要把你个人弄明白。这个世界是不确定的，你个人把个人先弄明白。这个有啥好处呢？就是你这个状态，他就变成了一个开放的状态。变成了一个鉴赏的状态。你要是找不着北，找不着意义，活着有啥用，想死，又没勇气死，这就很难受，你要拿出狠劲来提高自己。

心学是给生命和生活同时赋予意义的学问。王阳明的"岩中花树"的典故，"你来看此花时，花的颜色和你的心一时明白起来"就是建立了意义。花给了心美感，心给了这朵花灿烂，这个意义得以建立。其实你想想，意义就是一座桥，是此刻把你渡过去的一个精神浮桥，你要迈过这个坎，哪怕搬块砖放在这里踩过去，要么你有本事就飞过去。这个时候，正是磨炼自己、提升自己的时候，越是困难的时候，越是刻苦学习的时候。

我研究过长征，长征牺牲的战士平均19岁。在长征的时候，真是此刻不知下刻的命。长征队伍里头有一个景观十分壮观。每个人背上背一个字，你看前面人背上的字，后面的人看你背上那个字。走一段时间，前后人顺序更换，最后的那个，跑到最前头，最前头的跑到最后头。处在这么一种学习状态的一支军队，就是战无不胜的。如果问你这个战士认这几个字有啥用，他也不知道。一个炮弹，连他带那个字都炸飞了。但是，学还是不学，就是红军和白军的区别，就是当暴风雨来临的时候，是海燕和企鹅的区别。这个时候就是考验了。越是这个时候，越要提高警觉，不要放任。你在那里躺着说风凉话，骂骂街，怨怨天，怨怨地，其实是糟践了自己，对不起自己这个限量版的人生了。

十一、35岁了，到人生的下半场立志还来得及吗？

问：周老师，您刚才说的是，对于一些年轻人的这种立志这方面的建议，因为现在各种媒体、报道里面都会宣扬一种观念，35岁人生开始走下坡路，人觉得马上就会被淘汰，大家这种焦虑感还是蛮重的。中青年这个年龄，甚至于到人生的下半场的时候，立志还来得及吗？

答：这个古人早就说过，你八十立志都来得及。八十立志，八十开始学习都来得及。你问的这个问题犯了不少错误。35岁就开始走下坡路。这是上帝定的还是媒体定的？你要说上帝定的，地球上没有上帝。你要说媒体定的，那这个媒体就是个王八蛋，凭哪儿说35岁就走下坡路了？现在平均寿命都在延长，35正是生命力旺盛的时候。啥叫下坡？岳飞39岁被奸臣害死。35岁到39岁最后四年，这叫下坡路。但是想想岳飞这四年干了什么。这些东西真是坏人心术。有的人15岁就开始走下坡路了，都不用35岁。

十二、如何正确面对"内耗"和"PUA"？

问：周老师，面对生活中的PUA该怎么办呢？比如说我让你做事，我PUA你，让你觉得自己不好，然后我用我的思想控制你，然后你自己内心很痛苦开始消耗自己，周老师从阳明心学角度来理解，如何正确面对"内耗"和"PUA"？

答：你要能"见微知著"，果断决定。你都知道这个人心险恶了，并且已经吃亏了，你还想什么呢？战胜他？让他良心发现？你要有这个能力可以。说老实话，这些问题在我来看都属于伪命题，完全是没有志气、没有能力的表现，自己拿着自己那点小烦恼咀嚼。这些王阳明也都遇到过，朝廷体制下的那帮人，总是想说服、拉拢王阳明，王阳明怎么做的？"以道事君"，拒绝当奴才。最后王阳明发现那帮人什么都懂就是不干实事，所以龙场悟道后的王阳明就不再依靠外在了，他要靠自己的力量去行道，才有了我们今天学习的王阳明。真正的内耗是什么？是你想干正经事干不了。像于谦想保卫北京，保卫不了，最后被杀了。岳飞想保卫河山，也保卫不了。你要是看了那种内耗，你就觉得现代人心理的内耗轻如鸿毛。

王阳明被嫉恨他的那批人牵扯，但是王阳明告诉他的徒弟们，不要回应。他的徒弟愤然给他写辩状，王阳明制止了他们。这是王阳明他爹教他的。王阳明他爹年轻的时候，在礼部分管高考，有人给他送礼，他爹就把这个礼给退还回去了，这没毛病吧？总有人天天拿这个说事。王阳明初涉官场以后就写辩状，说，没有收，早就退回去了，这是多么清廉、多么正义的做法。结果他爹就训他，我以为你学问有进，你天天修这个练那个的，我以为你明白了，原来你跟原先一样，是个糊涂蛋。说得王阳明整个一激灵。他爹跟他讲这个道理：你不辩，这个事他就过去了。你一辩，就形成一个漩涡了，就开始搅和这个事了，你何必辩。清自清，白自白。你辩不辩它改变不了事实，没有用了。王阳明还真听话，就不辩。而且他蒙受侮辱的时候也不辩，等他爹死了，王阳明给他爹要讨一个封号，那帮人出来又拿这个说事的时候，王阳明愤然反击，忍无可忍就无需再忍了。王阳明要不反击，他就不是个心学大师。我就看不起他。我最看不起王阳明的，就是当着王阳明的面把冀元亨抓住，王阳明却没说话。按理说王阳明当时该把桌子一拍："你把老子也一起抓走！"王阳明自己对此事的解释是，这样做会激起宦官那帮人更大、更邪恶的动作。我觉得这个解释不足以说服我。

　　再回答你这个问题，这些东西才叫内耗。像刚才说的这个，这都是撒娇。所以我特佩服写过《红楼启示录》的王蒙，他不是被"改造"了二十三年嘛，王蒙19岁写了《青春万岁》，拿那个小说的稿费买了一个四合院，后来他就打算一辈子住在那个院里头。但是23岁的时候他被打成右派也是因为一篇小说，叫《组织部新来的年轻人》，然后让他去了新疆，二十三年。按那个35岁人开始走下坡路的说法，这不用活了。但好些人从那里回来的时候，有些不太有名但是很令人尊敬的老先生，开始连觉也不睡，赶紧把损失的时间补回来。王蒙说过一句话，说贾宝玉的问题好解决，劳教三年什么问题都解决了。贾宝玉的问题跟这些同学们问的内耗啊，找不着北啊，怎么办啊、没法办啊一样。这都是没有碰见真正的问题时说的牢骚话，撒娇语。

十三、孤独和慎独的区别

问：周老师，我们常说善于独处，让内心不断强大。您之前也提过，独处，让内心不断变强大，现在很多人都是这个状态，很多人习惯跟自己相处，很难去和别人相处，像新闻里面说，现在谈恋爱、结婚的比例也很低。大家不想要谈恋爱，觉得自己挺好的。这个独处跟慎独是不是一个概念？

答：就看你是什么人了。王阳明就独处出了一个心学；克尔凯郭尔独处出了一个存在主义，他说人是孤独的个体；黑塞独处出一个《荒原狼》来，这是走向解放的前奏。慎独，是自己审判自己。审判自己，天不知道、地不知道，只有自己知道的那个不正确的想法和念头，把它克服了，这叫慎独。英雄能够享受孤独。

可以这么说，人的质量是在面对孤独的时候区分出来的。有的人在孤独的时候，精神获得了升华。鲁迅写东西，必须夜深人静，外面没有声音了，他开始写。别人起来的时候，他开始睡，他就甩开官场的那些东西。过去文艺学有一种现象叫夜晚现象。王阳明专门写过一个夜气说，到了夜间的时候静下来了，天地之间就像是宇宙关闭了，黎明即开的时候，就像西皇开世的时候，他把这一天的变化比喻成人类的历史，然后再比喻成一个人一生的过程。他认为夜中正是用功时。夜气是你用功的最好的时候，也是你孤独时候最好的时候。这个孤独绝对是一个人精神凝聚的最好的时候。如果要出来应酬，就要有大功夫。白云观有一个道士，他坐了一会儿，坐一会儿他觉得自己行了，守住了。然后，他又过来跟我们聊天、喝水，反正就是啥也不误。这是道长，人家有功夫。咱们不行。咱们一喝水就没守住了，这就看本事。所以这个东西，用荀子那个话回答吧。吾尝终日而思矣，不如须臾之所学也。你与其在这儿自哀自怜地感叹孤独，你还不如赶紧学习呢。至于搞不搞对象，这个事不知道，要敢于说不知道。第一，我说啥都等于放屁。第二，我也不希望我说的东西有用。我说的东西有用还不如放屁好呢。就不要说了。对于我们不知道的要保持沉默。

问：周老师，我追问一下，你可不可能给我们举一点，比如说王阳明修慎独这个功夫的，他具体的例子是什么？

答：王阳明的例子包括静坐，包括专心致志，首先是对自己的专心致志。就是你呼吸跟心跳保持平衡，进入一种平静状态，别人说怎么才能没有念头，王阳明说，只有死人才没有念头，你只要把那个念头端正，心地法门、念头功夫。我跟程林写过的那本《王阳明的心学功夫》也有讲过，看一下就行了。如果真有年轻人有这种爱好，我觉得他就成功了一半。他想明白这个，就说明他有这种基因，就有这种可能性。但愿这本书能帮到有志青年。

十四、动静体用的功夫具体是怎么个修炼法？

问：周老师，动静体用的功夫具体是怎么个修炼法？

答：有些人在静的时候，他能够保持这个平衡，他能够觉得这个天理已经上了身了，但是一动就乱了。所以要僻静，如果你抗拒这个动。王阳明说，这个不行，你好静恶动，就像水它不是真正的清澈了，只是暂时澄清澈了，一搅和又乱了，又浑浊了，不行，这时就是要加紧修炼。所以王阳明就说，你动也循着天理，你静也循着天理，这样你就是一股劲，不累了，就没有分裂感了。所以动静体用。

十五、断舍离

问：周老师，您怎么看待断舍离？

答：放下包袱就叫断舍离，开动机器就叫精进。断舍离是佛学的入门功夫。就是断弃红尘，舍离人世的欲望。这个离是出离心，就是施舍。这个舍包括舍去、施舍、布施。断，像李叔同，毅然出家，那不就是断嘛。舍去人间的恩爱，舍去艺术、音乐的那种欢笑。这都叫断舍离，这个断舍离是戒定慧的前奏。没有断舍离就没有戒定，没有戒定就没有慧。真正的精进，就是断舍离本身。而且断舍离是勇猛精进。霹雳手就是指的这种勇猛精进，这种断舍离的，对自己下手也够狠的意思。没有这种断舍离就不会有精神上的飞跃。今天内耗、明天内耗，活一天内耗一天。你要敢于断舍离，跟这些磨磨叽叽的、没完没了的这种哀情怨绪一刀两断。这不就出来了吗？"断"本身不就是精进吗？为啥那个进步的进，前面加一个精，精，一个是全神贯注的意思，还有一个是讲究高质量。精进，就是让你别当一天和尚撞一天钟。

问：周老师，我好奇，再问一个问题。断舍离，比如说你物质上的断舍离，其实相对还是比较容易的，少吃点，少用点，这个其实也是一个做法。但是比如说，我听到一个说法，人家说张爱玲其实也是断舍离的高手，她断掉了自己的情感，还有亲情。这种断舍离到一个顶点的话，人会是一个什么样子的状态呢？断舍离的度怎么拿捏呢？

答：从本意上看，断舍离都不含物质。这个物质不值一谈。它不能作为你是精进还是不精进的证据。在精神上经历这种考验，那才叫断舍离。张爱玲是一个侠肝义胆的断舍离高手。张爱玲等于一直拿钱养着胡兰成，胡兰成再拿钱养着别的女人。这种链条维系久了以后，张爱玲就让胡兰成选，胡兰成还是选择河北的那个小周。到这个份儿上了，张爱玲才跟他说："你以后不要给我写信了，你给我写信我也不回你了。"这是过了好久的事情了。所以说，她算是一个行侠仗义的断舍离。你说的断舍离高手是说断就断，不断必受其乱。其中这种做法有点不高明，张爱玲的做法反而是一个高质量生命个体的一个当然的选择。天底下所有的事情都没有标准答案，感情的问题尤其没有标准答案。这种我们研究不透的人，他们的选择就更难说清楚了。就是保持一份尊敬的观察吧。能培养、开启我们的智慧就好，哪一点启发到我们，使我们清爽一点，使我们正确一点就好。

十六、人生应该保持快乐还是保持平静？

问：王阳明说觉得最宝贵的是快乐，但人生快乐的时间很少。也有人说，人生最重要的不是快乐，而是保持平静，他说快乐是非常非常稀少的点缀，但是平静应该是人要去追求的那个主线。您从阳明心学角度来看，是这样的一个状态吗？

答：这两个在不同层次都有理。阳明是主张平静的，平平淡淡才是真。讲究人和万物一样都是收敛的，都是平静的，让这个心保持这种平静，才避免内耗嘛。这是一种修为的方法。快乐是什么？快乐是一种精神的方向，你要奔着快乐使劲。奔着平静你就不用使劲了，啥劲也不使，放松了，这叫平静。你要使劲也要奔着快乐使劲，王阳明的一个好学生叫王艮，王艮编了一个《乐学歌》，就说学是学此乐，乐是乐此学。比我们今天那个快乐学习，要深刻多了。因为《乐学歌》是这个快乐的教育体系的一个宣言。同学们要感兴趣，可以去搜王艮的那个《乐学歌》，学是学此乐，乐是乐此学。你学到这种真东西，就会有这种真正的精神快乐。这种精神快乐使你的生命处于"燃"的状态。内耗叫冒烟，着又着不了，灭又灭不了。就是沤烟，沤那个烟除了污染空气，就是焚毁自己，焚毁了没有产生能量，就是整个一个糟践。所以说，我已经很漂亮地回答了这个问题，这个静就是没事的静，有事的时候奔着快乐使劲。别奔着悲凉去使劲。就这个意思。

十七、"乐学"的传承脉络是？

问：从孔子到王阳明，这个乐学传统具体是一个什么样的过程？怎么过来的？

答：孔子不是乐以忘忧嘛。所以有人问孔子他是什么样的人，学生不好回答。孔子说，"你就说我是一个，发愤忘食、乐以忘忧，不知老之将至的这么一个人"。你就看出，孔子这个乐，是一种生活姿态。孔颜乐处，"一箪食、一瓢饮，在陋巷，人不堪其忧，回也不改其乐"。这形成了一个中国的传统，叫忧道不忧贫。这个贫穷不贫穷是不用发愁的，只看这个道是不是已经跟我越来越近。是真理来占有我，不是我去占有真理。其实我个人很喜欢孔颜乐处，它是让我们的生命保持着一种正能量的状态，保持一种光明。我心光明，就是你个人也亮堂，也能给别人带来亮堂。你看，一人向隅，举座不欢。咱们叫一桌人，你们同学聚会，其中一个人就不搭理别人。一人向隅，扭过头来，个人对着墙脚，大伙儿就不知道怎么办了。因为中国人是群体动物。不是说，别的人不是群体，但是中国人尤其是群体动物。王阳明强调这个乐，也是要找到这个乐道的这个乐，安贫乐道。就是找到这个追求道的快乐。这个叫苟日新，日日新，这叫天天向上。在这个过程当中能获得的那个精神灿烂、法喜充满，这个才是生命本身的。衣服以外的都是别人的，快乐也是他们的，我内在的这个成长是我自己的。这是这个话的准确意思。

十八、如何面对为生计所迫的"漂泊"？

问：现在其实很多人不快乐，不快乐有很多，比如离开家乡北漂、沪漂、深漂，各种漂泊，为了工作离开家乡。但是心里面有这种原乡的情节，心里面是怀念家乡的，但是你又处在另外一个环境里面，会有一种焦虑感。您对这样的人有什么样的建议？

答：我最大的建议是赶紧把这种感觉写出来。这个是文学青年型的。中国有个著名的散文家叫梁遇春，26岁就死了。梁遇春的散文选居然还能留这么厚。他那么年轻，早于周作人他们就提出了"文学的本质是漂泊"。你刚才说的让我想起梁遇春。回望家乡叫乡愁，漂泊是文学的宿命，乡愁是文学的主题。所以，他有这么一种感觉，太令人羡慕了，赶紧写出来。一个人要能买上车、买上房，安上家，就不回望家乡了，他就成了一个小商人了，就失去了表达生命的那个条件了。这个时候，生命正在谋求表达呢，睡不着了，写两句诗。小时候，乡愁是一张小小的邮票啊什么的。余光中写这个，用了没有一刻钟，就使他名震天下。妈妈在那边，我在这边，这就是精神生产。你们给我一百分钟，我也写不出这两句来。再给你一百分钟，你也写不出来。这不是个量的问题。大师们都在处于漂泊状态。不漂泊不足以看清这个世界和自己的真相。所以他这个生活可能是有点苦，但是他的精神正在发育期。我给他的建议就是拿起笔来。

十九、如何看待我不想吃苦了，我想"躺平"？

问：现在很多年轻人说我想躺平。他们会提一个问题说，我来这个人世不是为了吃苦的。其实很多人抱有这样的观念：我就是要做我自己，及时行乐，不要吃那么多苦，因为吃那么多苦，也并不能给我带来什么。

对于这样的一种论点，或者对于这样一种现象，可不可以从阳明这边给一点看法？

答：马克思说，每一次推理都是一次危险的跳跃。我也没啥好建议，只能说大好时光，抓紧学习。只有学习是永远不该反对的吧！哪怕你不是天才，还是努力学，读好书，像红军战士背上背那个字那样刻苦。现在一天开两种空调，摆弄七八种电脑，手里拿着五六个手机，所有精装的世界名著摆在前面，他反而毫无感觉。看《战争与和平》他觉得比吃玻璃碴子还难受。你看，这就叫心即理，你的心只能够得这个理。你叫红军战士说说，红军战士说，我们要能过上这日子，我恨不得把那个书嚼了咽了它。可是现在倒好，不但得了物质上的厌食症，还得了精神上的厌食症。这也是我们需要面对的一个问题。

二十、为何有人夜间怕鬼，有些人却不怕？

问：周老师，我身边有几个人，他们的胆子特别大，晚上走夜路也不害怕，但是我不行，晚上房间稍微黑一点，我内心就非常担心害怕，难道人的胆量大小是天生的吗？还是后天炼成的？

答：人害怕是存养不够。王阳明的一个学生陆澄问："有人夜怕鬼者，奈何？"阳明说："只是平日不能集义而心有所慊，故怕。若素行合于神明，何怕之有？"阳明说："岂有邪鬼能迷正人乎！只此一怕即是心邪。故有迷之者，非鬼迷也，心自迷耳。如人好色即是色鬼迷。好货即是货鬼迷。怒所不当怒是怒鬼迷。惧所不当惧是惧鬼迷也。"

集义是孟子教导的养浩然之气的根本方法。简单地说就是积善，积累正义的情愫。平时不能集义就正气不够，就会害怕。孟子说做了亏心事心气就疲软。阳明说不集义心气就不足。心气不足就怕。同样的道理，不积累正义是心邪，"一怕即是心邪"。

二十一、什么才是真正的"一门深入"？

问：周老师，现在很多老师都说一门深入很重要，什么才是一门深入？又如何才能做到一门深入呢？

答：王阳明的学生陆澄问："主一之功，如读书则一心在读书上，接客则一心在接客上，可以算主一之功吗？"

王阳明说："好色一心在好色上，好货一心在好货上，能算主一之功么？那只是逐物，不是主一。主一是专主一个天理。"

主一是什么功夫？好像禅宗参话头、提住疑情（一个念头）不放，好在一声鸟叫，或一声棒喝的助缘下开悟。但是天理怎么主呢？天理不碰见具体事是没有具体内容的（天理是不排斥物理的，排斥了物理的天理就自小为伦理了），天理就是"良知"，也是儒家讲的"中和"，佛家讲的"自性"，所以，主一只是一个主"良知"。

守住"良知"，就守住了"复杂共同体"，就能物来顺应、虚己应物、物各赋物，把任何事情干好，而不会强持强行、意必固我、非此即彼，更不会蛮干任性、冥行妄作，从而成为一个具体问题具体分析的辩证法大师。

为什么要主一呢？为了不被境夺、不被物牵、不被欲蔽。主一是"格心"的方法。格住了心，就不逐物了。一逐物，心就放出去了，心放出去了，就会散乱、昏沉或掉举。心散了神就乱了，连废话也说不好，因为心不"在"了。心跟着零散出现的外物东飘西荡，自我放逐，逐物而被物化，最后成为所追逐对象的牺牲品。追逐什么被什么吃了。那，主一会不会被"一"吃了呢？也会被"一"吃了：入了"一"的象，化了自己的脑子。但是，这个一是"中和"，被"中和"吃了，就成了圣人了。

但要说被天理吃了，就有了礼教吃人的意思。戴震的名言不就是后儒以理杀人吗？因为，天理一旦具体化为伦理，便会成为对某些人有利、对某些人有害的一套规范，天理本来是内在的，这套规范却是外在的了，就有吃人、杀人的可能性了。所以阳明后期只提良知、致良知，致良知含有"被良知化了脑子"的意思，被良心吃了比良心让狗吃了高尚多了。

二十二、静时感觉心存天理了，一遇事就又乱了，怎么办？

问：当没事情的时候，心静下来时可以很明显感觉心存天理了，但是一遇事就又乱了，天理和人欲就搅和在一起了，怎么办？

答：王阳明说，这是只知静养而不用克己功夫的缘故。因此事到临头就颠倒糊涂。所以，人须在事上磨炼，才立得住。才能静亦定，动亦定。静时入了定，觉得独与天地精神相往来，一旦碰上事就丢盔卸甲、冥然一无修炼之人了，这是许多没有经过考验的纸上谈兵的人的常态。病根在不用克己功夫！入静也是纵容自己的性子，并没有完成"根本转变"。所以入静不入静不是关键，克己才是关键。在具体事情中，你要坚信你的良知，要实践你的良知，这样良知成良能才能成为一种常态。

二十三、看书越看越糊涂怎么办？

问：周老师，我发现我看了很多书以后，心里越发乱了，刚觉它们在头脑里打仗，我也不知道谁对谁错，这个情况该怎么办？

答：王阳明的学生问王阳明："看书不能明如何？"看书不知道说什么怎么办？先生说你只要在文义上穿求，之乎者也的，胡枝扯叶的，你永远得不到真东西，内心里头不可能明亮起来。

如果你穿求字义，还不如做那些汉学功夫，今天有个永恒的逗号，明天有个永恒的句号，整理来整理去，看得多了，能解得去。王阳明说德性之知才能让人越来越明了，而种种闻见之知，都是烟幕弹，所以他们这种旧时的学问，为学能够有所得，但是自己德性上无所得。好多汉学家临终的时候都遗憾，就是平常学的那些说文解字的东西在心体上没用。终身无所得指的是这种德性上的、精神上的进步和成长；王阳明是心性之学，不是知识之学，所以他说要在心体上用功。

二十四、怎么才能纠正自己习惯性偏见转向正确呢？

问：周老师，每个人或多或少都存在一些习惯性偏见，我们应该如何纠正我们的习惯性偏见呢？

答：关于这个王阳明有好的教法。王阳明说要空掉你的杂念，习惯性偏见就是从自己欲望上起来的。静坐是空掉杂念的好方法，龙场悟道以后他教学生打坐，教你把你那个放出去的心收回来。所以孟子说，什么叫学？无他"求其放心"而已。就是王小二放牛把牛丢了，把牛再找回来，再回到我身边来。就等于把这个放出去迷了路的心，这个时候你给他一个正确的方向，他能回到家里就好。

二十五、怎么克服自以为是呢？

问：周老师，人上了年龄会发现周围的人大多数都活在自以为是当中，我们应如何克服自以为是呢？

答：王阳明的一个学生王纯甫，他到南京当学道，结果与上上下下的关系都相当紧张，阳明刚听到这个情况，就给他写信开导。王纯甫收到阳明的信，琢磨了好长时间，给阳明写了封回信，辞句非常谦虚，但语意之间其实是很自以为是的。阳明很反感自以为是，因为这事实上是没有求益的诚意，无论你说什么，对方也听不进去。

自得之学的天敌是自以为是。后来心学门徒却有把自以为是当成自得之学的，所谓"良知现成"就是这种口号。王阳明深知个中差之毫厘、谬以千里的界线在"诚"之真伪深浅。自以为是者都认为自己是真诚的，弄不好还认为唯我"明善诚身"，别人倒是在装蒜。自以为是往往是自得的头一项"硕果"，谁的自以为是都是自得出来的。但此自得非彼自得，此自得是沾沾自喜、自满自闭，这其实是人类的绝症，更是东方主体哲学的"天花"——不自信其心就不会向往那绝对的善，太自信其心必自以为是。而自以为是就是孔子坚决反对的"意必固我"，是什么也得不到的。

怎么克服自以为是呢？只有更真诚深入地信仰心中的天理。用人人心中本有的无条件存在着的、无限绵延的大"是"——他后来管它叫良知——来对治每个人的那点自以为是。盲目自以为是的人，其实就是瞎牛。突破自以为是的思维定式，须明白："心外无物，心外无事，心外无理，心外无义，心外无善。"此"心"不是自以为是者的私心，是我心即宇宙、宇宙即我心的那个大心、精神的大我。而这个大心、大我不是天然现成的属于你我的，克服自以为是的良方是"必有事焉"，在实践中矫正自以为是。

二十六、如何学习最有效？

问：周老师，现在市场上有很多高效学习法，您认为怎样学习才是最有效的呢？

答：有人来问孔子，孔子不是用自己知道的来对付，而是心空空的、静静的、平平的。只是问对方，叩他的两端，让他自己说，说完后，孔子用中，从中给他一点，他的心就了然了。

他的心能了然，是因为本来他就有良知。圣人再聪明，其良知你也

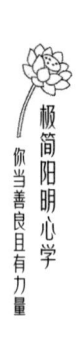

给他增加不了，也减少不了。问问题的人只是不能自信其良知，不能走向自由的状态，得等夫子给他做一个剖决，他就能看明白、看清了。如果孔子与来求教的人说时，不管求教人的具体情况，只从自己知道的和想说的出发，也许都对，但不能把求教人的良知激发出来，不能尽他的良知。而孔子心空空的，不以自我为中心，而让对方说，激发对方的良知，这样做，才是道体合一的。

所以，从自己内心出发，找出自己内心的"阻碍"所在，然后主动、坦诚地去寻求，以打通自己内心的阻碍，这就是最有效的学习方法。如果内心有疑问不去解开他，这个疑问始终都会在，一直都会给你添堵。

二十七、什么才是乐？

问：周老师，您说常快乐是真功夫，那么人生中遇到大的变故，这个时候怎么能乐呢？

答：乐是心之本体，碰见大的变故，如父母去世了，那种哀苦的时候，乐还在不在？王阳明说："须是大哭一番了方乐，不哭便不乐矣；虽哭，此心安处是乐也；本体未尝有动。"哀苦的时候，如果你心安，心安就是乐。你不哭难受，你哭了才乐，哭了才心安，心安了就乐。你哭也好，乐也好，本体是不动的。

二十八、我们该如何正确看待自己的"七情六欲"？

问：周老师，我们人有"七情六欲"对吗？怎样正确看待我们的"七情六欲"？

答：王阳明说，人是有七情六欲的动物，七者在人心里本来就有。如果用智慧来比喻太阳，用欲望来比喻云，云虽然能够遮蔽太阳，这也是天之气流行必然有的。不能因为云能蔽日，而教天不要生云，云是必然出现，也合乎道的，七情顺其自然之流行，都是良知的表现，都是良知之用，不可分别善恶，七情本身，不要给它贴标签，不可有所执着。你执着的都是欲，都是遮蔽良知的。当你执着的意念一出现，良知就会发现，就能够觉悟到你起了执着了，这时候你一觉醒，凛然一觉，去格它，就把遮蔽的去掉了，又复到了良知本体。就像云过去了，阳光再次显现。在这种地方，关键是要"勘得破"，勘是处理的意思，勘察、探测、觉悟，执着的东西一露头，你就能发现并处理它，这叫"勘得破"。"勘得破"就是简易透彻的功夫。

二十九、学习心学却找不到得力处怎么办？

问：周老师，阳明心学我也看了不少书，就是做功夫老是找不到那个得力处，老是没有那种给力的感觉，这是为什么？

答：一个学生问王阳明，做功夫老是找不到那个得力处，老是没有那种给力的感觉。王阳明说学问功夫，我已一语道尽，就是致良知。如何今日转远，越说越远，就是离根越来越远了。良知本是明白，实落用功便是。你就老老实实地回归你的心本体就行了，不肯用功，只在语言上转说转糊涂，还是不老实。不用功，还不承认自己不用功，到了语言上，越转越糊涂，然后倒说做功夫老是找不到那个得力处，老是没有那种给力的感觉。

王阳明说，致良知，这得你自家求，我亦无别法可道。我说什么也是说嘴，你呢，需自己求，你反求诸己，我替不了你。这功夫切要处，还得你自己去找，你问我来，我也是给你把这个"良知"提一提，还是要看你是否有诚意去行了。

三十、读书很多，但大多不记得怎么办？

问：周老师，我比较喜欢读书，但是读了很多书不记得怎么办？

答：只要晓得，如何要记得？你明白就行了，你记它干什么？晓得已经是落在第二意义上了，因为晓得可能只是理解字义。第一意义是"明得"，还不是明得对象而是明得你自家心体。你读书是为了获得觉悟，觉悟是让你找到你的本心、复归心之本体。比晓得更差的是记得，记得比晓得更差。在记住记不住上，你把你的精力都消耗掉了，努力追求记得，就更不会在自家本体上下功夫了，就在路边上把你的精气神都消耗掉了。

千圣皆过影,良知乃吾师